马克思主义文艺理论与话语体系

刘永明 著

北京时代华文书局

图书在版编目（CIP）数据

马克思主义文艺理论与话语体系 / 刘永明著 . -- 北京 : 北京时代华文书局 , 2024.6
（中国艺术研究院学术文库 / 王文章主编）
ISBN 978-7-5699-4765-6

Ⅰ . ①马… Ⅱ . ①刘… Ⅲ . ①马克思主义理论－文艺理论－理论研究－文集
Ⅳ . ① A811.691-53

中国版本图书馆 CIP 数据核字 (2022) 第 231976 号

中国艺术研究院学术文库
Zhongguo Yishu Yanjiuyuan Xueshu Wenku

Makesi Zhuyi Wenyi Lilun yu Huayu Tixi

出 版 人：陈　涛
责任编辑：周海燕
执行编辑：崔志鹏
责任校对：薛　治
装帧设计：迟　稳　赵芝英
责任印制：刘　银　訾　敬

出版发行：北京时代华文书局 http://www.bjsdsj.com.cn
北京市东城区安定门外大街 138 号皇城国际大厦 A 座 8 层
邮编：100011　电话：010-64263661　64261528
印　　刷：北京盛通印刷股份有限公司
开　　本：787 mm×1092 mm　1/16　　成品尺寸：170 mm×240 mm
印　　张：20　　字　　数：310 千字
版　　次：2024 年 6 月第 1 版　　印　　次：2024 年 6 月第 1 次印刷
定　　价：90.00 元

《中国艺术研究院学术文库》编辑委员会

总 序

王文章

以宏阔的视野和多元的思考方式，通过学术探求，超越当代社会功利，承续传统人文精神，努力寻求新时代的文化价值和精神理想，是文化学者义不容辞的责任。多年以来，中国艺术研究院的学者们，正是以“推陈出新”学术使命的担当为己任，关注文化艺术发展实践，求真求实，尽可能地从揭示不同艺术门类的本体规律出发做深入的研究。正因此，中国艺术研究院学者们的学术成果，才具有了独特的价值。

中国艺术研究院在曲折的发展历程中，经历聚散沉浮，但秉持学术自省、求真求实和理论创新的纯粹学术精神，是其一以贯之的主体性追求。一代又一代的学者扎根中国艺术研究院这片学术沃土，以学术为立身之本，奉献出了《中国戏曲通史》《中国戏曲通论》《中国古代音乐史稿》《中国美术史》《中国舞蹈发展史》《中国话剧通史》《中国电影发展史》《中国建筑艺术史》《美学概论》等新中国奠基性的艺术史论著作。及至近年来的《中国民间美术全集》《中国当代电影发展史》《中国近代戏曲史》《中国少数民族戏曲剧种发展史》《中国音乐文物大系》《中华艺术通史》《中国先进文化论》《非物质文化遗产概论》《西部人文资源研究丛书》等一大批学术专著，都在学界产生了重要影响。近十多年来，中国艺术研究院的学者出版学术专著在千种以上，并发表了大量的学术论文。处于大变革时代的中国艺术研究院的学者们以自己的创造智慧，在时代的发展中，为我国当代的文化建设和学术发展做出了当之无愧的贡献。

为检阅、展示中国艺术研究院学者们研究成果的概貌，我院特编选出版“中国艺术研究院学术文库”丛书。入选作者均为我院在职的副研究员、研究员。虽然他们只是我院包括离退休学者和青年学者在内众多的研究人员中的一部分，也只是每人一本专著或自选集入编，但从整体上看，丛书基本可以从学术精神上体现中国艺术研究院作为一个学术群体的自觉人文追求和学术探索的锐气，也体现了不同学者的独立研究个性和理论品格。他们的研究内容包括戏曲、音乐、美术、舞蹈、话剧、影视、摄影、建筑艺术、红学、艺术设计、非物质文化遗产和文学等，几乎涵盖了文化艺术的所有门类，学者们或以新的观念与方法，对各门类艺术史论做了新的揭示与概括，或着眼现实，从不同的角度表达了对当前文化艺术发展趋向的敏锐观察与深刻洞见。丛书通过对我院近年来学术成果的检阅性、集中性展示，可以强烈感受到我院新时期以来的学术创新和学术探索，并看到我国艺术学理论前沿的许多重要成果，同时也可以代表性地勾勒出新世纪以来我国文化艺术发展及其理论研究的时代轨迹。

中国艺术研究院作为我国唯一的一所集艺术研究、艺术创作、艺术教育为一体的国家级综合性艺术学术机构，始终以学术精进为己任，以推动我国文化艺术和学术繁荣为职责。进入新世纪以来，中国艺术研究院改变了单一的艺术研究体制，逐步形成了艺术研究、艺术创作、艺术教育三足鼎立的发展格局，全院同志共同努力，力求把中国艺术研究院办成国内一流、世界知名的艺术研究中心、艺术教育中心和国际艺术交流中心。在这样的发展格局中，我院的学术研究始终保持着生机勃勃的活力，基础性的艺术史论研究和对策性、实用性研究并行不悖。我们看到，在一大批个人的优秀研究成果不断涌现的同时，我院正陆续出版的“中国艺术学大系”“中国艺术学博导文库·中国艺术研究院卷”，正在编撰中的“中华文化观念通诠”“昆曲艺术大典”“中国京剧大典”等一系列集体研究成果，不仅展现出我院作为国家级艺术研究机构的学术自觉，也充分体现出我院领军国内艺术学地位的应有学术贡献。这套“中国艺术研究院学术文库”和拟编选的本套文库离退休著名学者著述部分，正是我院多年艺术学科建设和学术积累的一个集中性展示。

多年来，中国艺术研究院的几代学者积淀起一种自身的学术传统，那就是勇于理论创新，秉持学术自省和理论联系实际的一以贯之的纯粹学术精神。对此，我们既可以从我院老一辈著名学者如张庚、王朝闻、郭汉城、杨荫浏、冯其庸等先生的学术生涯中深切感受，也可以从我院更多的中青年学者中看到这一点。令人十分欣喜的一个现象是我院的学者们从不故步自封，不断着眼于当代文化艺术发展的新问题，不断及时把握相关艺术领域发现的新史料、新文献，不断吸收借鉴学术演进的新观念、新方法，从而不断推出既带有学术群体共性，又体现学者在不同学术领域和不同研究方向上深度理论开掘的独特性。

在构建艺术研究、艺术创作和艺术教育三足鼎立的发展格局基础上，中国艺术研究院的艺术家们，在中国画、油画、书法、篆刻、雕塑、陶艺、版画及当代艺术的创作和文学创作各个方面，都以体现深厚传统和时代特征的创造性，在广阔的题材领域取得了丰硕的成果，这些成果在反映社会生活的深度和广度及艺术探索的独创性等方面，都站在时代前沿的位置而起到对当代文学艺术创作的引领作用。无疑，我院在文学艺术创作领域的活跃，以及近十多年来在非物质文化遗产保护实践方面的开创性，都为我院的学术研究提供了更鲜活的对象和更开阔的视域。而在我院的艺术教育方面，作为被国务院学位委员会批准的全国首家艺术学一级学科单位，十多年来艺术教育长足发展，各专业在校学生已达近千人。教学不仅注重传授知识，注重培养学生认识问题和解决问题的能力，同时更注重治学境界的养成及人文和思想道德的涵养。研究生院教学相长的良好气氛，也进一步促进了我院学术研究思想的活跃。艺术创作、艺术教育与学术研究并行，三者在交融中互为促进，不断向新的高度登攀。

在新的发展时期，中国艺术研究院将不断完善发展的思路和目标，继续培养和汇聚中国一流的学者、艺术家队伍，不断深化改革，实施无漏洞管理和效益管理，努力做到全面协调可持续发展，坚持以人为本，坚持知识创新、学术创新和理论创新，尊重学者、艺术家的学术创新、艺术创新精神，充分调动、发挥他们的聪明才智，在艺术研究领域拿出更多科学的、具有独创性的、充满鲜活生命力和深刻概括力的研究成果；在艺术创作领域推出更多具有思想震撼力和艺术感染力、具有时代标志性和代表性的精品力作；同时，培养更多德才兼备的优秀青年人才，真正把中国艺术研究院办成全国一流、世界知名的艺术研究中心、艺术教育中心和国际艺术交流中心，为中华民族伟大复兴的中国梦的实现和促进我国艺术与学术的发展做出新的贡献。

2014年8月26日

目　录

第三编　艺术人学与艺术人民性

自　序

中国艺术研究院经年推动“中国艺术研究院学术文库”的编辑和出版。久久为功，在我们科研人员眼中，“学术文库”已经成为中国艺术研究院这个学术殿堂的一个标志性学术工程或者学术名片了。与有荣焉，或许更缘于对于一个学术共同体的高度认可和崇敬，我也不揣浅陋，申请编选了这本主题文集。

文集分为三编，收入论文15篇。由于所收入的文章主要以经典马克思主义文艺理论和中国马克思主义文艺理论中的核心话语为研究对象，因此文集命名为《马克思主义文艺理论与话语体系》。其中《话语分型、关键词和元话语：中国马克思主义文艺理论话语体系构建的路径选择》《原则标准、维度标准、具体标准：马克思主义文艺批评标准体系的分析与建构》《艺术辩证法与中国马克思主义文艺理论百年思想史》《“民国左翼”与“左翼民国”：民国文学视角中的左翼文艺研究》四篇文章都是新近一年内完成的，篇幅较长，均未发表。由于《话语分型、关键词和元话语：中国马克思主义文艺理论话语体系构建的路径选择》是篇研究综述，放在第一编第一文的位置，具有“代前言”的性质。其他已发表的文章也是首次结集在一起，正好便利于求教方家和同道。

由于研究内容之间的关联和递进关系，部分论文存在内容重复问题，在本书也是事实，实属遗憾。

最后对中国艺术研究院和北京时代华文书局的领导、编辑和工作人员表示由衷的敬意！也借此机会对刊发过拙文的各学术期刊和编辑老师表示衷心的感谢！

2021年7月18日

第一编　马克思主义文艺理论与话语体系

话语分型、关键词和元话语：中国马克思主义文艺理论话语体系构建的路径选择

20世纪被称为语言（学）的世纪，“话语”是其中最重要的篇章。话语研究可以分为“话语理论”和“话语分析”两个领域。话语分析基本属于语言学范畴，由于技术性和操作性太强，我国文论话语研究尤其是话语体系研究一般不涉及这个层次。而在话语理论领域，经过30多年时间，[①]我国学界对西方话语理论、话语权、中国古代文论话语、中国特色社会主义话语体系与三大体系的定义及相互关系，构建中国马克思主义文艺理论话语体系的意义、方法、途径以至注意事项等问题，都进行了大量的研究，成果可谓汗牛充栋，尤其是对于20世纪从索绪尔到俄国形式主义到巴赫金、从英美新批评到阿尔都塞到拜肖、从福柯到德里达到哈贝马斯的西方（包括西方马克思主义）话语理论谱系以及两次语言转向梳理得非常清楚。虽然许多成果已经摆脱或者力图摆脱西方理论的影响，在中国语境和当代语境中取得了很大成就（如从20世纪90年代兴起的“失语症”讨论到最近的话语体系建设），但就整体而言，对于中国马克思主义文艺理论话语体系本身来讲，多数成果仍属于外延性研究，比如介绍、移植、比附、应然（包括意义、价值和方向）性质

① 1990年前后，在中国古代文论和中国马克思主义文艺理论学科，关于话语、构建话语体系的主张或者讨论就已经出现。

的研究居多，而对于什么是中国马克思主义文艺理论话语体系的真正内核却涉及不多。因此，对中国马克思主义文艺理论话语体系的研究也就形成了核小肉厚的水果型研究形态。

虽然如此，对于中国马克思主义文艺理论话语体系的研究，还是有许多学者在孜孜以求地做着基础性工作。综合且客观来看，已经形成了两种代表性研究路径：一是话语分型研究，二是关键词研究。这两种路径存在互补又各有长短。笔者拟在考察这两种路径的基础上，借用元理论和话语理论的一些概念，在话语分型和关键词研究之间，阐释一种“元话语”的话语体系研究路径。因为前两种研究路径无法支撑起建构话语体系的内在逻辑、骨骼或者脉络，因此需要一种具备结构、统筹功能的“元话语”作为研究路径来构建中国马克思主义文艺理论话语体系。①

一、话语分型研究

所谓体系，通常是指一定范围内或同类的事物按照一定的秩序和内部联系组合而成的整体，是由不同子系统组成的系统。如果说“话语体系是系统化、理论化的话语群”②，那么具体话语在话语群中是可以按系统、逻辑、形态进行归类的，这就是话语分型研究。因此，具体到中国化马克思主义文艺理论话语体系的话语分型研究，指的是对中国马克思主义文艺理论话语体系不同组成系统的分型研究。这种研究路径离话语体系近、离具体话语远，因为话语分型研究并不像关键词研究那样，后者把研究重点放在中国马克思主义文艺理论的具体话语上。

① 20世纪90年代后期开始使用“元话语”。它最早是来自语用学的一个概念（主要研究语句中代表真实态度和感情的类似“语气”的一些成分），但在文艺理论领域，这一概念内涵已经发生变化。这在后面会提及。

② 卢国琪：《马克思主义中国化的十大创新话语体系》，《马克思主义研究》2013年第4期。

（一）话语分型研究概况

20世纪80年代的“救亡—启蒙”“革命—改良”之争，实际上在思想史和观念史上已经开启了新时期话语理论分型研究的先河。[①]但作为一种学术范式的话语分型研究，则是自2000年前后刘禾《语际书写：现代思想史写作批判纲要》和陈建华《“革命”的现代性：中国革命话语考论》等著作肇始，逐渐在国内文学史和文艺理论研究领域兴盛起来。[②]

这里需要说明的是，由于中国马克思主义文艺理论学科的特点，我们需要把邻近学科、上一级学科甚至跨学科（比如中国马克思主义哲学史、现当代史等）的话语分型研究也一并纳入讨论。综合来看，中国马克思主义文艺理论话语分型研究主要有以下一些情形或者特点。

首先，短时段话语分型研究。

短时段话语分型研究，即以世纪为时间范围，以重要历史事件的发生为时间节点，以对相应时段主流话语内涵和特点的理解为依据，对中国马克思主义文艺理论话语体系进行话语分型。

所谓以世纪为时间范围，主要指的是20世纪初至今的这个长时段；而以重要历史事件的发生为时间节点，则相对要复杂得多，比如戊戌变法、辛亥革命、五四新文化运动、左翼文艺运动、抗战爆发和二战结束、中华人民共和国成立、新时期、新世纪、新时代等都可能是话语分型的依据。而对不同小时段话语类型内涵和特点的不同理解，必然导致具体话语分型非常复杂。

最简单的是以1949年中华人民共和国成立为界，将话语分型为“革命话语”和“建设话语”（或者“治理话语”）两种。比如王小宁认为，“建国50年来，中国政治话语体系经历了从革命话语体系向建设话语体系的转变”，进而

---

① 这也引发了早期的话语争论，如李陀《丁玲不简单——革命时期知识分子在话语生产中的复杂角色》（《北京文学》1998年第7期）对这种二元话语分型或分析模式提出了质疑。

② 前者对后者也有影响。后者是论文集。因此他们的学术影响事实上比2000年早。

分析了这两套政治话语体系的建构过程，并对其特征进行了探讨。[①]但同样采取革命话语、建设话语两型分法的青年学者刘超、周燕妮则认为，革命话语的下限延至“文革”结束，建设话语或者治理话语是从改革开放开始的。[②]先不论这种时间位移带来的复杂认识，正如时段越来越长给当代文学史研究带来困惑一样，这种大外延的二分型话语划分肯定存在着问题，因此，在二分法之外必然要出现其他分型方法。比如全林远认为：“回顾建党以来的理论发展史，可以看到三次重要的话语体系结构性转型。中国共产党人曾先后面对三大历史主题：革命、建设、改革，与此相应，在理论创新的进程中，形成了‘革命’话语体系、‘建设’话语体系和‘改革’话语体系。”[③]这种三分法对于2012年时间视角的研究来讲，有其合理性。但接下来十年的话语发展对这种合理性产生了挑战。因此，陈金龙在其著作《马克思主义中国化进程中的话语建构》中将中国马克思主义话语分为革命话语、建设话语、改革话语、新时代话语四大类，以建构新的合理性。[④]

相对于以上以中国共产党政治革命为主轴、高度概括性的话语分型，在文学史和文艺理论领域的话语分型则要具体得多，除了将1949年以前的话语类型统称为“革命话语”（如刘冬玲《1920—1940年代无产阶级文学革命话语考察》，江苏凤凰教育出版社2014年版）之外，更常见的是将1949年以前无产阶级“革命话语”具体化，将其区分为阶级话语、民族话语和人民话语三个依次过渡的话语形态。马克思主义是无产阶级的意识形态，因此早期中国马克思主义文艺理论具有鲜明的无产阶级性，形成了所谓的阶级话语，并在

① 王小宁：《从革命话语到建设话语的转变——中国政治话语的语义分析》，《北京化工大学学报》（社会科学版）2002年第1期。

② 参见刘超、周燕妮：《从革命话语到治理话语：中国共产党思想引领的话语转换》，《山东青年政治学院学报》2018年第3期。

③ 全林远：《话语体系构建之首要：明确核心目标》，《人民论坛·学术前沿》2012年第11期。

④ 参见陈金龙：《马克思主义中国化进程中的话语建构》，中山大学出版社2020年版。

1928—1929年革命文学论争和20世纪30年代的文艺阶级性论战中达到高峰。但在20世纪30年代民族危机的大背景下，民族矛盾成为主要矛盾，因此崇尚国际主义的阶级话语备受诟病，遭受到民主主义和民族主义话语的批判。在建立抗日民族统一战线的时代趋势下，阶级话语经过“两个口号”论争等，艰难地完成了阶级话语向民族话语的过渡。到了1942年，毛泽东发表《在延安文艺座谈会上的讲话》，提出了文艺为人民大众服务但主要是为工农兵服务的方向，确立了被大多数学者认为是延续至今的中国马克思主义文艺理论的“人民话语”形态。①1945年民主主义革命者闻一多喊出了“人民至上”的口号，进一步确证了这一话语形态。但由于20世纪40年代主要是处于革命年代，人民话语以1942年为起点有一定的局限性，有些学者如范生彪则以1949年为界，将“人民话语”设定在中华人民共和国成立之后，将1928年至1949年的中国马克思主义文艺批评话语笼统地称为“革命话语”，进一步将1917年至1928年的中国马克思主义文艺理论话语称为无产阶级的“启蒙话语”，明确认为：“马克思主义文学批评的启蒙话语清晰地呈现出‘道德伦理话语—国民民族话语—个人人类话语—革命阶级话语’的演变轨迹。”②当然，更小时段的话语分型也有，比如文贵良《话语与生存：解读战争年代文学（1937—1948）》将这一时期的革命话语形态分为政治话语、大众话语和知识者话语三种共时性存在。③

在中国马克思主义文艺理论学科之上或者之外，对中国马克思主义文艺理论话语体系的分型主要强调其整体上的政治性或者意识形态性。张建珍、吴海清将现代文学思想的主导话语分为从礼教话语向自由主义话语（1917—1926）、从自由主义话语向审美政治话语（1927—1936）、从审美政治话语向民族国家话语（1937—1949）转型三个阶段，以审美政治话语和民族国家话语

① 参见冯宪光《毛泽东与人民美学》（《文艺理论与批评》2003年第6期）等学者文章。

② 范生彪：《中国马克思主义文学批评的话语模式演进》，《文艺理论与批评》2013年第4期。

③ 文学史分期和话语分型有着内在的同一性。比如竹内好在《鲁迅》里表示中国现代文学有文学革命、革命文学和民族主义运动三个时期，也可以将此视为一种话语分型。

来定义和涵盖无产阶级革命话语、人民话语和民族国家话语。[①]尤西林则从中国文学理论元理论百年嬗变的角度，将20世纪以来中国文学理论的话语类型（他使用的是元理论、话语结构概念）分为科学主义、意识形态与人文科学三种，认为中国马克思主义文艺理论主要是意识形态型话语类型，但也同时暗示中国马克思主义文艺理论话语类型在这三种话语结构或元理论中都有表现。

除了以上话语分型，在中国马克思主义文艺理论和批评范围内，还有大量具体话语类型概念被使用，比如汉语话语、小资产阶级话语、知识/精英话语、私人/个人话语、公民话语、底层话语、工人话语、农民话语、民众/群众话语、政党话语、科学话语、身份话语等。由于这些话语类型在其使用者那通常不具备建构话语体系的理论性质（或者可以并入其他主要的话语分型中)，因此，我们不做进一步的讨论。

其次，长时段的话语分型研究。

“延长线”是当代左翼文艺学者喜欢使用的一个概念和研究方法，加之国人特有的求道、归一的传统思维方式，因此，把中国马克思主义文艺理论范畴的外延不断延伸并追求以一种单一的话语分型（“元理论”）来描述中国马克思主义文艺理论话语体系及其历史，就成了一种必然。这种单一的话语分型主要有“革命话语”“民族国家话语”“人民话语”三种。

20世纪是世界范围的革命的世纪。“革命话语”向后延伸并不存在理论上的难题。因为不论是将1949年还是1979年开始的话语称为建设话语或者治理话语，即便在“后革命”语境下，人们对于将社会主义建设理解成传统革命的继续或者是另一形式的革命是没有问题的。但对于将无产阶级革命往前延伸则非常复杂。几年前中国现代文学学科兴起“民国文学”论研究范式，就已经触及这个问题：如何区分国民大革命时期的民主主义革命话语和无产阶级革命话语？即使这个问题可以解决，那么无产阶级革命话语与之前的资产

① 参见张建珍、吴海清：《中国现代文学思想主导话语的变迁》，《文化与诗学》2016年第1辑。

阶级革命派的革命话语和改良派的革命话语又是什么关系？资产阶级革命话语与更早的儒家革命话语又是什么关系？郭沫若抗战时期为什么在陪都提出“革命儒家”论？虽然这些都是不那么好解决的认识问题，但“革命”在其中则是一以贯之的。陈建华开革命话语研究先河的《“革命”的现代性：中国革命话语考论》，就是以考察从晚清开始到无产阶级革命之初的革命话语为主要内容的。而在陈著出版的同时（2000年12月），刘小枫的《儒家革命精神源流考》也出版了，虽然二者都是现代性范式下的革命话语研究，但对于追求“革命话语”这一元理论的话语体系建构来讲，无疑是具有特别意义的。

20世纪也是世界范围内民族国家独立解放的世纪。自晚清的洋务派到资产阶级的改良派、从资产阶级革命派再到无产阶级革命运动，对现代民族国家的想象就是我们国家一个世纪以来的一个最根本性的政治、社会、思想和艺术主题。作为一种文学批评话语，其理论的成熟迨至20世纪80年代后，经由詹姆逊—刘禾影响到国内。而早在20世纪90年代初现代性理论兴起时，李杨在《毛泽东文艺思想与现代性》和《抗争宿命之路——“社会主义现实主义”（1942—1976）研究》等文章和著作中，较早确立了“构建‘现代民族国家’是中国20世纪现代性叙事合理性和合法性的根本所在”这一阐释框架。这为“民族国家话语”作为一种超级话语体系奠定了基础。遗憾的是这一具有中国原创特色的现代性话语路径，后来被“韦伯”式现代性理论裹挟，走上了“反现代”的现代性“自我确证”之路。进入新世纪后，本尼迪克特·安德森的“想象的共同体”理论又波及中国，于是“现代民族国家”成了现当代文学叙事研究的主流史观。耿传明、旷新年、罗岗等学者在这个领域有大量的研究成果。因此，“民族国家话语”这一话语分型在中国马克思主义文艺理论话语体系研究中也就具有重要地位。2019年，曾军提出：“新中国成立七十年形成了一种有别于个人话语、群体话语的具有国家话语性质的文论形态，可以被命名为‘新中国文论’。”[①]足见“民族国家话语”在中国马克

① 曾军：《“新中国文论”：对当代中国文论七十年的一种思考》，《浙江社会科学》2019年第12期。

思主义文艺理论话语体系中的重要地位。但这里需要说明的是，从理论上来说，民族话语和国家话语还是有很大区别的，即便是民族话语，也经历过晚清“排满”的民族主义、中华民国五族共和的民族主义和民族危机时反侵略的民族主义等多个阶段与形态。国家话语的情况也是如此。民族话语和国家话语之间也时有冲突和融合。因此，我们在这里是从整体的角度来理解“现代民族国家”这一概念的。

20世纪还是世界范围内人民的世纪。珍珠港事件（1941年12月7日）之后美国对日宣战，1942年5月美国副总统华莱士（H. Wallace）发表了名为“The Century of the Common Man”（人民的世纪）的著名演讲，从此“人民的世纪”观念在中国流行起来。与世界潮流一致，20世纪的中国从新民、国民、平民、阶级到人民，完成了以马克思主义为指导的人民话语体系的建构。李建军在博士论文《现代中国“人民话语”考论——兼论“延安文学”的“一体化”进程》(2006）中，就是从“晚清到五四：现代中国人民话语考辨”开始20世纪人民话语考察的。正如李建军指出的那样：“就‘人民话语’的研究而言，根据本人的考察，无论在文学研究领域还是在政治、历史研究领域，目前尚无将‘人民话语’作为一种重要的话语形态进行专门研究的论文或论著出现。”[①]此后，人民话语也就成了中国马克思主义文艺理论话语体系的核心，在各种不同的延长线上展开。需要补充说明的是，和人民话语类似的长时段话语分型“大众话语”也深受研究者重视，如罗崇宏《近代以来中国“大众”话语的生成与流变》(2019）就是以整个20世纪为时间跨度考察大众话语发展史的，只不过作者没有赋予其元理论地位而已，这在一定程度上与20世纪大众话语出现过革命大众和消费大众的断裂有关。

需要指出的是，以上三种话语——革命话语、民族国家话语、人民话语

① 李建军：《现代中国“人民话语”考论——兼论“延安文学”的“一体化”进程》，华中师范大学2006年博士论文，第8页。

（包括大众话语）——都是在现代性语境下展开的。虽然李建军明确将“人民话语”视为“元话语、元观念”，但其实现代性才是它们共同的元理论、元观念、元话语。

此外，从整个20世纪文学史的角度将中国马克思主义文艺理论话语统称为与自由主义、保守主义并列的“激进主义”话语的也不少。由于这不在本学科视野范围内，对此我们就不展开论述。

再次，话语分型理论的实证和深化研究。

具体的话语分型和不同时段的话语分型研究本身也具学术吸引力。因此，与自上而下的话语分型概括与命名不同，有的研究者专注于话语分型的逆向工程，重点考察特定话语分型的建构过程，如尹传兰的博士论文《中国现代文论中“小资产阶级知识分子”话语研究》（2015）、戚学英的《“人民”话语与阶级—民族国家想象——1940—1970年代文学中“人民”话语的建构》（2014）、吴永的《论中共在1921—1949年建构“人民”话语的特点及意义》（2009）等。有的研究者专注于不同话语分型的转换、过渡研究，如张武军的《从阶级话语到民族话语：抗战与左翼文学话语转型》（2013）、房芳的博士论文《1930—1937：新文学中民族主义话语的建构》（2010）、袁迎春的《阶级话语的变迁：1950—2010——以〈人民日报〉为例》（2015）等。有的则以某具体话语分型或一般话语理论对文学史进行实证研究（即文本分析），或者结合文学史来描述具体的话语分型，如张艳梅的《抗战时期演剧：民族国家话语的舞台建构》（2005）、秦弓的《关于五四文学的“国家”话语问题》（2010）、李静的《〈新青年〉杂志话语研究》（2008）、黄擎的《文艺批评话语研究：20世纪40—70年代》（2011）、武善增的《文学话语的畸变与覆灭——“文革”主流文学话语研究》（2012）、刘宇的《国家话语下的宣教与娱乐——以北京市第一人民文化馆为个案（1949—1953）》（2014）、张清民的《话语与权力——20世纪40年代中国文论话语特征分析》（2006）、王俊峰的《民族国家宏大叙事背景下的当代“十七年”文学》（2018）、张清民的《两个文艺“讲话”的话语意义分析》（2020）等。这些研究都在文学史层面将话语理论或话语分型理论具体化了。[①]

但这并不说明话语分型工作已经完成。适应中国特色社会主义话语体系发展的需要，对中国马克思主义文艺理论话语体系不断做出新的话语分型判断，是个持续性的工作。张福贵在《当代中国文学研究话语体系的建构》（2019）中，将当代文学70年的话语体系（也可以理解是文论话语）分为国家集体话语、社会个人话语、民族人类话语三种，在最新“民族人类话语”的归纳上，既综合了艺术人类学的研究成果，又以习近平新时代中国特色社会主义话语理论为指导，强调了中国马克思主义文艺理论最新话语的人类命运共同体意义，为中国马克思主义文艺理论话语分型研究做出了新的贡献。

（二）话语分型研究述评

话语分型是话语体系研究的基础和主要途径，如果没有话语分型研究，话语体系的构建就无从谈起，因此其意义、价值和作用是十分明确的。但另外一方面，话语分型的局限性也是非常明显的，存在着以下一些问题。

首先是话语分型研究不能充分体现一切科学都是历史科学的特点。话语分型研究的学理基础在于话语的时代特点，所以话语分型更多地体现的是一种断裂的认识，因为它无法描述任何事物都是螺旋式上升这样一种历史。民族国家话语、阶级话语、人民话语在20世纪的历史上不是依次出现的，而是多次、反复以不同面貌交替出现。如前面在介绍民族国家话语时就提到民族主义就曾以多种面貌出现。另外像阶级话语，一方面继承自20世纪初的民族国家话语，在20世纪30—40年代让渡给民族国家话语之后，又在1957—1976年间（尤其是1962年以后）再度成为主流话语。启蒙话语也存在类似情况，在五四时期和20世纪80年代两度兴起。所以说，现有的话语分型都不能完整地描述中国马克思主义文艺理论话语体系的历史事实。

其次是话语分型研究不能充分说明中国马克思主义文艺理论话语的中国

① 这里仅就话语分析方法而言，不同文章理论旨趣是各不相同的。

性问题。[①]现有的话语分型基本上是内向视角，虽然不少学者强调新民主主义话语与苏式话语的分置，或者强调所谓的苏联模式和苏联话语的异质性，但还是无法真正回答这一问题。为此不少研究者强调对“中国性”和中国马克思主义文艺理论特殊关键词的研究，其根本原因和这点也有关系。

最后是话语分型研究的强制性问题。话语分型研究本身具有“形分实统”的特点，虽然相对于话语体系来讲它体现了一种具体化，但它本身对于具体不同的话语又具有强制同一性。尤其是左翼文艺界对于1942年以后文论存在着“一体化”的普遍认识，这种局限性就显得更为明显。因为中国马克思主义文艺理论的发展并不是单一谱系的线性发展，除了前面提到的一些话语分型之外，还存在着国民性话语、主体性话语、人学话语、自由主义话语、世界主义话语和审美话语等不同的马克思主义文艺理论话语类型和谱系。因此，简单化（尤其是强调时段）的话语分型无法充分体现中国马克思主义文艺理论不同谱系客观存在和并行发展的复杂性问题。

二、关键词研究

新世纪以来，学术界发生了许多范式转型，其中就有一个从思想史研究到观念史（主题史）研究再到范畴史概念史研究的大致的沉降过程。[②]因此，在新世纪第一个十年，许多学科都形成了所谓“关键词批评”模式。和话语理论研究一样，这一模式有着浓厚的20世纪60—70年代西方文论背景。“关键词批评”在新世纪第一个十年间有一个成果井喷期，[③]在第二个十年进入反思

① 这里的“中国性”指中外或东西意义而不是古今意义。

② 这是一个大致情形的说法。1991年汪晖《“赛先生”在中国的命运——中国近现代思想中的“科学”概念及其使用》（《学人》1991年第1辑）就是非常早的关键词研究。

③ 参见黄继刚《“关键词研究”的理论回瞻及其范式探绎》［《西南民族大学学报》（人文社会科学版）2018年第5期］综述。

期，出现了《“关键词批评”研究》（商务印书馆2018年版，黄擎等著）等一批学术成果。

不论是作为语义历史学的关键词研究，还是语义政治学的话语研究，在中国马克思主义文艺理论话语研究领域，关键词—话语研究同样取得了丰富的成果。胡亚敏的《中西文论术语检讨》（2003）、国家社科基金一般项目“西方文论关键词与中国当代文学批评”（2007年立项，2015年成果出版——《西方文论关键词与当代中国》），冯宪光的《文化研究的词语分析——雷蒙德·威廉斯〈关键词〉研究》（2006），李夫生的博士论文《现代中国文论中的马克思主义话语（1919～1949）》（2006），刘志华的博士论文《“十七年文学批评”研究》（2007），唐利群的《40年代的新文学史叙述——以马克思主义学派的几个关键词为中心》（2007），王鹤松的博士论文《“深入生活”话语（1919—1976）研究》（2008），金永兵等著的《当代文学理论范畴导论》（2011），陈建华的《从“文学革命”到“革命文学”——以关键词为视角的历史叙事》（2014），田韶峻的博士论文《〈在延安文艺座谈会上的讲话〉理论溯源》（2015），张江主倡、多家学术期刊持续两三年的“中西文论关键词比较研究”工作（2016—2018），金永兵的国家社科基金重点项目《马克思主义文学理论关键词及当代意义研究》（2018），孙书文、赵红芳的《“深入生活”：中国马克思主义文论关键词研究》（2020）等，均是主要以关键词为核心的中国马克思主义文艺理论话语研究。

综合已有成果来看，关键词研究为建构中国马克思主义文艺理论话语体系奠定了坚实的基础。一些独具中国马克思主义文艺理论特性的关键词（由核心概念术语到核心范畴）得到了清晰的梳理。比如田韶峻的博士论文《〈在延安文艺座谈会上的讲话〉理论溯源》（2015），以核心术语为考察重点，从《在延安文艺座谈会上的讲话》涉及的四个关键词“工农兵”“文艺工作者”“武器”“形式”以及四对核心范畴“改造与结合”“普及与提高”“歌颂与暴露”“政治标准和艺术标准”结构《在延安文艺座谈会上的讲话》理论，在此基础上考察每个关键词、核心范畴提出、深化的迁变过程，力图揭示其生成的历史语境和变形图景，进而呈现它们整体流变的发展脉络。刘志华在其著作《阐释与建构："十七年文学批评"研究》和系列论文中，对"文艺斗争""民族形式""人性人情"等"十七年文学批评"的系列关键词进行了研究。其他如唐利群对20世纪40年代新文学史研究中马克思主义学派"反帝反封建""文艺大众化""鲁迅"等关键词的研究，王鹤松、孙书文、赵红芳等对"深入生活"的研究，武善增、肖翠云等对文学"文革"话语的研究，等等，都对从关键词研究路径构建中国马克思主义话语体系具有重要意义。

中国马克思主义文艺理论学科之外，文学史家的关键词研究也为这一路径助力不少。如洪子诚、孟繁华主编的《当代文学关键词》（广西师范大学出版社2002年版），就讨论了一批当代文学理论和文学批评关键词，如"社会主义现实主义"、"两结合创作方法"、"文艺思想斗争"、"思想改造"、"双百"方针、"歌颂与暴露"、"革命历史小说"、"干预生活"、"正面人物"、"政治抒情诗"、"集体创作"、"香花"、"毒草"、"三突出"等。虽然这些关键词不一定都具有建构话语体系的理论意义，但它们对于关键词研究路径的发展则是很有帮助的。

（一）两项代表性研究

一是2016—2018年间，由张江教授倡导、近十家学术期刊开设专栏的"中西文论关键词比较研究"专项工作。张江、党圣元、张政文、朱立元、胡亚敏、曹顺庆、赵炎秋、高建平、张清民、李春青、程光炜、泓峻、丁国旗、刘方喜、曾军、汪正龙、陈定家、朱国华等数十位专家学者（基本是中国马克思主义文艺理论学科的头部学者）参与了此项工作，并发表了一批学术论文。专项工作虽然涵盖古代文论、西方文论，强调中西文论比较研究，但它的理论落脚点还是以建设中国马克思主义文艺理论话语体系为重点。张江教授指出，"开设期刊专栏的主旨"，是"按照习近平总书记在文艺工作座谈会上的讲话精神，当代文艺理论的主要任务是要以马克思主义文艺理论为指导，继承创新中国古代文艺批评理论优秀遗产，批判借鉴现代西方文艺理论，建立具有中国特色的社会主义文艺理论体系。这就需要各方研究力量加强融合，努力在竞争和比较中产生新的想法，并从基本概念做起，踏实做一些学术方面的基础工作，努力建立起中西文论关键词比较的体系”。专项工作非常强调关键词研究的意义和作用，明确认为：“在构建中国特色文艺理论及其话语体系的过程中，关键词[①]更是掌控话语权的锁钥，建构中国特点的关键词也能够凸显文化自信。”专项工作确定了关键词提炼的原则和标识性概念的创立原则。对于何为标识性概念，张江教授提出了五条标准：“一是成为学界达成共识的可接受概念；二是将来体系中的重要基石和逻辑支点性的概念；三要提出新概念，且要有更多丰富内涵，涵盖哲学、思想、文化概念；四要产生国际影响，形成‘中国关键词学派’；五要在当下的文学批评中广泛使用。”[②]专项工作确立的传统关键词的提炼原则和新的标识性概念的创立原则，对于中国马克思主义文艺理论话语体系关键词研究路径的选择具有重要的指导意义，其理论成果也说明了关键词研究路径具有相当大的可行性和合理性。尤其以“标识性概念”作为建构当代中国马克思主义文艺理论话语体系的突破点，则无疑抓住了关键点。

二是金永兵负责的“马克思主义文学理论关键词及当代意义研究”国家社科基金重大项目。作为在研项目，研究成果有待进一步呈现。根据苏展《建设21世纪马克思主义文论的路径选择——国家社科基金重大项目“马克思主义文学理论关键词及当代意义研究”开题会会议综述》（2019）的介绍，本研究以星丛理论、超知识论、谱系学和知识考古学等为基本的理论依据。总课题分为“马克思恩格斯文学理论关键词及当代意义”（负责人张永清）、“俄苏马克思主义文学理论关键词及当代意义”（负责人吴晓都）、“西方马克思主义文学理论关键词及当代意义”（负责人汪正龙）、“中国马克思主义文学理论关键词及当代意义”（负责人张清民）四个子课题。会议或课题设计者认为，“‘关键词’使理论

---

① 尤其是标识性概念——作者注。

② 周勤勤：《关键词：掌控话语权的锁钥———中西文论关键词比较研究工作会综述》，《中国社会科学院研究生院学报》2016年第6期。

具有了形体”，是“探讨建设21世纪马克思主义文论的路径选择问题”。[①]关于“关键词研究和马克思主义文艺理论话语体系建设”的问题，金永兵在同名的论文中对关键词研究对马克思主义文论话语体系建设的意义和途径做了说明。他认为，“关键词研究”对于马克思主义文艺话语体系的建设具有方法论或元理论的意义。在方法上，关键词研究能够实现对“原子化”的概念研究的批判，并通过关键词研究依次构建马克思主义文论的“范畴群”、（概念范畴的）“星丛群”和（理论场域的）“理论群”，即“在马克思主义文论话语体系建设中应用关键词研究的方法，能通过建构马克思主义文学理论的‘理论群’来对马克思主义文论话语体系进行总体把握与界定，进而建构一种能够统摄该话语体系的元理论框架”。[②]虽然关键词研究是面向建构21世纪马克思主义文论的路径选择，但课题的当代化、中国化的言说立场，让我们完全可以将其理解成研究者对于建构中国马克思主义文艺理论话语体系的一种路径选择。

（二）关键词研究述评

古典小说《封神演义》中有个人物形象叫土行孙，他的行动方式和天马行空的诸神不一样，采用的是地行术。这一运动方式成为引发读者喜欢这一形象的一个重要原因，就在于其独特性和难度。相比概括性质的话语分型研究，关键词研究确实具有视角向下的特点，但它也预示着这一研究路径的难度很大。对比“一是在2016年推出关键词的概念，设立专栏，形成基本想法和要求；二是在2017年推出一批关键词，也许其中存在不成熟的现象，甚至有学术上的问题，也属于正常现象。三是南北方争取出12期专栏，做到百花齐放，在2018年形成比较成熟的关键词”的目标，“中西文论关键词比较研究”期刊专栏计划完成得并不完满。由此可见，关键词研究路径的难度不小。

① 苏展：《建设21世纪马克思主义文论的路径选择——国家社科基金重大项目“马克思主义文学理论关键词及当代意义研究”开题会会议综述》，《马克思主义美学研究》2019年第1期。

② 金永兵：《关键词研究与马克思主义文论话语体系建设》，《求索》2019年第4期。

这难度，一是表现在如金永兵指出的那样，原子化的关键词研究现状。但它也是一个优势，如果没有这个基本面和基础，披沙沥金如何可能？话语体系如何建构？因此，如何在这个基础上明确更多具有范畴意义的关键词和发现它们之间的结构性联系，这对于构建话语体系是非常重要的环节。二是关键词研究同样有一个如何体现中国性的问题。“中国马克思主义文艺理论话语体系”无疑是个中国性的命题。但我们知道，这个命题本身能否成立也是颇受质疑的。因为对于中国马克思主义文艺理论的非中国性、非文学性、非实践性的认识也是长期存在的，而且将中国马克思主义文艺理论固化在“苏联理论模式”的观点在学界也是很普遍的。诚然，中国马克思主义文艺理论中的许多核心概念、术语和经典马克思主义文艺理论、俄苏马克思主义文艺理论、西方马克思主义文艺理论存在着错综复杂的关系，尤其是诸如“生活源泉”“阶级意识”“人民伦理”“文艺与政治”“立场和情感转变”“世界观和创作方法”“内容与形式”“本质真实”“斗争工具”“党性和人民性”“思想改造”“教育功能”等众多话语和俄苏马克思主义文艺理论都是紧密联系在一起的。因此，依据“中国性”原则，厘清中国马克思主义文艺理论话语体系中诸关键词的中国性所在，就显得尤为基础和重要。

强调从概念、结构、功能三个方面研究某一学科的话语体系是学界的共识。对此，笔者认为，建构中国马克思主义文艺理论话语体系首先需要建构一个“元结构”，将中国马克思主义文艺理论话语体系在结构上区分为三个层次：

一是基本层或经典层，这个层次主要指的是和马克思主义（文艺理论）话语体系相一致的话语，比如“意识形态”“经济基础”“上层建筑”“真实性”“倾向性”“批评标准”[①]“典型”“现实主义（的胜利）”等概念、范畴，这些话语在所有马克思主义文艺理论谱系中，其内涵是基本稳定和一致的。

① 有学者认为“批评标准”这个话语概念是毛泽东首创的。参见陈辽：《我国文艺批评标准的前世今生》，《盐城师范学院学报》（人文社会科学版）2015年第3期。

二是使用层或者增殖层，指不论是源自经典马克思主义、苏东马克思主义、西方马克思主义，还是源自中国古代文论、西方现当代文论中的概念、范畴，在中国马克思主义文艺理论语境中具有特殊含义或者增殖内涵的话语，比如“同路人”“反映论”“创作方法”“领导权”“半殖民地半封建理论”“阶级分析”“为什么人”“社会主义现实主义”“托派”“形象思维”“人民性”“文学是人学”“修正主义”“路线斗争”“教育功能”等话语概念。

三是原创和独有的，或者在其他马克思主义文艺理论谱系中没有发展起来但在中国马克思主义文艺理论谱系中却是重要和内涵丰富的概念、范畴，比如“普罗文学”“革命人”“自由人”“第三种人”“两个口号”“是敌是友”“文武两条战线”“新民主主义文化”“（生活）源泉论”“观念（形态）论”“改造主观世界”“鲁迅”“中国作风中国气派”“喜闻乐见”“工农兵方向”“普及提高”“歌颂暴露”“赵树理方向”“文艺大众化”“人民文艺”“批判继承”“人情人性论”“两结合创作方法”“修正主义”“干预生活”“写阴暗面”“香花毒草”“牛鬼神蛇”“人民内部矛盾”“中间作品”“民族民间形式”“弘扬主旋律与提倡多样性的统一”“以人民为中心的创作导向”“社会主义新人形象（四有新人）”“批评标准的社会效果论”，以及“二为”方向、“双百”方针等。

只有先建立起这样一种自下而上的体系性的立体话语结构（“元结构”），各种性质的关键词才能在这种结构中安身立命，各得其所，才能彰显中国马克思主义文艺理论话语体系的中国性。

三、元话语研究

话语分型强调整体性，关键词研究强调单个关键词的历史发展，两种路径存在互补又各有长短，但二者难以构成一个体系性的整体。所以，我们尝试增加一种元话语研究路径。元话语研究也不是新鲜之物，早在2001年，余虹的著作《革命·审美·解构——20世纪中国文学理论的现代性与后现代性》就是依据元话语的不同来区分不同的文学理论话语类型。

元理论中的“元”，有两种基本理解。一是最高级、最后、最上的意思，比如对于“学术学”的理解，如“元史学”（作“元—史学”或“史学学”）就是这一种，它具有“形而上之形而上”的特征，在学科意义上一般都是这种理解。二是最本源、最初的意思，我们前面提到话语分型理论都喜欢追溯或归一到某个元话语、元理论、元结构、元范畴的“元”，主要是后一种理解。“元”是相对的，大问题有它的元问题，小问题也有它的元问题。前面说过，许多话语分型的元话语指向现代性。所谓现代性，主要指的是对公元1500年以来（一般从马丁·路德的宗教改革起，如果从文艺复兴之初的但丁起则更早）、始自西欧再延至全球的整个世界历史发展趋势、进程和特性的一种整体性描述（当然这种描述是很复杂的）。现代性涵盖了整个五百年来世界历史、人类活动、科学技术、制度文明和审美文化的各个方面，是一种超级理论话语，具有强大的阐释能力。在这种话语霸权下，“马克思主义”（被界定为社会理论）、“中国”也被整体性地纳入现代性话语体系中。因此，自20世纪90年代初开始，在中国学术界，马克思主义与现代性理论就处于各种纠葛中，比如“启蒙话语”分型，就可以看出启蒙现代性对马克思主义文艺理论话语理论的影响；反过来，有些现代性话语理论则又千方百计地想把马克思主义文艺理论从启蒙现代性和审美现代性话语体系中“开除”出去，而后者为了屈身于现代性理论体系，不惜以“反现代”的现代性面目出现。

1993年，劳承万就提出：“任何一门学科的建立（或建构一个体系），其基础工程，便是范畴概念（尤其是元范畴和基本范畴）的厘定。”[①]同理，话语体系的建构也需要厘定元话语。但所谓“厘定”肯定是有限度的，我们不能将现代性话语作为中国马克思主义文艺理论话语体系的元话语，也不能把马克思主义关于人类解放和人的自由全面发展的终极话语作为元话语，二者都大而不当。那么元话语是否可以分为新民主主义话语和中国特色社会主义话

① 劳承万：《什么是马克思主义文艺理论研究中的范畴概念》，《文艺理论研究》1993年第1期。

语两种呢？从理论上来讲并没有不妥，但这仍属于话语分型研究，并且非常宏观。因此，我们需要确定一种或一些恰当、具体的元话语。

前面提及，话语和概念、术语、范畴的不同之处就在于其自身具有一定的系统性。因此“元话语”首要的是要具有系统分类功能，类似于“部首”“标兵”。那么中国马克思主义文艺理论话语体系的元话语是什么？这是一个仁者见仁、智者见智的问题，比如刘旭在《无产阶级革命文学中的赵树理与现代“元话语”》（2014）中认为，20世纪中国文学史中存在两种“元话语”，即启蒙话语和“不断革命”话语，因此，作为一种路径选择来讲不可能有统一的说法。在这里，笔者尝试以“民族—国家”“革命—政党”“阶级—人民”“艺术辩证法”为元话语来做点说明。

为什么将这四个话语确定为“元话语”？

首先，这四个话语具有历时性。和基于特定时段的话语分型不同，元话语贯穿了中国马克思主义文艺理论话语体系的百年路程，是四条“延长线”。我们今天所主张的中国当代精神、社会主义核心价值观、中华民族伟大复兴、新时代中国特色社会主义、以马克思主义为指导、以中国共产党为事业核心、以人民为中心的创作导向、马克思主义文艺理论的中国化当代化大众化、历史的人民的艺术的美学的批评标准，都是20世纪以来中国马克思主义文艺理论“民族—国家”“革命—政党”“阶级—人民”“艺术辩证法”四个元话语的合乎历史和逻辑的发展。四个元话语也符合概念运动必须反映现实运动、现实关系和主客体性的基本要求。①

其次，这四个话语具有结构性。“民族—国家”话语体现了中国马克思主义文艺理论话语体系发展的价值理性，构建现代民族国家是马克思主义文艺理论中国化合理性和合法性（正当性）的本源。而现代革命主要是政党革命，“革命—政党”话语体现了中国马克思主义文艺理论话语体系发展的工具理

① 参见杨耕：《构建中国特色哲学话语体系的内涵》，《光明日报》2020年5月18日第15版。

性。“阶级—人民”话语说明了中国马克思主义文艺理论话语体系发展的主体性（政治主体性和艺术主体性）。“艺术辩证法”话语主要包括“历史/生活—艺术”之类范畴，它在艺术论上概括了中国马克思主义文艺理论话语体系对艺术本体、自主性和规律性的认识，比如创作论中的世界观和创作方法关系，真实论中的各种真实观，批评论中的政治标准、艺术标准和社会效果论，等等。这四个元话语在思维结构上是一个整体，在四个维度上将中国马克思主义文艺理论话语体系建构起来。

再次，这四个话语具有子系统性。“话语标示差异；话语确定共性。”[①]虽然关键词研究强调“关键性”，即关键词“具备强大语义关联能力”，但它的研究重点还是在其自身的“历史”。中国马克思主义文艺理论话语体系中有成百上千的术语、概念、范畴，甚至主题，因此，如何条分缕析地在话语系统或语义地图中把它们之间的核心联系建立起来就是个非常重要的工作，而标识子系统的元话语具有对包括关键词在内的诸多概念进行分类统合的系统功能，能够克服关键词研究“原子化”的弊端。这是因为“元话语”强调的是关键词和术语共有的一种本源性的基因。南帆借用福柯的“知识考古学”[②]概念来形容关键词研究，我们也可以借用“话语谱系学”的概念来形容元话语研究路径，但需要说明的是，此谱系学和福柯意义上的谱系学可能正相反，因为追求某种同一性可能正是话语体系建构的基础（目的或意义）。

所以说，类比金永兵的观点，关键词研究是为建构一个把握理论群的元理论框架，[③]那么，元话语就是把握整个话语体系的一个框架。

需要说明的是，话语分型（尤其是单一型话语分型）往往也具有元话语的意义。梁玉水、李志宏的《“中华性”话语型与中国文艺理论建构》

① 陈永国：《话语》，赵一凡、张中载、李德恩主编：《西方文论关键词》（第一卷），外语教学与研究出版社2017年版，第229页。

② 南帆主编：《二十世纪中国文学批评99个词·前言》，浙江文艺出版社2003年版，第1页。

③ 参见金永兵：《关键词研究与马克思主义文论话语体系建设》，《求索》2019年第4期。

（2020）将话语体系建设与失语症和现代性讨论的结果联系起来，结合现代性引发的“中华性”讨论，提出“‘中华性’话语型”元话语或单一话语分型概念，并主张以此为文艺理论话语体系或者类型的建设目标。[①]因此说，我们这里讨论元话语只是在讨论建构话语体系路径选择的可能性。而且元话语和话语分型、关键词研究一样，都有其优劣，也同样面临着阐释中国性、建构当代性、面向世界性的难题。建构中国马克思主义文艺理论话语体系，不可能要求纯正的中国话语，因为这在逻辑上就不通。因此，只有把元话语和元结构、话语分型和关键词研究结合起来，把经典形态的、增殖形态的和中国特色尤其是原创的中国马克思主义文艺理论话语研究结合起来，才有可能构建完整的中国特色马克思主义文艺理论话语体系。

习近平《在哲学社会科学工作座谈会上的讲话》（2016）中提出了“着力构建中国特色哲学社会科学，在指导思想、学科体系、学术体系、话语体系等方面充分体现中国特色、中国风格、中国气派”的总要求，并且从历史维度、当代维度和专业维度提出了三个具体要求：一是体现继承性、民族性，二是体现原创性、时代性，三是体现系统性、专业性。在历史维度上，我们在阐释什么是中国马克思主义文艺理论话语体系的研究上已经取得了丰硕的成果，但在当代维度上，构建中国马克思主义文艺理论话语体系如何体现原创性、时代性和专业性，如何“提炼标识性概念，打造易于为国际社会所理解和接受的新概念、新范畴、新表述，引导国际学术界展开研究和讨论”[②]，就应该成为我们下一步工作的重点。

（完成于2021年2月）

① 参见梁玉水、李志宏：《“中华性”话语型与中国文艺理论建构》，《吉林大学社会科学学报》2020年第6期。

② 习近平：《在哲学社会科学工作座谈会上的讲话》，《人民日报》2016年5月19日第02版。

原则标准、维度标准、具体标准：马克思主义文艺批评标准体系的分析与建构

当前文艺理论界非常重视文艺批评问题，这引发我们对于批评标准问题的再次审视。批评标准是马克思主义文艺理论的核心话语之一，[①]也是影响其他文论体系的马克思主义文艺理论重要范畴之一，比如中国古代文论的批评标准问题。但从文艺理论知识谱系看，“批评标准”是个前现代性的话语概念，[②]因为在现代主义和后现代主义艺术理论“非本质主义”“多元论”“反同一性”“艺术就是理论”“批评理论化”等抽象批评观念的影响下，批评标准为价值论、[③]理念论代替或整合，批评标准问题也就逐渐被弱化或者消解。[④]

---

① 在西方文论中，“标准”也是个非常重要的概念或方法，但其意义主要是为了定义文学和文学史，类似丹纳《艺术哲学》中种族、时代、环境“三要素”，艾布拉姆斯《镜与灯》中“艺术批评的诸座（坐）标”的意思。另如韦勒克在《近代文学批评史》（上海译文出版社2009年中文修订版）第一卷“前言”中对文学批评的看法是：“‘批评’这一术语，我将广泛地用于解释以下几个方面：批评不仅是关于个别作品和作者的评价、‘裁决性’批评、实用批评、文学趣味的迹象，而且主要是指迄今为止有关文学的原理和理论，文学的本质、创作、功能、影响，文学与人类其他活动的关系，文学的种类、手段、技巧，文学的起源和历史这些方面的思想。”“批评”指的就是文学的内外部研究。虽然也有“批评标准”这样的概念，但和本文所讨论的标准不一样，它主要是内部研究的标准。

② 这只是一个关于理论代差的比喻性说法，也可以说成，相对于后现代性而言，它又是个现代性问题。

③ 刘俐俐教授的教育部哲学社会科学研究重大课题攻关项目“文艺评论价值体系的理论建设与实践研究”是将批评标准作为价值标准的核心来定位的。

④ 参见张冰：《关于文学艺术批评标准的讨论》，高建平主编：《当代中国文艺理论研究（1949—2019）》，中国社会科学出版社2019年版。

另外在对话交往理论和公共空间理论中，批评标准能否成立都是一个问题。这意味着标准问题有可能仅是个文艺“普及”阶段的问题，即一个前现代性的问题。①同样的道理，在实践中，“批评”这个词也在更多地为“评论”这一中性话语所代替。

即便在经典马克思主义文艺理论范畴，批评标准问题也是在逐渐弱化。新时期之初，以蔡仪主编的《文学概念》和以群主编的《文学的基本原理》（二书都是20世纪60年代初基本完成、新时期初期出版或者再版）为代表的批评标准理论，坚持的仍是20世纪40年代以来毛泽东的政治标准、艺术标准二元论，强调政治标准的优先性。这显然不符合艺术理论发展的趋势和需要。因此，在20世纪80年代初，学界围绕着马克思主义文艺理论批评标准的问题进行了大规模的讨论和争论②，逐步恢复了经典马克思主义“美学的历史的”批评标准的最高地位，③并且在毛泽东文艺批评标准的基础上，衍生出了思想标准和艺术标准这种新的二元标准论以及真善美批评标准论等，1981年王朝闻主编的《美学概论》批评标准论体现了这种转变。到了1985年十四院校编写《文学理论基础》（第二版）时，思想性和艺术性标准就成了主要的批评标准被载入教材。但如果说在20世纪80年代“批评标准”还是一个理论问题的话，那么到了20世纪90年代，由于受到批评理论化和学术民主的广泛影

① 林岗在《论中国文艺批评标准的正偏结构》（《文艺研究》2020年第10期）中说明批评标准在现代批评理论中的发展：“由于现代性的作用，现代批评标准里的正偏对立和对峙总是显得比古代更明显一些，但是这对立和对峙总也不妨碍主流和支流在事实上的共存。”

② 参见上海师范学院中文系文艺理论教研室编：《文学理论争鸣辑要》，上海文艺出版社1983年版；中国马列文艺论著研究会、马列文论研究编委会编：《马克思、恩格斯文艺批评理论研究》，四川文艺出版社1985年版。

③ 参见陈辽：《马克思主义文艺思想史稿》，四川文艺出版社1986年版，第245页；程代熙：《谈谈马克思主义文艺批评的标准问题》，《文学理论争鸣辑要》，上海文艺出版社1983年版，第 974页；等等。本文沿用国内学界更熟悉与常用的“美学观点与历史观点”的旧译法，也简称为“美学的历史的”观点或标准。

响，批评形态理论突起，批评标准就不再是一个重要问题了。[①]

即便在重视批评标准的其他批评学研究模式中，研究者关于批评的原则、标准、方法、观点、形态或类型、角度或维度等概念或者范畴的使用也往往很乱。这和这些概念或者范畴本身在内涵上的交互重叠、逻辑上上下归属情况很复杂有关，比如批评原则、标准和方法就很难区分，其他如从主体、文体、话语角度对批评形态或者类型的归纳也有许多重叠的地方。因此，在许多宽泛讨论文学批评问题的时候，人们并不严格区分这些概念和范畴，容易出现混用、等同的情况，如新时期我国较早出版的文艺批评学专著《文艺批评学》（黄展人主编，1991）中，美学的历史的观点是作为标准、原则、方法同时出现的；其他学者也有"美学的和史学的观点作为批评的最高标准即一种方法论和原则"的说法；[②]这种三位一体的观念很常见。当然，也有对其加以区分和规定的，比如将批评的原则视为价值尺度、批评的标准视为具体尺度，即美学的历史的观点（有的还扩展到文化的观点）是批评原则，思想性和艺术性（有的还扩展到真理性）是批评标准，批评标准是依据批评原则而制定的具体尺度等。[③]这种区分有其合理性，目前的马克思主义理论研究和建设工程重点教材《文学理论》就使用这种区分法，[④]但这种区分法在学术界接受程度并不高。至于把一些逻辑层次很低的具体批评标准或者维度视为原则性批评标准的情况就更为常见，比如大众化、民族化、现代化等等。而一些比较重要的批评标准

---

① 关于新时期40年文学批评标准变化的讨论，可参见李国华的《文学批评学（修订本）》（河北大学出版社1999年版）、万娜的《从批评标准的变化看中国当代马克思主义文学批评——在"美学观点和史学观点"之间》（《华中学术》2011年第三辑）、张冰的《关于文学艺术批评标准的讨论》［高建平主编：《当代中国文艺理论研究（1949—2019）》，中国社会科学出版社2019年版］等。

② 童庆炳主编：《面向21世纪课程教材：文学理论教程》（第五版），高等教育出版社2015年版。

③ 参见童庆炳主编：《文学理论教学参考书》，高等教育出版社2009年版。这种区分也体现了一种体系性的关系。

④ 参见《文学理论》编写组编：《马克思主义理论研究和建设工程重点教材·文学理论》（第二版），高等教育出版社2020年版，第201—203页。

提法又长期游离于批评标准讨论之外，比如人性人道主义标准或者人学标准、社会效果论等。即使纳入讨论范围的（如人民性），它们之间到底是什么关系，少有人能说得清楚。这种现象说明一个问题，那就是大家对于批评标准作为一个体系的认识还没有建立起来。借用“人诗意地栖居”这样一句时髦的学术话语，那就是有关批评标准的诸多概念或者范畴还没有“诗意地栖居”在一个体系上。因此，有必要建构一个马克思主义文艺批评标准体系。

为什么要强调体系化？体系化首先是一种方法，具有结构功能，不强调体系化就无法从整体上掌握批评标准。如毛泽东的批评标准构成就非常复杂。陈辽认为，“批评标准”是毛泽东的一大创造，并且首创了“政治第一、艺术第二”的批评标准。[①]我们以前在毛泽东批评标准问题上所犯的一个主要错误——简单化、狭隘化——就与无法体系化地理解和掌握毛泽东的批评标准有关。第一，在《在延安文艺座谈会上的讲话》（以下简称《讲话》）中存在着“两个标准”“三个统一”“两个反对”体系性的批评标准论，[②]如果不能体系化地理解毛泽东《讲话》中的批评标准，就容易将其简单地理解为政治标准第一、艺术标准第二，那么，在这个基础上再将其理解成政治标准唯一，也就很自然了。这和狭隘理解无产阶级文艺的工农兵方向是一样的。第二，毛泽东《讲话》中还提出了对于过去时代文学艺术作品的批评标准（主要是立场）问题，他说：“无产阶级对于过去时代的文学艺术作品，也必须首先检查它们对待人民的态度如何，在历史上有无进步意义，而分别采取不同态度。”[③]毛泽东对这一标准的表述继承和发展了列宁每一种民族文化中“都有一些民主主义和社会主义的即使是不发达的文化成分”的思想。第三，《讲

---

① 陈辽：《我国文艺批评标准的前世今生》，《盐城师范学院学报》（人文社会科学版）2015年第3期。

② 参见丁国旗：《对延安文艺讲话中文艺批评思想的重新认识》，《陕西师范大学学报》（哲学社会科学版）2019年第1期。

③ 毛泽东：《在延安文艺座谈会上的讲话》，《毛泽东选集》第三卷，人民出版社1991年版，第869页。

话》之前的1938年，毛泽东在《在鲁迅艺术学院的讲话》中还提出过“远大的理想、丰富的生活经验、良好的艺术技巧”三个批评标准。[①]第四，《讲话》之后的1957年，毛泽东在《关于正确处理人民内部矛盾的问题》第八节“关于百花齐放、百家争鸣、长期共存、互相监督”中论述百花齐放、百家争鸣方针时，从广大人民群众的观点，提出了“我们今天辨别香花和毒草”的六条标准，并且说：“这是一些政治标准。为了鉴别科学论点的正确或者错误，艺术作品的艺术水准如何，当然还需要一些各自的标准。”[②]毛泽东提出过的这些批评标准，它们之间是什么关系？我们还没有完全搞清楚。而过往把毛泽东的批评标准理解成政治标准第一或者唯一，就是因为大家没有把毛泽东讲的批评标准当作一个小体系来把握。再比如，近些年出现了关于批评标准和方法的新提法，由于我们未能体系化地理解新批评标准和方法，或者说我们没有建立一个批评标准体系来接纳新观点，所以只能将其与各种既有批评标准的提法做叠床架屋式的堆积，无法从一个完整体系中理解其合理性和创新之处，无法理解新旧提法之间的结构和功能关系。由此可见建构一个马克思主义文艺批评标准体系的重要性。

此外，艺术批评学科的发展重点是艺术批评的体系化，但体系化不可能只是各门类批评（比如网络文艺批评、影视批评、媒介批评、通俗文学批评等等）的拼盘，它的体系化基础应该是关于批评的性质、功能、原则、标准、方法、文体等基础性体系的建构。没有后者，前者的体系化只能是聚沙成塔，但其中批评标准的体系化又是批评体系化的基础。因此，艺术批评学科和艺术批评体系化的发展需要批评标准的体系化建构。1994年，唐德胜的《努力建立科学的文艺批评体系——文艺批评标准问题讨论会综述》反映了

---

① 毛泽东：《在鲁迅艺术学院的讲话》，《毛泽东文艺论集》，中央文献出版社2002年版，第17页。

② 毛泽东：《关于正确处理人民内部矛盾的问题》，《建国以来毛泽东文稿》第六册，中央文献出版社1987年版，第348–349页。

批评标准体系化对于批评体系化重要性的认识已经成为学界共识。①

新时期以来，不少学者关注批评标准体系化的建构。如包忠文、张辉的《文艺批评标准的系统性和整体性》（1992）就强调要建立体系性的批评标准，否则无法克服“把文艺‘抽象化’的两种偏向。其一，把文艺仅仅视作超然的形式的存在，离开特定的社会历史条件将文艺非意识形态化的倾向；其二，艺术批评中的庸俗社会学倾向”②。宋建林的《文艺批评标准刍议》（1996）则主张以恩格斯1890年《恩格斯致约瑟夫·布洛赫》信中阐明的“总的合力论”作为理论依据来建构“文艺批评标准的系统性”。

不少学者开始了批评标准体系化的具体建构，但在具体建构路径上有所不同。第一类学者认为美学的历史的最高标准、政治标准艺术标准、真善美标准都不是具有真正可操作性的批评标准，而是一些批评原则或者批评维度，因此主张在批评维度下另有一个基本标准层面。1984年，冷铨清在《文艺批评基本标准新探》中就在最高标准下面提出“基本标准”这个概念，“将感染力、真实性、典型性、独创性和健康性作为文艺批评的基本标准”。③当然大多数学者并没有离开经典马克思主义文艺批评标准的范畴，而是根据经典作家的具体论述，将美学的历史的批评标准的具体内涵即具体标准加以确定。如李国华主编的《文学批评学》（1999）就是以“基本标准”的范畴来统领马克思主义文艺理论谱系中的各种批评标准；董学文的《马克思主义文论教程》（2015）则坚持“最高标准”的说法，但阐释了其所包括的具体内涵。当然，还有大量的研究者并不局限于挖掘经典作家文本中批评标准的具体所指，而是根据艺术理论的发展，与时俱进地为各种传统批评标准论做出新的阐释。和第一类学者自上而下的体系性建构不同，第二类学者则非常重视自

---

① 需要说明的是，本文主要是建立一个分析各种批评标准说的分析架构。而一个完整的批评标准体系，还需要有批评标准本体论（本质、特征、性质、功能）等组成部分。

② 包忠文、张辉：《文艺批评标准的系统性和整体性》，《艺术百家》1992年第2期。

③ 冷铨清：《文艺批评基本标准新探》，《福建论坛》（文史哲版）1984年第3期。

下而上的生长性建构或者以经典批评标准为核心的弥漫式建构。比如丁国旗在《正确认识“美学和历史的”批评标准》(2019)中提出将美学的历史的批评标准“作为一般标准的‘最高标准’”，[①]在美学标准和历史标准的绝对不平衡性认识中，将这一标准作为最高追求目标；刘俐俐在《文艺评论价值体系与文学批评标准问题研究》中提出了基础性的“底线性文学批评标准的全域性特质”，“基础性，即一般文学批评标准，有向上发展和提升的可能，以此比照而知道‘伟大的’‘优秀的’作品是怎样的”。[②]第三类学者则是强调高低批评标准搭配。这类批评标准论和巴人、钱谷融的艺术人学思想有很大的联系。钱谷融在《论“文学是人学”》(1957)中提出了人道主义是文艺批评最低标准、人民性是最高标准的批评标准体系论。因此，在新时期批评标准体系建构中，不少批评标准论者提倡人性、人道主义为最低标准、第一标准，如燕世超的《人性标准是马克思主义文学批评的根本标准》(2009)。所以说，不论使用最高标准还是基础标准、基本标准、根本标准、具体标准等，人们都已经在体系性视野中审查批评标准问题了。

而面对诸多标准论（前提是各有其合理性），如何建构一个内部通融的马克思主义文艺理论批评标准体系？为此，我们首先需要确定一个性质性或工具性框架，那就是我们将目前在马克思主义文艺理论话语体系中具有合理性的批评标准根据其性质分为原则标准、维度标准和具体标准三种。马克思主义文艺理论批评标准体系是由这三种性质的标准论按照一定逻辑关系（层级）构成的。它们的关系是：原则标准下有维度标准，维度标准下有具体标准。将批评标准体系确定为原则标准、维度标准和具体标准三维，其理论意义就很明显：它可以让关于批评标准的不同表述在这个体系上有明确的位置和性质标示，并充分展示其在理论史上的价值和意义。

① 丁国旗：《正确认识“美学和历史的”批评标准》，《中国社会科学报》2019年3月25日第4版。

② 刘俐俐：《文艺评论价值体系与文学批评标准问题研究》，《南京社会科学》2016年第12期。

一、原则标准

原则标准包括具有原则意义或规定性的各种基本标准、首要标准、最终标准（或者称为“终极标准”[①]）和最低标准。虽然恩格斯提出了“最高标准”，不少论者也视其为批评原则或者总原则，[②]但正如前面所引证的那样，美学的历史的观点更多的是一种批评维度，既不是批评原则，也不是真正的最高批评标准。不认为“美学和历史的观点”是批评标准的学者很多，比如马莹伯认为它只是一个“方式状语”，是批评方法。[③]而在马克思主义文艺批评标准史上，能称为对文艺批评标准做出了原则性规定的是列宁的“民主主义和社会主义”成分论，毛泽东、邓小平的社会效果论，巴人、钱谷融等主张的人情人性论（人道主义）最低标准论。

（一）列宁的“民主主义和社会主义”成分论

列宁非常重视开展马克思主义文艺批评，他的托尔斯泰研究在批评实践上为马克思主义文艺批评创造了典范。虽然列宁对马克思主义文艺批评本身的论述并不多，但还是在文艺批评标准上确立了两个原则：一是党性原则，二是“民主主义和社会主义”成分论。

列宁提出了“党性”原则，但这个原则有个前提限制，首先，它针对的是无产阶级的党的事业中写作事业这一部分[④]，主要针对的是党员作家；其次，这个原则并不专门针对文艺批评，它还包括理论、创作等方面。虽然“党性”还可以做广义的理解，可以理解成进步、革命的性质，但这对于批评标准的原则性来讲又过于宽泛。因此，党性原则不宜作为一般文艺批评的

① 王之望：《谈邓小平的文艺批评观》，《理论与现代化》2000年第10期。

② 畅广元主编：《马克思主义文艺理论》，高等教育出版社2000年版，第114页。

③ 马莹伯：《别、车、杜文艺思想论稿》，文化艺术出版社1986年版，第89页。

④ 参见［苏］列宁：《党的组织和党的出版物》，《列宁全集》（第二版）第十二卷，人民出版社1987年版，第93页。

原则标准。在实践中，这一原则也因为其内涵十分丰富，所以其外延（可应用的范围）也很有限，一旦扩大化或者泛化后就会产生不好的结果。

列宁还提出过“民主主义和社会主义”成分论。1913年，列宁在《关于民族问题的批评意见》中提出了“两种民族文化的理论”：“每一个现代民族中，都有两个民族。每一种民族文化中，都有两种民族文化。”[①]列宁指出，每一种民族文化“都有一些民主主义的和社会主义的即使是不发达的文化成分，因为每个民族都有被剥削劳动群众，他们的生活条件必然会产生民主主义的和社会主义的意识形态”[②]。列宁以车尔尼雪夫斯基和普列汉诺夫为例，指出他们的作品体现着工人阶级和劳动人民的利益和愿望，因而饱含着“民主主义的和社会主义的文化成分”。列宁的“民主主义和社会主义”成分论后来成为人们评价历史上文学艺术的原则性标准，苏联的艺术理论家将它作为“人民性”的本质规定：“列宁所指出的在每一个民族文化中存在着的这些民主主义与社会主义的成份（分），在其本质上，无论它们在文学中表现出了多少，就组成了我们所惯称的人民性。”[③]人民性后来成为苏联艺术批评的最高标准。这也是1957年钱谷融在《论“文学是人学”》中将人民性视为艺术批评最高标准的由来。列宁的“民主主义和社会主义”成分论对毛泽东也产生了很大的影响，他关于文化遗产的论述就曾引用了列宁这一观点。

列宁的这一原则也为我国研究者所重视。畅广元主编的《马克思主义文艺理论》（2000）中将这一原则称为“文化批评”，将其与美学的历史的“总原则”并列，认为列宁发展了马克思主义评价作家的原则。[④]但毫无疑问，不论是文化批评还是文化原则，“文化”同样只是一种维度概念。

---

① ［苏］列宁：《关于民族问题的批评意见》，《列宁全集》（第二版）第二十四卷，人民出版社1990年版，第134页。

② ［苏］列宁：《关于民族问题的批评意见》，《列宁全集》（第二版）第二十四卷，人民出版社1990年版，第125—126页。

③ ［苏］顾尔希坦：《文学的人民性》，戈宝权译，天下图书公司1950年版，第22页。

④ 畅广元主编：《马克思主义文艺理论》，高等教育出版社2000年版，第448页。

（二）毛泽东、邓小平的社会效果论

社会效果论也就是实践论。这是中国化马克思主义文艺理论关于文艺批评标准的代表性成果之一。

长期以来，学界把毛泽东关于文艺批评标准的基本论述归纳为“政治标准第一、艺术标准第二”，这是一个很大的误解。如何恢复对毛泽东关于批评标准的完整理解，丁国旗和一些前辈学者做了大量的研究工作。[①]综合其成果，我们可以接受这样一种观点：毛泽东《讲话》“只着重谈一个基本的批评标准问题”的逻辑起点是：“我们是辩证唯物主义的动机和效果的统一论者”“社会实践及其效果是检验主观愿望或动机的标准”。这个起点说明了什么问题？那就是无论是动机还是艺术标准，要看社会效果，“看他的行为（主要是作品）在社会大众中产生的效果”！这是毛泽东关于批评标准的原则性论述——“基本的批评标准”。在这个原则下，毛泽东接下来继续论述了具体的维度标准：“以政治标准放在第一位，以艺术标准放在第二位”“我们的要求则是政治和艺术的统一，内容和形式的统一，革命的政治内容和尽可能完美的艺术形式的统一”“我们既反对政治观点错误的艺术品，也反对只有正确的政治观点而没有艺术力量的所谓‘标语口号式’的倾向。我们应该进行文艺问题上的两条战线斗争”，接下来再具体批判了八种错误的文艺观念。[②]由此可见，毛泽东的批评标准是由社会效果原则标准和“两个标准”“三统一”“两个反对”三个维度标准组成的一个批评标准体系。如果把毛泽东批评标准只理解成“政治标准第一、艺术标准第二”，那么到最后发展成“政治标准唯一”也就不足为奇了。但这种错误由毛泽东批评标准论来承担，在学理上就说不过去。

---

① 参见丁国旗：《对延安文艺讲话中文艺批评思想的重新认识》，《陕西师范大学学报》（哲学社会科学版）2019年第1期。

② 毛泽东：《在延安文艺座谈会上的讲话》，《毛泽东选集》第三卷，人民出版社1991年版，第868—874页。

何以确定社会效果论就是原则标准，政治标准就是维度标准？这同样在《讲话》中有充分反映。毛泽东说："我们的文艺批评是不要宗派主义的，在团结抗日的大原则下，我们应该容许包含各种各色政治态度的文艺作品的存在。但是我们的批评又是坚持原则立场的，对于一切包含反民族、反科学、反大众和反共的观点的文艺作品必须给以严格的批判和驳斥；因为这些所谓文艺，其动机，其效果，都是破坏团结抗日的。按着艺术标准来说，一切艺术性较高的，是好的，或较好的；艺术性较低的，则是坏的，或较坏的。这种分别，当然也要看社会效果。"这段话，把原则标准、维度标准和具体标准三个逻辑层次说得很清楚。

新时期，邓小平继承和发展了毛泽东重视社会实践、重视社会效果的批评标准思想。1979年，在全国第四次文代会上，邓小平就明确指出："对实现四个现代化是有利还是有害，应当成为衡量一切工作的最根本的是非标准"，"作品的思想成就和艺术成就，应当由人民来评定"，他要求文艺工作者必须"认真严肃地考虑自己作品的社会效果"。1980年，邓小平在《目前的形势和任务》讲话中指出："任何进步的、革命的文艺工作者都不能不考虑作品的社会影响，不能不考虑人民的利益、国家的利益、党的利益。"1981年，邓小平根据社会效果评价的思想，在评价根据剧本《苦恋》改编的电影《太阳和人》时指出："试想一下，《太阳和人》要是公开放映，那会产生什么影响？"1985年，邓小平在《在中国共产党全国代表会议上的讲话》中更为明确地指出："思想文化教育卫生部门，都要以社会效益为一切活动的唯一准则。"1992年，在南方讲话中，他又提出了"三个有利于"的根本是非标准，把文艺工作、文艺批评坚持社会效益放在第一位的原则逐渐系统化、具体化了。原则标准之外，在维度标准上，邓小平在《在中国文学艺术工作者第四次代表大会上的祝词》中不仅提出了以思想标准代替政治标准，而且对"政治"也做了宽泛的解释，以解放文艺生产力。由此可见，邓小平文艺批评标准也是由社会效果论这一原则标准统领，外加两种维度标准（思想标准、艺术标准）和各种具体标准组成的。邓小平是个原则主义者，但善于抓大放小，在批评标准这个问题上更是如此。所以四次文代会后赵丹说“管得太具体，文艺没希望”①，就是对邓小平批评思想的同声应和。

实践、社会效果是中国化马克思主义文艺批评的原则标准，也是一个理论传统，江泽民、胡锦涛都做出了进一步的论述。2014年，习近平也强调“应该是把社会效益放在首位”，作家艺术要“认真严肃地考虑作品的社会效果”，②就是对这一中国化理论传统的继承和发展。

（三）巴人、钱谷融等主张的人情人性论（人道主义）最低标准论

20世纪50年代后期，针对越来越庸俗化、机械化、教条主义的创作倾向和文艺批评状况，文艺理论界出现了一波“修正主义”文论，出现了把人情人性论（人道主义）作为原则性的最低标准论。

1957年，巴人在《论人情》中，首先批评当时的艺术创作“政治气味太浓，人情味太少”，“作品不合情理，就只是唱‘教条’”。巴人希望文艺作品“有更多的人情味”，并呼唤“魂兮归来，我们文艺作品中的人情”！那什么是人情或者人情味呢？巴人从三个层面给予了解释。一是本性层面。巴人认为，“人情是人和人之间共同相通的东西。饮食男女，这是人所共同要求的。花香、鸟语，这是人所共同喜爱的。一要生存，二要温饱，三要发展，这是普通人的共同的希望”。二是由本性层面上升到道义层面。巴人进而认为“人情也就是人道主义”，“我想，如果说，我们当前文艺作品中缺乏人情味，那就是说，缺乏人人所能共同感应的东西，即缺乏出于人类本性的人道主义”。在这两个层面，巴人倡导艺术创作的基础是要有人情味，并提出了人情就是人道主义、是“出于人类本性的人道主义”这样一些观点。在巴人看来，人情人性论和人道主义是没有严格区分的。三是政治层面。巴人深知，如果仅是把对人情、人道主义的理解停留在第一、第二层面，那么是有问题的。因

① 赵丹：《管得太具体，文艺没希望》，《人民日报》1980年10月8日。

② 习近平：《在文艺工作座谈会上的讲话》（2014年10月15日），《人民日报》2015年10月15日第02版。

此，在《论人情》中巴人为自己可能会被视作“人性论”者做了预设辩护。巴人用人类本性的“自我异化”这个概念来解释阶级性和阶级斗争，用解放全人类、解放人类天性来解释阶级斗争和描述革命目的，从而赋予阶级斗争在人性人道主义上的合理性甚至合法性。他认为，“阶级斗争也是人性解放的斗争”，其“终极目的则为解放全人类，解放人类本性”，因此“文艺必须为阶级斗争服务”，其目的也“正是要使人在阶级消灭后‘自我归化’——即回复到人类本性，并且发展这人类本性而日趋丰富”。自然而然，巴人在这个意义上将人情（人类本性）、人道主义和阶级斗争在逻辑上统一起来了。在这个意义链上，巴人认为写人情是文艺为阶级斗争服务的基础。意义统一起来和关系确立之后，巴人自然要为写人情进行辩护，反过来抨击那些为了阶级性而贬低写人情的观点是“矫情”：“‘矫情’往往是失掉立场，也丢掉理想的。”[①]巴人后来在回应人们对《论人情》批评的《给〈新港〉编辑部的信》中再次强调：“‘通的是人情，达的是无产阶级的道路’。前者是‘手段’，后者是‘目的’。”[②]再次强调了二者之间的关系。从上可以看出，人情人性是艺术创作和批评的起点。

在巴人发表《论人情》的同时，钱谷融完成了《论“文学是人学”》（完成于1957年2月，发表于5月），涉及文学的任务、作家的世界观和创作方法、评价文学的标准、各种创作方法的区别、人物的典型性和阶级性五个方面。文中，钱谷融提出了人道主义是作品评价的最低标准，人民性是作品评价的最高标准的体系性观点。他说：“假如人民性、爱国主义、现实主义等等概念，并不是在每一篇古典文学作品的评价上都是适用的话，那么，人道主义这一概念，却是永远可以适用于任何一篇古典文学作品上的。人民性应该是我们语言文学作品的最高标准，最高标准并不是任何时候都能适用的，也不是任何人都会运用的。而人道主义精神则是我们评价文学作品的最低标准，

① 巴人：《论人情》，《新港》1957年第1期。

② 巴人：《给〈新港〉编辑部的信》，《新港》1957年第4期。

最低标准却是任何时候都必须坚持的；而且是任何人都在自觉地或不自觉地运用着的。够不上最低标准，就是不及格，就是坏作品。达到了最低标准，就应该基本上肯定它是一篇好作品，就一定是有其可取之处的。至于好到什么程度？可取之处究竟有多大？那就得运用人民性等等的标准去衡量了。”[①]钱谷融认为，凡是具有人道主义的作品，就可以进入优秀作品的行列，而那些不具备人道主义的颓废派和自然主义的作品，就没必要费功力去检视其中有无人民性了。只有首先是具有人道主义的作品，才能进入好作品的范围，才能进一步根据人民性的程度，来判断其作品好的程度、可取之处有多大。在这里，人道主义是个定性标准即最低原则性标准，人民性实际上是个程度标准，是标示作品好到什么程度的具体批评标准。

从学理上来讲，接受人情人性论、人道主义作为艺术批评的最低标准不存在任何问题。这一标准的界定，在理论上也丰富了马克思主义批评标准的内涵和领域。虽然这一标准观在20世纪50至70年代受到批判，但其学术价值和意义在20世纪80年代得到恢复，逐渐成为中国化马克思主义文艺理论的重要成果之一。但也正如当初批评者所顾虑的那样，在理论和创作批评实践两个方面，人情人性论、人道主义是非常容易走向自然人情人性论、超阶级或隐性阶级性的人道主义错误方向去的。新时期以来的许多创作和批评现象、许多人学批评标准论都印证了这点。巴人、钱谷融当年也预见了这点，因此对无产阶级的人情人性论、人道主义做了大量论证和界定，但遗憾的是人们并不能熟练掌握这一批评理论工具。

二、维度标准和具体标准

所谓维度标准，也就是限定从哪些主要方面、方向来开展文艺批评。不

① 钱谷融：《论“文学是人学”》，《文艺月报》1957年第5期。

少批评维度包含着一定的具体标准，比如“人民的”批评维度，它自然含有批评的人民立场等要求，但在这里，我们将其理解成从人民这个维度来界定批评标准，主要指的是它的维度或者范围意义。卓今在《中国马克思主义文论的“内部研究”》(2019) 中说：“马克思主义文艺批评的总体性（即其世界观、历史观、人学观、美学观、文艺观）”[①]，说的也是批评维度问题。我们可以看到从各个角度（维度）提出的批评标准论，如大众化、民族化、时代化、通俗化、社会效益等等，所以说，“横看成岭侧成峰”，维度是无限的。因此，我们需要找到最主要的批评维度。也就是说，如何划分主要维度也有个标准问题。所以，我们这里界定的批评维度，指的是那种具有最高或较高概括性的范畴，比如“美学的历史的”“政治标准艺术标准”“思想标准艺术标准”“内容和形式”“真善美”“历史的、人民的、艺术的、美学的”等维度。

而所谓具体标准，一般是在提出原则标准和维度标准之后，对原则标准和维度标准所设定的具体要求。具体标准往往是为了支撑原则标准和维度标准而展开的论述。鲁迅在《批评家的批评家》(1934) 中说：“我们曾经在文艺批评史上见过没有一定圈子的批评家吗？都有的，或者是美的圈，或者是真实的圈，或者是前进的圈。”[②]“圈”是批评标准，“美、真实、前进”则是具体标准。

（一）恩格斯的“美学的历史的”维度标准和理想艺术的具体标准

马克思、恩格斯没有提出批评的原则标准，但提出了“美学的历史的”维度标准和这两个维度上理想艺术的具体标准。

美学的和历史的批评观点是别林斯基最早提出来的，时间上比恩格斯早几年，二者之间有无影响关系、是否独立起源还是有共同理论根源，这个问

① 卓今：《中国马克思主义文论的“内部研究”》，《中国社会科学院研究生院学报》2019年第3期。

② 鲁迅：《批评家的批评家》，《鲁迅全集》第五卷，人民文学出版社2005年版，第449页。

题还需要进一步的研究。[①]

1846年，恩格斯在《卡尔·格律恩〈从人的观点论歌德〉》一文中除了批判“真正的社会主义”错误的人的观点之外，还提出了“美学的历史的”批评观。恩格斯在文章中指出：“我们决不是从道德的、党派的观点来责备歌德，而只是从美学和历史的观点来责备他；我们并不是用道德的、政治的或‘人的’尺度来衡量他。”[②]从字面意义来看，不难理解，恩格斯这里所说的“美学和历史的观点”与所罗列的道德的、党派或者政治的、“人的”尺度等范畴一样，只是一个批评的角度或维度而已。

到了1859年4—5月，马克思和恩格斯在一个月内分别给拉萨尔写信。马克思在信中提到了莎士比亚化和席勒式，恩格斯则在信中先简单谈论“思想内容”之后大谈什么是“美的文学”时，提出了“（德国）戏剧具有的较大的思想深度和意识到的历史内容，同莎士比亚剧作的情节的生动性和丰富性的完美的融合，大概只有在将来才能达到，而且也许根本不是由德国人来达到的。无论如何，我认为这种融合正是戏剧的未来”理想艺术的标准后，在结尾部分指出：“我是从美学观点和历史观点，以非常高的、即最高的标准来衡量您的作品的，而且我必须这样做才能提出一些反对意见，这对您来说正是我推崇这篇作品的最好证明。”[③]因此，从逻辑来看，美学观点和历史观点并不具有实在规定性的内涵，它只是提出了一个批评维度，而这个维度所蕴

---

① 关于这个问题的研究，可参见张永清《对恩格斯“美学和历史的观点”及其相关问题的再思考》（《外国文学评论》2016年第4期）。张永清认为：美学观点与历史观点是当时思想界的普遍观点，“历史的与美学的”的首创者是黑格尔；“美学的与历史的”的首创者则是别林斯基。无论黑格尔对“历史的与美学的观点”的理论阐释还是别林斯基对“美学的与历史的观点”的理论剖析，都远比恩格斯深入和具体。

② ［德］恩格斯：《卡尔·格律恩〈从人的观点论歌德〉》，《马克思恩格斯全集》（第1版）第4卷，人民出版社2016年版，第257页。

③ ［德］恩格斯：《致斐·拉萨尔（1859年5月18日）》，《马克思恩格斯全集》（第1版）第29卷，人民出版社2016年版，第583、586页。

含的具体的“最高”批评标准则是那种高度思想性和艺术性的艺术，即“具有的较大的思想深度和意识到的历史内容，同莎士比亚剧作的情节的生动性和丰富性的完美的融合”的理想艺术。这个具体标准也被称为“三融合”标准，它才是“美学的历史的”批评维度上的最高标准。

张永清在《对恩格斯“美学和历史的观点”及其相关问题的再思考》（2016）中考证了恩格斯在以上两个文本中用词上的差异。他说：“恩格斯在‘文本一’与‘文本二’中分别使用了Standpunkte与Seite这两个德文词，前者的本义是‘观点’，后者的本义是‘……侧、面’。”[①]这也说明，把“美学和历史的观点”理解成批评维度（方向）也是符合恩格斯文本实际的。

因此，恩格斯的“最高标准”指的是“美学的历史的”批评维度上的“三融合”标准，是具体标准中的最高标准。当然，从马克思、恩格斯一体的角度来认识，真实性、倾向性、“莎士比亚化”和典型论自然也包含在“最高标准”的要求中。

（二）毛泽东提出了原则标准和维度标准，但没有提出完整的具体标准

如前所述，毛泽东的批评标准是由社会效果（实践）原则标准和主要以政治艺术、内容形式两个维度标准组成的一个批评标准体系。这里所说毛泽东并没有像恩格斯那样直接提出批评的具体标准，并不等于没有具体标准。毛泽东关于创作方法、艺术语言等论述中有大量观点是可以视为艺术批评具体标准的，比如典型化、中国作风中国气派、民族形式、喜闻乐见等。而且毛泽东知道，在原则标准和维度标准之下，是需要有批评具体标准的，并且曾对政治维度下的具体标准有论述。1957年，毛泽东在《关于正确处理人民内部矛盾的问题》中提出执行“百花齐放、百家争鸣”方针和“我们今天辨别香花和毒草”的六条原则标准之后，指出：“这是一些政治标准”“这六条政

① 张永清：《对恩格斯“美学和历史的观点”及其相关问题的再思考》，《外国文学评论》2016年第4期。

治标准对于任何科学艺术的活动也都是适用的”，但同时毛泽东又指出，“为了鉴别科学论点的正确或者错误，艺术作品的艺术水准如何，当然还需要一些各自的标准”。[①]也就是说毛泽东对政治维度下具体的批评标准做了论述，但遗留了艺术维度下具体批评标准的命题。

（三）邓小平发展了马克思主义文艺批评的维度标准，又丰富了具体标准

1979年，邓小平的《在中国文学艺术工作者第四次代表大会上的祝词》提出了“作品的思想成就和艺术成就，应当由人民来评定”这一重要论述。这一论述有重大的理论贡献：一是将毛泽东批评标准中的政治维度改成思想维度，二是不再强调思想维度和艺术维度孰先孰后、孰是第一的问题，这对于社会主义文艺的健康发展具有重要意义。此外，邓小平对思想维度和艺术维度下的具体标准还做了丰富的论述，比如社会主义新人形象、不能容忍那种艺术上软弱无力和毫无新鲜气息的平庸之作、倡导“防止和克服单调刻板、机械划一的公式化概念化倾向”，鼓励“文艺题材和表现手法要日益丰富多彩，敢于创新”等等，[②]丰富了马克思主义文艺批评具体标准的内涵。

王之望在《谈邓小平的文艺批评观》（2000）中说：“在发展文艺事业和同各种错误倾向的坚决斗争中，邓小平还提出了文艺批评的客观标准问题。这些标准包括终极标准、政治标准和具体标准。”[③]所谓“终极标准、政治标准和具体标准”，实质对应的就是原则标准、维度标准和具体标准。由此可见批评标准体系性建构的合理性。

（四）习近平在马克思主义文艺批评维度标准和具体标准上的继承与突破

文艺批评是习近平文艺观中的一个重要内容。习近平在价值理性上非常

① 毛泽东：《关于正确处理人民内部矛盾的问题》，《建国以来毛泽东文稿》第六册，中央文献出版社1987年版，第349页。

② 邓小平：《在中国文学艺术工作者第四次代表大会上的祝词》，《邓小平文选》第二卷，人民出版社1994年版，第211页。

③ 王之望：《谈邓小平的文艺批评观》，《理论与现代化》2000年第10期。

强调文艺批评的性质和功能，指出："文艺批评是文艺创作的一面镜子、一剂良药，是引导创作、多出精品、提高审美、引领风尚的重要力量。"在方法理性上，习近平指出："要以马克思主义文艺理论为指导，继承创新中国古代文艺批评理论优秀遗产，批判借鉴现代西方文艺理论，打磨好批评这把'利器'，把好文艺批评的方向盘，运用历史的、人民的、艺术的、美学的观点评判和鉴赏作品。"在这里，习近平提出了"历史的、人民的、艺术的、美学的"等关于批评标准维度的新表述，体现了对马克思主义文艺批评维度标准的继承和突破，尤其是将艺术维度从美学维度中析出并赋予其规定性，更是理论上的一大贡献。不仅如此，习近平还在多个讲话中对这四个维度下具体批评标准有着详细的说明。比如对于"人民的"批评维度，习近平不仅继承和强调了社会主义文艺的本质是人民文艺、社会主义文艺的人民主体性等马克思主义文艺理论的基本原则，还对这一维度下的具体要求和标准做了深刻的阐述，他要求"把人民作为文艺表现的主体"，认为"能不能搞出优秀作品，最根本的决定于是否能为人民抒写、为人民抒情、为人民抒怀"，"一切轰动当时、传之后世的文艺作品，反映的都是时代要求和人民心声"等。对于其他三个批评维度，习近平也有许多具体标准上的论述。但习近平的批评维度标准并不仅限于此，如果把"历史的、人民的、艺术的、美学的"视为内部维度的话，习近平还提出了两个外部维度标准。一是评价"好的作品"的三个维度标准："一部好的作品，应该是经得起人民评价、专家评价、市场检验的作品，应该是把社会效益放在首位，同时也应该是社会效益和经济效益相统一的作品。"二是提出了评价艺术"精品"的三个维度标准："思想精深、艺术精湛、制作精良"。[①]所以说，习近平在维度标准和具体标准上对马克思主义文艺批评标准理论的发展做出了贡献。

新时期以来（尤其是20世纪80—90年代），关于维度标准和具体标准的

---

① 习近平：《在文艺工作座谈会上的讲话》（2014年10月15日），《人民日报》2015年10月15日第02版。

讨论一度蔚为壮观。根据李国华《文学批评学》介绍，除了“美学的历史的”“政治标准艺术标准”“思想标准艺术标准”，还出现了“真善美标准”“思想性真实性艺术性标准”“审美愉悦标准”“艺术效益经济效益社会效益”等许多新的维度标准。有的维度标准下面还有更低层次的维度标准或者具体标准，如“真实”“思想”“创造”“愉悦”的四标准说，“感染力”“真实性”“典型性”“独创性”“健康性”的五标准说，以及“为人民大众的基本标准”“多标准”说等。进入新世纪后，由于受西方理论尤其是文化研究的影响，批评标准更是出现了“多元并存”的格局。这种多元还主要是批评形态上的丰富多样性。但需要说明的是，后现代主义和资本主义批判语境中的批评理论在社会主义文学批评中的合理性和正当性（合法性）还有待更多的检验。

回头我们再来看一个学术问题：如何理解文艺批评的“最高标准”与“第一位”标准？这是一个20世纪80—90年代很让学者困惑的问题。通过以上批评标准体系的分析架构，我们就很容易看出，它们是分属批评标准体系的不同层次：毛泽东的“第一位”标准是维度标准，恩格斯的“最高标准”是具体标准。二者没有可比性。因此，“‘美学和历史的观点’高于‘政治的’观点吗”这样一些理论问题就很好解决了。

三、其他问题

还有一些问题需要补充说明。

（一）“最高标准”

在马克思主义文艺理论批评话语体系中，“最高标准”是个高频关键词。在前文对恩格斯和钱谷融批评“最高标准”的解释中，我们将其理解为描述具体标准时的一个最高程度概念，并不赋予其原则性，不具有性质判定的意义，也就是说它只说明艺术水平优劣高下之别，并不区分艺术作品性质上的好坏。不少人主张审美原则是文学批评的首要标准，在讨论恩格斯“美学的历史的”观点时也有美学优先还是历史优先的争论，但无论是美学优先还是历史优先，那都是在符合原则标准之后具体标准的使用问题。因为在中文语境中，原则的标准往往指的是最低标准或者基本标准，比如不能政治上反动、不能反人情人性、不能反（无产阶级）人道主义、不能有不好的社会效果等，它界定的是批评对象在性质上的好与坏，是进入艺术批评的最低门槛，即钱谷融所称及格线。

俗话说，“武无第二、文无第一”，说的就是原则标准和具体标准在性质和程度上的这种区别。原则标准只有最低标准，它是稳定的、普遍的、优先的；在具体标准上我们可以设定最高标准，它可以是相对的、变动的，因为随着人民认识的提高，这个“上不封顶”的最高标准是可以变化的。在钱谷融受苏联文论的影响，主张人民性是艺术批评最高标准的同时，1957年5月，徐中玉发表《文学的民族意义、全人类意义和人民性的关系》，提出了一个比人民性更高的批评标准——“全人类意义”：“文学的民族意义和全人类意义标志着作品具有极高的或最高的思想性与艺术性，但它的基础和具体内容则是人民性，也可以说民族意义和全人类意义就是人民性的极高或最高的表现。”[①]这和新时代习近平倡导的“人类命运共同体”理论何其相似！

（二）维度标准的先后

不同批评维度有一个先后的问题。普列汉诺夫在他《〈二十年文集〉第三版序》（1908）这篇著名文章里专门讲到文艺批评问题。他说：“批评的第一项任务，就是将该文艺作品的思想，从艺术语言译成社会学语言，以便找到可以称之为该文学现象的社会学等价物。”这段话的意思是说文艺批评的第一个任务，就是对作品进行思想内容的分析和批评。接下去他又讲道：“忠诚不渝的唯物主义批评的第二个步骤应当是对所分析的作品的审美价值做出评价。”这就是艺术上的评价。程代熙认为，“这个材料说明，就二十世纪来讲（远的如古希腊的柏拉图就不说了），在文艺批评上首先提出‘政治标准第

① 徐中玉：《文学的民族意义、全人类意义和人民性的关系》，《学术月刊》1957年第5期。

一，艺术标准第二’的，倒不是毛泽东同志，而是普列汉诺夫”①。这一判断值得商榷。首先，对批评步骤、批评任务先后排序，和批评维度按重要性先后排序是两回事。一般情况下，在“唯物主义批评”范畴内，历史的维度、思想的维度、政治的维度在前，有其合理性，正如钱谷融讲的那样，“不及格”的作品也就没有后续分析的必要了。其次，根据字面意义来看，将其理解成是最早的“思想标准、艺术标准”二维论，比将其理解成最早的“政治标准、艺术标准”二维论会更合适一些。因为将作品内容形式二分、美学思想二分是普列汉诺夫的一个重要美学思想。普列汉诺夫说：“分析艺术作品，就是了解它的观念和评价它的形式。批评家应当既评断内容，也评断形式；他应当既是美学家，又是思想家。”②

在当时，普列汉诺夫的批评维度或者步骤顺序论，受到了卢那察尔斯基等人的批评。在卢那察尔斯基看来，完成第一步批评是非常容易而且容易流于武断和主观，这是导致当时劣质批评泛滥的重要原因，所以，卢那察尔斯基提出了美学分析应该是批评的主要任务。③这个论断对于我们理解维度标准的先后以及批评的主要任务是很有帮助的：那就是，批评维度有先后，但批评的重点工作和主要任务在后，在美学批评。

（三）“批评方法”

“批评方法”也是个高频关键词。对批评方法的理解可以分为两类。一类是形而上的角度，不少人把原则标准、维度标准、具体标准就直接称为批评方法，比如社会历史批评、审美批评等，这具有合理性，因为它们具有方法论的意义；一类是具体的角度或者方法，比如演绎法归纳法分析法、文本

① 普列汉诺夫文及程代熙文均见程代熙：《谈谈马克思主义文艺批评的标准问题》，《文艺界通讯》1982年第4期。

② ［俄］普列汉诺夫：《普列汉诺夫美学论文集》第1卷，曹葆华译，人民出版社1983年版，第259—260页。

③ 参见程代熙：《谈谈马克思主义文艺批评的标准问题》，《文艺界通讯》1982年第4期。

阅读法（如症候阅读法）、比较法、内部批评、外部批评等等。现代主义和后现代主义文艺批评在批评方法方面有许多创造性的贡献，比如语言批评、叙事批评、精神分析批评、神话批评、女性主义批评、文化批评、新历史主义批评等。

批评方法与批评标准问题经常交织在一起，但批评方法在批评学体系中有自己的独立性，更多地和批评话语、形态（类型）、模式（范式）等范畴结合在一起。因此，我们在批评标准范围内讨论批评方法时，要注意结合原则标准、维度标准、具体标准来理解，而不能仅把它理解成一种研究、分析方法。

（四）“人民之维”

前面在讨论维度标准的时候，我们或隐或显遗留了一个问题，那就是批评标准的人民维度问题。陆贵山在纪念《讲话》70周年的文章中指出：“《讲话》还倡导一个更为重要的文艺批评标准。这个更富于权威性、具有根本意义的文艺批评标准，却长时期被忽视了，以致使文艺的政治标准得到了孤立地（的）、片面地（的）、不适度的强调。《讲话》指出：‘对于过去时代的文学艺术作品……必须首先检查它们对待人民的态度如何，在历史上有无进步意义，而分别采取不同的态度’。这是一个极其重要的思想原则，不但适用于过去，而且适用于现在和将来，适用于一切时空和历史条件下的全部创作和作品。”①确实，我们在讨论马克思、恩格斯、列宁、毛泽东及其他批评维度标准时，并没有单独将人民维度作为维度标准之一进行说明，这是因为，人民维度是马克思主义批评标准有史以来就确立、存在着的一个永恒的维度标准。首先，马克思曾说：“人民历来就是作家‘够资格’和‘不够资格’的唯一判断者。”②列宁在与蔡特金谈话中说：“艺术属于人民。它必须深深地扎根

① 陆贵山：《人民文学的旗帜　世界文论的经典》，《文艺报》2012年5月21日第3版。

② ［德］马克思：《第六届莱茵省议会的辩论（第一篇论文）》，《马克思恩格斯全集》第1卷，人民出版社1956年版，第90页。

于广大劳动群众中间。它必须为群众所了解和热爱。它必须从群众的感情、思想和愿望方面把他们团结起来并使他们得到提高。它必须唤醒群众中的艺术家并使之发展。”[①]毛泽东说，批评“必须首先检查它们对待人民的态度如何”。邓小平说：“作品的思想成就和艺术成就，应当由人民来评定。”习近平说“把人民作为文艺审美的鉴赏家和评判者”，还说“一部好的作品，应该是经得起人民评价、专家评价、市场检验的作品”。[②]所以说，我们无法把人民这个维度归在特定某个批评标准下，而是将其视为马克思主义批评维度的“元维度”。其次，和艺术的人民主体论一样，人民维度批评标准的内涵也非常复杂，有艺术评价主体上的，也有艺术表现主体上的，甚至有艺术创作主体上的各种要求，其复杂性需要进一步的研究。再次，虽然人民维度是元维度，但在一百多年的马克思主义文艺批评发展史上，这一维度标准与党性、阶级性、民族国家乃至国际主义等维度标准交织在一起，彼此之间存在着各种张力与矛盾关系，人民维度也曾一度弱化或者消失，其发展历史的复杂性也需要进一步的研究。

（五）批评标准的同一性和多样性

批评标准的同一性和多样性论是新时期以来批评标准论的一个主要标签。对应原则标准、维度标准、具体标准，我们可以看出，批评标准的同一性主要体现在原则标准上，多样性主要体现在维度标准和具体标准上。比如，我们为什么将毛泽东的“政治标准（第一）”作为维度标准，而把“社会效果（实践）论”作为原则标准？原因就在于，“文艺批评标准的同一性”要求批评标准是“统一的”“普遍的”，显然“政治标准（第一）”不具有这种统一性和普遍性，但它作为维度标准在特定的历史阶段又具有它的历史合理

---

① 中国社会科学院文学研究所文艺理论研究室编：《列宁论文学与艺术》，人民文学出版社1983年版，第444页。

② 习近平：《在文艺工作座谈会上的讲话》（2014年10月15日），《人民日报》2015年10月15日第02版。

性，我们从批评标准的多样性上应该肯定其价值和意义。因此说，通过体系性的批评标准分析框架，我们能够更好地理解马克思主义文艺理论话语体系中的各种批评标准论。

当前理论界非常重视批评问题。批评问题引发重视的根本原因，与批评理论的超前发展和批评实践的落后有很大的关系。作为理论来讲，批评标准已然是个“前现代性”的问题，这造成了批评标准理论的消解。[①]但从实践来讲，文艺批评仍旧面临着世俗化、商业化、个人化、自由化等非历史、非美学、非人民等“前现代性”问题的困扰。此外，现时代的批评生态环境发生了很大变化，批评理论和批评标准如何发展已是一个全新的命题。比如，在网络化、媒体化时代，随着公共场域的进一步扩大，批评标准对批评的公共属性具有特殊意义。郄智毅从张江的公共阐释理论出发，在《文学批评“普遍的历史前提”与批评的公共性》(2018）中指出，批评标准本身就是公共领域的产物，批评标准是文学批评公共性阐释的起点。[②]因此，呼应本文开头的疑惑，在对话交往理论和公共空间理论中，公共阐释理论无疑为马克思主

① 张冰对此有详细但值得讨论的解释：“20世纪90年代之后，随着整个文艺界学术语境的转变，文艺批评的标准问题逐渐淡出了我们的视野。这种淡出除了我们以上所提及的理论自身的逻辑困境的原因之外，可能还基于如下原因，随着学界对‘文化大革命’时代话语反思的深入，标准问题本身也成为一种政治话语的表征而被抛弃，学者们由对文艺被政治阉割的心有余悸化成了对一些在当时所形成问题的不加辨析的否定和质疑，标准问题被认为是一种极端政治语境下的产物，这似乎否定了它作为一个真问题的存在的可能；在整个80年代，学界引入了西方很多的理论，结构主义、新批评、精神分析、格式塔心理学、接受美学等，对这些新理论新名词的关注和追逐很容易使人们认为类似于标准问题这样的命题是已经过时了，无须再浪费笔墨；再有，从当下的流行观念来看，多元化已经成为主流，从学界到一般的大众意识，都是主张价值多元，而标准仿佛暗含着整齐划一，即追求的是一元，时代的价值取向和标准问题似乎存在着逻辑上的冲突，在这种情况下再提标准问题好像不合时宜。”［张冰：《关于文学艺术批评标准的讨论》，高建平主编：《当代中国文艺理论研究（1949—2009）》，中国社会科学出版社2011年版，第122页。］

② 参见郄智毅：《文学批评“普遍的历史前提”与批评的公共性》，《求是学刊》2018年第3期。

义批评标准理论的发展提供了一个新的理论场域。所以，在马克思主义指导下，结合新的文艺形态、文艺类型、文艺观念和文艺实践，继续从不同理论路径和场域讨论体系性批评标准问题，仍具有现实合理性和紧迫性，具有历史和现实、理论和实践、创作和批评等多重意义。

（完成于2021年3月）

艺术辩证法与中国马克思主义文艺理论百年思想史

20世纪20年代末期“革命文学”论争之初，郭沫若说“当一个留声机器”“就是‘辩证法的唯物论’”；[①]到了30年代初，在左翼文艺界与“自由人”论战时，“第三种人”苏汶说“变卦就是辩证法”，批评左翼文人是“目前主义”者，“只看目前的需要”；[②]1932年，得知苏联开始批判“唯物辩证法”创作方法后，中国革命文艺理论界也开始批判“唯物辩证法”、倡导“社会主义现实主义”创作方法；到了50—60年代美学大讨论的后期，姚文元撰写了几篇名为“艺术辩证法”的美学论文参与讨论，[③]学界在与姚文元美学观的争论中，自然也出现了对艺术辩证法的一些观点或说法，如李泽厚说姚式艺

---

① 麦克昂（郭沫若）：《留声机器的回音——文艺青年应取的态度的考察》，《文化批判》1928年第3号。

② 苏汶：《关于〈文新〉与胡秋原的文艺论辩》，《现代》1932年7月第1卷第3期。

③ 从1961年初开始，姚文元先后撰写了7则美学笔记。分别是：《论生活中的美与丑——美学笔记之一》（《文汇报》1961年1月17日）；《关于美学讨论的几个问题——答朱光潜先生，美学笔记之二》（《文汇报》1961年5月2日）；《艺术的辩证法——祖国美学遗产初探，美学笔记之三》（《学术月刊》1961年第6期）；《艺术的辩证法——美学笔记之四》（《上海戏剧》1961年第7、8期）；《论艺术品对人民的作用——美学笔记之五》（《上海文学》1961年第11、12期）；《论建筑和建筑艺术的美学特征——美学笔记之六》（《新建设》1962年第3期）；《论艺术分类问题——美学笔记之七》（《新建设》1963年第4期）。

术辩证法“不过是从中国古书上抄下来的几个现成的‘对子’”[①]。因此，在中国马克思主义文艺理论发展史上（尤其是在早期），和庸俗唯物论、机械唯物论一样，各种庸俗辩证法、机械辩证法也曾大行其道，加上辩证法本身就容易表现为一种“折中主义”（旧多译为“折衷主义”）、“中庸”特点或诡辩论，因此，艺术辩证法一直处于一种比较尴尬的学术地位，所以学界对艺术辩证法的研究并不多。但新时期伊始，为了探究一个时期以来的一些极左错误，马克思主义文论界一度非常重视从艺术辩证法的角度总结经验教训，[②]如20世纪80年代之初，全国毛泽东文艺思想研究会几届学术年会都有不少学术论文涉及这个问题或视角，对经典马克思主义文艺理论中的主客体关系、世界观和创作方法、文学和政治、反映论和表现论、典型的个性和共性、艺术内容和形式、逻辑思维和形象思维、社会历史批评和审美批评、倾向性和真实性、毛泽东艺术辩证法思想等许多艺术辩证法命题，都有深入的研究；邓小平去世后，学界对邓小平艺术辩证法的研究也一度成为热点。总体看来，近40年来，马克思主义文论界对艺术辩证法本体论、辩证法和文论关系、辩证法和作家作品研究（如“主体辩证法”）、辩证法和马克思主义文艺理论进路等问题的关注不少，反思性、批判性（如同一性思维与一元化文论关系

---

① 李泽厚：《美学的丑剧——评姚文元的〈美学笔记〉》，《文艺论丛》第四辑，上海文艺出版社1978年版，第168页。

② 本文所称辩证法主要指唯物辩证法。辩证法包括一般规律的辩证法和自然辩证法、人类社会（历史）辩证法、思维辩证法三个领域。这里把艺术领域内所涉及的艺术辩证法都笼统地称为艺术辩证法。中国古代文论和美学研究、一些创作技法和作家作品评论中的艺术辩证法（包括姚文元所讨论的艺术辩证法）主要指的是思维辩证法。而新时期初期，马克思主义文论界学者讨论的主要是一些重要范畴（比如政治与文艺、普及和提高、政治标准和艺术标准等关系）的辩证法。

等）的研究也在逐渐展开。[①]但相比其他论题，艺术辩证法研究还不是非常充分，还有较大的展开空间。

马克思主义认为，唯物辩证法是“作为包括精神发展在内的一切发展的动力”[②]。从理论上来看，唯物史观和辩证法的交互作用是形塑20世纪中国马克思主义文艺理论历史形态或理论地形图的主要力量（当然具体实践也是重要力量）。但相比唯物史观，在中国早期马克思主义文艺理论发展史上，辩证法的影响有一定的滞后性，受重视程度也不够。正是由于唯物史观（尤其是阶级分析和意识形态理论）影响先于辩证法，或者说辩证法（方法论）作用的早期缺位，导致了中国早期马克思主义文艺理论（包括早期无产阶级革命文艺理论和左翼文艺理论）的各种庸俗唯物论和机械唯物论、主观主义和宗派主义等错误或者理论局限。因为相比思想体系，一个理论体系的成熟更多地取决于方法论的成熟。左翼文艺之后，在批判反思的基础上形成的毛泽东

① 20世纪90年代以来的研究成果可参见：李尔重《艺术的辩证法》（广州文化出版社1989年版），朱辉军《论艺术的辩证法——马克思主义文艺理论的精髓》（《理论与创作》1991年第6期），蒋均涛《从艺术辩证法看文艺反映论——学习〈在延安文艺座谈会上的讲话〉札记》（《川北教育学院学报》1993年第2期），孔智光《毛泽东的文艺辩证法思想》[《山东大学学报》（哲学社会科学版）1993年第4期]，程玖《马克思主义对鲁迅精神世界的烛照——论鲁迅后期文艺思想中的辩证法》（《合肥教育学院学报》2002年第1期），陈传才《当代文论创新、拓展的必由之路——略论唯物辩证法方法论体系的指导意义》[《山西师范大学学报》（社会科学版）2003年第4期]，冯贵民《周恩来艺术辩证法思想初探》[《沈阳师范学院学报》（哲学社会科学版）1983年第4期]，肖潇《辩证法视阈中的马克思主义中国化与大众化》（《湖北第二师范学院学报》2010年第27卷第4期），韩清玉《马克思主义文学批评视域中自律与他律的辩证法》（《文学评论》2015年第6期），杨水远、王坤《“对立统一”作为辩证法核心的确立及其文论影响》[《南昌大学学报》（人文社会科学版）2017年第1期]，杨水远《同一性思维与中国20世纪50—70年代文论的一元化》[《广州大学学报》（社会科学版）2019年第1期]，杨水远《辩证“否定”内涵的演变及其文论效应》（《中国文学研究》2019年第1期），杨水远《辩证综合的理论难度与中国当代文论的自否定创新》（《中国文学研究》2021年第2期），金永兵、王佳明《中国马克思主义文论发展的辩证特征与进路》（《吉林大学社会科学学报》2020年第6期）等。此外，古代文论和美学研究、艺术技巧和创作方法研究中有大量艺术辩证法的研究成果。

② [苏] 马·莫·罗森塔尔主编：《马克思主义辩证法史：从马克思主义产生到列宁主义阶段之前》，汤侠声译，人民出版社1986年版，第10页。

文艺思想代表着中国马克思主义文艺理论体系的成熟，其基础就在于毛泽东辩证法思想的成熟：如果没有20世纪30年代后期实践论、矛盾论、马克思主义中国化、中国作风中国气派等辩证思想的成熟，就不可能有20世纪40年代初期毛泽东文艺思想理论体系的形成。而不讲辩证法（只强调立场和原理），或者不会讲辩证法（只强调对立或统一的某一方面），则必然会造成理论失误，“十七年”后期反“修正主义”文论和“文革”文论就是鲜明的例子。一个思想体系、理论体系越往后越成熟越自觉地发展，必然越会凸显辩证法的作用和意义。这也是新时期、新世纪、新时代以来，中国马克思主义文艺理论发展的一个重要特点。因此，在中国马克思主义文艺理论百年回顾之际，从艺术辩证法的角度（维度）回顾中国马克思主义文艺理论的发展历史（主要是思想历史而不是理论历史），不失为一种积极的尝试，也是对诸多偏向于历史描述研究范式的一种有益补充。

但一百多年来，理论界尤其是西方哲学界对辩证法的认识已经极为深入。“关于辩证唯物论与马克思的思想关系（马克思本身并未使用这个词汇）、与观念论思想家前辈的关系、与自然科学的关系，存在着激烈的辩论。有些马克思主义者喜欢具有较独特意涵的‘历史唯物论’，不希望将辩证的论述延伸到大自然的过程。其他人则坚持，同样基本的定律可以适用到两者；也有一些马克思主义的思想排斥整个辩证的定律，却同时保留了dialectic较宽松的意涵——描述矛盾的或对立的力量间的互动。”[①]因此，为了不流于旁枝末节，更好地从艺术辩证法角度探讨中国马克思主义文艺理论百年思想发展史，我们需要先对艺术辩证法内涵规定性加以基本的说明，否则我们对艺术辩证法就会流于折中主义的“对立统一”和对“对子”式的简单理解，或者仅停留在对诸多范畴做分析综合、归纳演绎、抽象具体、逻辑历史等辩证思维方式

① [英]雷蒙·威廉斯：《关键词：文化与社会的词汇》（第2版），刘建基译，生活·读书·新知三联书店2016年版，第180页。

层面。

与西方当代辩证法主要阐释主客关系辩证法的理论范式不同，在这里，我们以列宁的或者说是列宁阐释的经典的马克思主义辩证法即矛盾关系辩证法理论范式为我们立论的基础，一是因为它是对20世纪中国马克思主义文艺理论影响最深远的辩证法理论，二是因为中国对辩证法的理解不同于西方哲学中对辩证法做逻辑和形而上学两个层面的理解，列宁主义、毛泽东思想偏重从实践层面而不是描述矛盾运动层面（比如仅仅是认识论层面）去理解辩证法。

列宁辩证法思想是强调灵活掌握（矛盾）同一性（包含了斗争性）的肯定辩证法。同一性即统一性，是指矛盾双方相互吸引、相互联结的属性、趋势。所谓“魔高一尺，道高一丈”揭示了一种相互斗争又共同发展的同一性。列宁曾指出：“辩证法是一种学说，它研究对立面怎样才能够同一，是怎样（怎样成为）同一的——在什么条件下它们是相互转化而同一的，——为什么人的头脑不应该把这些对立面看做僵死的、凝固的东西，而应该看做活生生的、有条件的、活动的、彼此转化的东西。”①列宁还强调：“概念的全面的、普遍的灵活性，达到了对立面同一的灵活性，——这就是实质所在。主观地运用的这种灵活性=折中主义与诡辩。客观地运用的灵活性，即反映物质过程的全面性及其统一性的灵活性，就是辩证法，就是世界的永恒发展的正确反映。”②列宁还提出以“辩证法的要素”命名的唯物辩证法思想体系，这个体系由3条总规定、7条扩展说明和9条补充说明组成。16条说明中，第5条是讲对立面的相互依存，第9条是讲对立面在一定条件下的相互转化，这两条合起来就是矛盾同一性的全部含义。

“辩证法的要素”是列宁辩证法思想的一大贡献。列宁“辩证法的要

① ［苏］列宁：《哲学笔记》，《列宁全集》（第二版）第五十五卷，人民出版社1990年版，第90页。

② ［苏］列宁：《哲学笔记》，《列宁全集》（第二版）第五十五卷，人民出版社1990年版，第91页。

素”总规定的第一条指出：“应当从事物的关系和它的发展去观察事物本身。”对应到“中国马克思主义文艺理论百年思想史”这一“事物”，我们将其区分为三个要素或者关系的三个方面：文艺理论、中国、马克思主义。这三者之间主要表现为同一性关系或者说同一性关系大于斗争性关系。因此，通过对这三个要素关系和发展过程（主要是同一性）的观察，我们可以将中国马克思主义文艺理论艺术辩证法的发展分为四个阶段或者四种形态，即：“革命文艺理论无产阶级化”（20世纪20年代初期到1932年）、“无产阶级革命文艺理论马克思主义化”（1932年到1937年）、“马克思主义文艺理论中国化”（1937年到2012年）、“中国化马克思主义文艺理论”（2012年以后）。

通过艺术辩证法的考察，我们认为，中国马克思主义文艺理论百年思想史在经历了革命文艺理论无产阶级化、无产阶级革命文艺理论马克思主义化后，逐渐摆脱庸俗唯物论、机械唯物论、庸俗辩证法、机械辩证法、关门主义和宗派主义的束缚，开创了以“服务—普及”为中心的马克思主义文艺理论中国化道路之后，再到以“提高—精品”和创造性为中心的中国化马克思主义文艺理论为主要指导思想阶段的这样一个辩证发展过程。如此认识，有助于我们建立起对于中国马克思主义文艺理论百年思想史的辩证发展观和宏观逻辑。

一、以“批判—革命”为中心的革命文艺理论从无产阶级化阶段到马克思主义化阶段

新文化运动初中期的新文学运动完成了从文学革命到革命文学的转化，这一时期的革命文学主张是以反封建为主的旧民主主义性质的、艺术学（本体论）性质的革命文学主张。1917年3月李大钊在《俄国革命之远因近因》中首次使用了资产阶级民主主义意义上的“革命文学”一词，他说：“革命文学之鼓吹。俄国之文学，人道主义之文学也，亦即革命主义之文学也。”①五四

① 李大钊：《俄国革命之远因近因》，《李大钊全集》第2卷，人民出版社2006年版，第4页。

运动后，由于无产阶级革命理论和无产阶级政治运动的兴起，革命文学理论迅速分化，其中激进的革命文学一系迅速无产阶级化，革命文学理论再度政治化、社会学化、去文学化，由文学立场重新回归社会意识。

作为一种意识形态，早期的无产阶级革命文艺理论（以下所称革命文艺一般均指无产阶级革命文艺）强调无产阶级立场和历史唯物主义的基本原理，尤其是阶级分析和意识形态理论。主要因为艺术辩证思维的缺乏，革命文艺理论很快就走进了死胡同（即前述特点），并且导致了1928至1929年“革命文学”论争的爆发和1930年后“左联”成立初期的几场具有明显理论缺陷的论战。因此，在革命文学倡议和后来论争的过程中，革命文艺理论界已经意识到辩证方法论的重要性（但这个时期的大量著述都在强调、论述辩证唯物论，重点在唯物论）。经过系列的理论探索，到1932年前后，革命文艺理论基本上完成了从社会学到艺术学、从无产阶级化到马克思主义化的转化，实现了从形而上学到唯物辩证法的第一次大转变。

由于在理论谱系上一方面继承了五四文艺的批判传统，另一方面又形成了鲜明的无产阶级革命的立场和意识，因此，这两个阶段的革命文艺理论（早期的普罗文学和左翼文学）呈现出以“批判—革命”为中心的理论特点。

（一）革命文艺理论的无产阶级化

1922年中国共产党二大之后，在政治理论领域开始了民主主义革命领导权的探索，到1924年时，党内无产阶级革命领导权理论基本成熟。[①]相对应地，革命文艺理论的无产阶级意识也得到不断加强，到1927年时，无产阶级革命文学基本创立，五四革命文艺完成了无产阶级化转向。

1923年5月27日，郭沫若发表《我们的文学新运动》，提出以“无产阶级的

---

① 参见禾兮：《我党首倡无产阶级对民主革命领导权思想的是谁》，《社会科学研究》1986年第6期；陶用舒：《三论无产阶级领导权的首倡——兼与赵楚芸、徐应麟二同志商榷》，《益阳师专学报》1993年第3期；等等。

精神"，"反抗资本主义的毒龙"。这是五四文学革命以来的新思想新见解。同一时间郁达夫发表了《文学上的阶级斗争》，被认为是中国最早的"无产阶级文学"主张。现代文学史家李何林认为郭、郁这两篇文章是文学上无产阶级意识开始形成的标志。与此同时，社会政治革命领域对革命文学的认识问题也开始出现讨论，部分从事实际革命工作的早期共产党人，如邓中夏、恽代英、萧楚女、沈泽民等，先后发表多篇文章探讨文学如何适应社会、配合革命的问题。如1924年5月17日，恽代英在与王秋心的通信《文学与革命》中，第一次提出无产阶级"革命文学""革命的文学"概念。在文艺理论方面，1924年3月成仿吾发表《艺术之社会的意义》，离开艺术本位转向社会意识，李何林认为这是文学革命向革命文学转变的宣言书；同年8月1日，蒋光慈在《无产阶级革命与文化》的论文中，同样提出了"无产阶级文学"的命题。1925年5月，沈雁冰发表《论无产阶级艺术》，论述无产阶级艺术的产生，初步表达了作者对于无产阶级文学的主张；同年，郭沫若在翻译了日本河上肇的通俗经济学著作《社会组织与社会革命》后，自称已经成为马克思主义者。1926年5月，郭沫若发表《革命与文学》，提出了著名的"表同情于无产阶级的社会主义的写实主义的文学"这一口号。1928年，在"革命文学"论争中，李初梨发表《怎样地建设革命文学》，认为1926年郭沫若《革命与文学》"是在中国文坛上首先倡导革命文学的第一声"，他在文章中用大号黑体字写着："革命文学，不是谁的主张，更不是谁的独断，由内在的历史发展——连络，它应当而且必然地是无产阶级文学。"同年2月，成仿吾在《创造月刊》上发表了《从文学革命到革命文学》，最先提出"从文学革命到革命文学"的理论命题，同时也标志着革命文艺无产阶级化的正式完成。[①]这一系列的论述和发展，促进了革命文艺理论无产阶级化即"普罗文学"的转向。

---

① 参见张大明：《社会主义现实主义与中国革命文学》（上），《新文学史料》1998年第3期。

（二）理论资源的间接性，导致了革命文艺理论的历史局限和不足

革命文艺的无产阶级化并不是马克思主义化。1928—1929年的“革命文学”论争和1930年后“左联”成立初期的几场具有明显理论缺陷的论战，恰恰说明革命文艺马克思主义化的任务还没开始。这是因为在1932—1933年之前，被当作马克思主义文艺理论而在中国传播的并不是真正的马克思主义文艺理论，或者至少可以说不是经典的马克思主义文艺理论。“革命文学”论争之前，中国左翼文艺界受到了苏联无产阶级文化派及庸俗社会学理论的影响，苏联无产阶级文化派代表人物波格丹诺夫的文艺观点在“革命文学”论争之前就由蒋光慈等介绍到中国。虽然1928年“革命文学”论争开始后，左翼文艺理论界开始有意识地提出马克思主义化的问题，如创造社从1928年初起，明确提出以提倡无产阶级革命文学和宣传马克思主义为两大任务，创造社“革命文学”论争的阵地《文化批判》发刊时引用了列宁的名言：“没有革命的理论，就没有革命的运动”[①]，并把介绍和阐述马克思主义称为“一种伟大的启蒙”[②]；而太阳社成员钱杏邨在其《力的文艺·自序》中也力倡“应用Marxism的社会学的分析方法”。但事实上，“革命文学”论争初期创造社、太阳社宣传的所谓“马克思主义文艺理论的基本观点”和“分析方法”实际上有不少是错误的观点（尤其是受“拉普”影响），它们并非直接来自经典马克思主义理论。

这种情况的产生和国际上马克思主义文艺理论的整理、传播过程有着紧密联系。在20世纪20年代之前，马克思主义奠基人关于文学艺术的一些论述还没有得到完整的整理，马克思、恩格斯一些重要的手迹资料不仅被考茨基和伯恩斯坦所领导的第二国际有意封存，而且在已出版的相关著作中，一些极其重要的内容或观点被随意删减或篡改。因此，在20世纪30年代以前的苏

---

① 李初梨：《一封公开信的回答》，《文化批判》1928年第3期。《列宁全集》（第二版）第五卷（人民出版社1986年版）第23页的译文为“没有革命的理论，就不会有革命的运动”。

② 成仿吾：《祝词》，《文化批判》1928年第1期（创刊号）。

联文艺理论界甚至流行着这样一种观点："马克思和恩格斯不仅没有创立马克思主义美学，而且根本没有专门研究过艺术问题；除了经典作家可以用作'例证'的某些片言只语，或者至多只是某些粗略的评语之外，他们没有留下任何同美学问题有关的论述；他们关于某些艺术作品、文艺活动家的评论也纯属'个人爱好'的性质。"[①]所以，在20世纪20年代，"苏联文艺理论界被奉为马克思主义文艺理论奠基人和重要成员的名单非常复杂，有普列汉诺夫、弗理契、梅林、拉法格、考茨基等等。情况到了中国就更为复杂。1932年以前被看作是马克思主义文艺理论家的除了苏俄的普列汉诺夫、卢那察尔斯基、沃隆斯基、托洛茨基、弗理契、波格丹诺夫之外，还包括日本的平林初之辅、青野季吉、藏原惟人等以及美国的一大批马克思主义和非马克思主义学者；与此同时，被作为马克思主义思想引进的文艺理论也非常复杂，它们来自于马克思主义发展上（中）的不同阶段以及论争的不同派别，良莠不齐、真伪难辨，对我国马克思主义文艺理论的发展有过非常消极的影响"[②]。对此，当代学者刘柏青曾指出："中国的左翼文艺运动，大体上以一九三二年为界，在这之前，所受的日本无产阶级文艺思潮的影响，不只是福本主义，而且也包括青野季吉和藏原惟人等人。而这种影响，又和普列汉诺夫、弗里契的影响，波格达诺夫、德波林的影响，拉普的影响，紧紧地交错在一起。"[③]

过分强调阶级意识和阶级立场，加之理论资源的间接性，对马克思主义基本原理缺乏全面系统的了解和辩证使用方法，必然导致革命文艺理论的诸多历史局限和不足。比如初期革命文学理论（包括左翼文艺理论）忽视艺术

---

① ［苏］阿普列相：《三十年代对马克思恩格斯美学遗产的研究》，《文学理论译丛》第1辑。转引自艾晓明：《中国左翼文学思潮探源》，湖南文艺出版社1991年版，第167－168页。

② 刘永明：《1932年：中国左翼文艺运动历史分期的时间逻辑》，《中国文学研究》2020年第2期。（编者注："弗理契"，现通译为"弗里契"。）

③ 刘柏青：《三十年代左翼文艺所受日本无产阶级文艺思潮的影响》，《文学评论》1981年第6期。（编者注："波格达诺夫"与"波格丹诺夫"为同一人，现通译为"波格丹诺夫"。）

特性和创作规律的功利主义艺术观、精英主义的化大众的主体观念和静止的人民大众客体观念、组织上的对内宗派主义和对外关门主义错误、创作上的唯物辩证法（主观化理念化）、作品标语口号化和公式化（革命的浪漫蒂克、革命加爱情）、艺术批评上的简单粗暴、文学史上对五四新文学的过低评价、不要“同路人”等，都和中国马克思主义文艺理论发展初期的这一特点有关。

与理论上的不足和局限相一致，革命文艺在完成无产阶级化转向后还迅速组织化、政党化，即“布尔什维克化”。1930年蒋光慈被开除党籍就是革命文艺组织化、政治化的标志性事件，而1931年初的“左联五烈士”事件则标志着革命文艺无产阶级化尤其是组织化、政党化的深刻危机。血的教训促成了革命文艺理论马克思主义化阶段的到来。

（三）无产阶级革命文艺理论马克思主义化：对马克思主义化和艺术辩证法的探索

“革命文学”论争和文艺大众化讨论中，鲁迅、茅盾等有大量创作经验的革命作家，基于自身的生命经验和艺术体验，对革命文艺早期的历史局限和不足，自然会比那些激进的青年理论家有更深刻的认识。因此，以鲁迅为代表的革命作家，产生了革命文艺理论马克思主义化的必然要求。1925年4月，鲁迅在《苏俄的文艺论战》序言中明确说“用marxism于文艺的研究”，并且自1926年起，亲自翻译苏联、日本等马克思主义文艺理论著作；1929—1930年，鲁迅、冯雪峰策划“科学的艺术论丛书”（原名“马克思主义文艺论丛”，计划12种，实际出版7种，外2种，合计9种），出版了普列汉诺夫、卢那察尔斯基等人的著作；1930年，鲁迅在“左联”成立大会上说“……攻击我的文章当然很多，然而一看就知道都是化名，骂来骂去都是同样的几句话。我那时就等待有一个能操马克斯主义批评的枪法的人来狙击我的，然而他终于没有出现”[①]，就包含着对真正唯物辩证法的急切期待。

① 鲁迅：《对于左翼作家联盟的意见》，《鲁迅全集》第四卷，人民文学出版社2005年版，第241页。（编者注：本文中的“马克斯”即为“马克思”，后文不再标注。）

到了20世纪30年代，情况发生了很大改变。由于《马克思恩格斯全集》的出版和一系列新材料的发现，在苏联形成了广泛学习和宣传马克思主义美学与文艺理论的高潮，革命文艺理论的发展也迫切需要马克思主义的指导和借鉴苏俄创作经验。因此，到1932年前后，革命文艺理论马克思主义化阶段开始到来。

这个变化的标志性事件有三个：一是在组织上、政治上，“左联”进行了较大的改革。1931年11月，“左联”通过新决议《中国无产阶级革命文学的新任务》，标志着左翼文艺从“左”倾盲动的政治领域回到了文学阵地；1932年3月，“左联”进行了改组，下设创作批评委员会、大众文艺委员会、国际联络委员会三个小组，其中创作批评委员会和大众文艺委员会的区别更进一步明确了大众文艺创作（包括工农通讯运动）与作家创作之间的分工，不再要求作家只写工农兵通讯，标志着作家主体性的回归。这个文件标志着“左联”在路线、纲领和主体性问题上开始了马克思主义化的转向。二是在理论上正本清源，克服庸俗辩证法和机械辩证法，引入马克思主义艺术辩证法。1931年11月，由冯雪峰、瞿秋白共同起草的“左联”新决议《中国无产阶级革命文学的新任务——一九三一年十一月中国左翼作家联盟执行委员会的决议》，提出了“作家必须成为一个唯物的辩证法论者”①的任务，已经显示出辩证法问题成为左翼文艺的一个重要理论问题。1932年，瞿秋白根据苏联公谟学院（苏联共产主义学院）的《文学遗产》第1—2期材料编译出版论文集《“现实”——马克斯主义文艺论文集》。②瞿秋白在论文集中着重介绍了马、恩关于现实主义创作方法的论述，第一次向左翼文坛介绍了恩格斯关于现实主义的基本原理，论述了关于现实主义文学的倾向性、作家世界观和创作方法的关系，要莎士比亚化不要席勒化，关于“典型环境中的典型性格”，

---

① 《中国无产阶级革命文学的新任务——一九三一年十一月中国左翼作家联盟执行委员会的决议》，《前哨·文学导报》1931年第8期。

② 参见瞿秋白：《“现实”——马克斯主义文艺论文集》，《瞿秋白文集》（文学编）第四卷，人民文学出版社1986年版，第1、225页。

关于作家和阶级的关系等重要问题。这全是当时困惑左翼文艺理论界的一些重要问题。这些文章和观点的译介，给当时左翼作家文艺创作中较流行的肤浅的革命浪漫主义倾向敲响了警钟，对纠正片面地、过度地强调世界观对创作方法的决定作用，甚至把世界观和创作方法机械等同起来的“左”倾错误提供了极有说服力的理论依据，从而确立了马克思主义文艺理论对中国革命文学运动的理论指导地位。因此，艾晓明说：“由于瞿秋白的努力使中国文学界对马列主义文艺思想了解与苏联同步开始了。”[①]此外，1931年，《北斗》第3期发表了由冯雪峰翻译的“拉普”领导人法捷耶夫的《创作方法论》，介绍修正了的唯物辩证法创作方法；同年丁玲发表的《水》被认为是新的唯物辩证法创作方法的典范，评论家（如冯雪峰、钱杏邨）对作品表现的“新旧辩证法”“主体辩证法”（“同路人”作家如何转变为无产阶级作家、写作主体与大众的同一、创作主体如何在创作实践中发生转化等）给予了高度评价；[②]1933年初，胡风发表《现阶段上的文艺批评之几个紧要问题》，极为强调唯物辩证法的意义和作用；1933年11月1日，周扬发表《关于“社会主义现实主义与革命的浪漫主义”——“唯物辩证法的创作方法”之否定》，批判“唯物辩证法的创作方法”，并最早介绍苏联“社会主义现实主义”创作方法到国内。这都大大增强了辩证法在艺术理论体系中的地位，对马克思主义艺术辩证法的发展产生了很大的影响。三是组织上克服关门主义错误。时任中央宣传部门负责人的张闻天在1932年底和1933年初两度发表《文艺战线上的关门主义》，主要针对的就是“文化运动中一些做领导工作的同志”，谈的第一个问题就是在对待“第三种人”与“第三种文学”时“我们的同志中间所存在着的非常严重的‘左’的关门主义”[③]。党内高层的批评和建议对鲁迅、瞿秋白、周扬、

① 艾晓明：《中国左翼文学思潮探源》，湖南文艺出版社1991年版，第173页。

② 参见吴舒洁：《“旧的东西中的新的东西的诞生”：二十世纪三十年代左翼文学运动中丁玲“转变”的辩证法》，《文艺理论研究》2021年第1期。

③ 歌特（张闻天）：《文艺战线上的关门主义》，《斗争》1932年第30期。

冯雪峰等产生了很大的影响，也对克服左翼文艺运动第二个比较大的历史局限即关门主义错误发挥了重要作用。

因此说，1932年前后，革命文艺在整体上从理论到方法论两个层面开始了马克思主义化的转向。当然，这种转向不可能是一次性彻底完成，庸俗唯物论和辩证法、机械唯物论和辩证法等教条主义错误与宗派主义错误不是轻易能够认识和清除的。以周扬的《关于“社会主义现实主义与革命的浪漫主义”——“唯物辩证法的创作方法”之否定》一文为例，虽然对创作方法有很好的论述，但在世界观和创作方法问题上，依然存在和“唯物辩证法的创作方法”类似的以世界观决定文艺创作的弊病。但这种质变是显然存在的，所以，刘柏青说：左翼文艺的历史局限，“到了一九三二年以后，逐渐减弱。在与‘自由人’‘第三种人’进行论战时，有更多的人能够独立地运用马克思主义的理论观点，得出正确的结论。当然，这一场论战也暴露了左翼理论家的弱点；但总的说来，是把马克思主义的文艺理论水平提高了一大步”[①]。

我们这里主要是从宏观上或者整体趋势上归纳艺术辩证法的态势，并不代表这个阶段人们对艺术辩证法认识的全部，相反，这一时期革命文艺理论家在许多具体艺术问题上有着深刻的艺术辩证法论述。比如鲁迅《对于左翼作家联盟的意见》开头即提出：“我以为在现在，‘左翼’作家是很容易成为‘右翼’作家的。”[②]鲁迅从艺术辩证法角度分析了革命作家艺术家在面临困难时必然会有的分化，提醒革命作家艺术家对于发展革命文艺的困难或者残酷的一面要有现实的清醒的认识，是关于主体辩证法的深刻见解。革命作家中类似鲁迅这样关于革命文艺的辩证法认识是大量的，都是中国马克思主义文艺理论发展史上的重要成就，对此我们需要进一步的整理、研究。

---

① 刘柏青：《三十年代左翼文艺所受日本无产阶级文艺思潮的影响》，《文学评论》1981年第6期。

② 鲁迅：《对于左翼作家联盟的意见——三月二日在左翼作家联盟成立大会讲》，《鲁迅全集》第四卷，人民文学出版社2005年版，第238页。

（四）艺术辩证法理论的发展

作为理论主体，这一时期艺术辩证法也有自己的发展脉络。1923年3月1日，中国旅欧党团组织在巴黎编辑出版的《少年》第7号上发表了一篇文章，其署名“石夫”，节译自阿多那斯基著的《马克思主义辩证法底几个规律》一书，全文2445字。译文稍做修改后，与普列汉诺夫著、郑超麟翻译的《辩证法与逻辑》一文一起发表在1924年8月1日中共中央在上海编辑出版的理论刊物《新青年》季刊第3期上。一般研究者都认为这两篇文章是中国最早介绍马克思主义唯物辩证法的译文。[①]

普列汉诺夫的艺术辩证法思想对中国早期革命文艺理论的发展有着重要影响。1928年“革命文学”论争开始后，革命文艺理论界意识到辩证法的重要性，非常重视普列汉诺夫的艺术辩证法理论的译介和传播，“1929年这一年，在当时的中国文化中心上海一连出版了普列汉诺夫的三本重要著作：杜国庠署名吴念慈自英文译出的《史的一元论》（即《论一元论历史观之发展》），林柏自英文译出的《艺术论》（即《没有地址的信》），冯雪峰自日文译出的《艺术与社会生活》。”“1929年7月15日出版的《春潮》月刊第一卷第七期，曾经发表了鲁迅翻译的普列汉诺夫撰写的《论文集〈二十年间〉第三版序》。冯雪峰还以画室笔名翻译了普列汉诺夫的《论法兰的悲剧与演剧》一文，发表在1929年8月1日和10日出版的《朝花旬刊》第一卷第一期和第二期上。”“1930年新出版的普列汉诺夫著作又增加了七种，有的甚至同一年出版两种或四种译本。”[②]此外，胡秋原对普列汉诺夫艺术辩证法思想在中国的传播也起了重要作用。1932年，胡秋原翻译发表了佛理采的《朴列汗诺夫与艺术之辩证法底发展问题》长文，出版了《唯物史观艺术论：普列汉诺夫及其

---

① 参见王磊：《马克思主义辩证法在中国早期传播的一篇重要文献——〈马克思主义辩证法底几个规律〉译文作者考》，《党史研究与教学》2014年第5期。

② 史料见高放、高敬增：《普列汉诺夫著作在中国民主革命时期的传播》，《教学与研究》1982年第4期。

艺术理论之研究》等著作。

除普列汉诺夫之外，布哈林等人的辩证唯物论思想对这一时期中国马克思主义文艺理论辩证法思想的影响也很大。李铁声1928年在创造社《文化批判》第3号上发表了布哈林的《辩证法的唯物论》一文，第二年又将其与哥利夫的《辩证法及辩证的方法》一文结集为《辩证法底唯物论》出版（1929年江南书店）。合集将哥利夫的《辩证法及辩证的方法》一文置于布哈林的《辩证法的唯物论》之前，主要讨论的是辩证法本体论的内容，由此可见辩证法问题在理论认识中的重要性在增强。

到了20世纪30年代，1930—1936年爆发了以唯物辩证法为中心的哲学论战，紧随其后又发生了新启蒙运动。1933年，艾思奇开始了以马克思主义辩证唯物论和唯物辩证法为核心的哲学研究，开创了马克思主义哲学中国化大众化时代化研究的先河；1936年，以艾思奇《大众哲学》、陈唯实《通俗辩证法讲话》为代表的一批著作，代表了我国辩证法理论研究进入成熟阶段。辩证法理论的发展对中国马克思主义文艺理论艺术辩证法在20世纪30年代后期进入自主性的发展阶段起到了重要作用。

二、以“服务—普及”为中心的马克思主义文艺理论中国化阶段

1937年左翼文艺运动基本结束。从1937年开始，中国马克思主义文艺理论辩证思想的发展进入第三个阶段，其本质特征是追求马克思主义文艺理论中国化。“中国化”作为一个理论问题，目前学界存在着这样一个广受认可的认识逻辑链，即：新文化运动产生了中国化思潮，“马克思主义中国化”是“中国化”思潮的重要组成部分，并引领着20世纪20—30年代“中国化”思潮的发展，而“中国化”思潮无疑是“马克思主义中国化”起源的重要语境；①“在

① 参见赵铁锁、解庆宾：《20世纪上半叶“中国化”思潮与“马克思主义中国化”起源研究述评》，《理论学刊》2013年第1期。

毛泽东阐述‘马克思主义中国化’之前，马克思主义者和进步的文化人士已从不同视角提出了‘马克思主义中国化’命题，毛泽东对‘马克思主义中国化’的阐述既吸取了当时理论工作者的思想，又总结了马克思主义与中国具体实际相结合的经验，融进了他个人对马克思主义中国化的体验，赋予了新的内涵，具有经典性”[①]。作为这一认识逻辑链的延伸，马克思主义文艺理论中国化必然是马克思主义中国化这一辩证思维的产物，但同时又融合了对前一阶段革命文艺无产阶级化、马克思主义化的反思和批判。

（一）“中国化”“马克思主义中国化”辩证思维的发展

“中国化”思维其实由来已久。如果从“中国化”这个概念来说，最早可以追溯到20世纪20年代。1926年1月《自然界》创刊号发刊词（《发刊旨趣》）就有“科学的中国化”“佛教的中国化”等提法。从马克思主义来看，最早具有马克思主义中国化思想的是李大钊。1927年2月，时任中共中央政治局常委的瞿秋白也提出了“应用马克思主义于中国国情”“马克思主义应用于中国国情”的思想。而倡导马克思主义中国化最有力的是20世纪30年代中后期的新启蒙运动思想家。1934年，艾思奇写作《大众哲学》时就最早提倡马克思主义哲学中国化、时代化（现实化）、大众化，他的著作对毛泽东辩证法思想产生了很大的影响；[②]陈唯实1936年在《通俗辩证法讲话》一书中讲道，对于唯物辩证法，“最要紧的，是熟能生巧，能把它具体化、实用化，多引例子或问题来证明它。同时语言要中国化、通俗化，使听者明白才有意义”[③]。因此说，到了1936年，“马克思主义中国化”基本是一种共性思维了。

① 许全兴：《“马克思主义中国化”的提出与新文化运动》，《毛泽东邓小平理论研究》2008年第3期。

② 参见庞元正、董振华：《哲学研究中国化时代化大众化的开拓者——艾思奇哲学思想研究》，《光明日报》2019年10月14日第15版。

③ 陈唯实：《通俗辩证法讲话》，上海新东方出版社1936年版，第7页。

（二）理论和实践的需要，催生了马克思主义中国化思想和辩证法理论的成熟

20世纪30年代，马克思主义中国化不仅是理论需要，也是实践的迫切需要。20世纪30年代初期，中国革命深受“左”倾教条主义和“洋教条主义”之害，第五次反“围剿”斗争失败。因此，长征路上，为了解决思想路线斗争问题，马克思主义在中国的具体化、民主主义革命经验教训的总结、民主主义发展方向和未来形态设想等问题，已经在同行的张闻天、毛泽东等头脑中开始酝酿和思考。他们开始总结“左”的教条主义尤其是“洋教条主义”的错误和教训，认识到思想路线上必须使马列主义“民族化”“具体化”“中国化”，才能指导中国革命取得胜利。到达延安后，张闻天在中央会议和一些文章及报告中多次论述了这个问题。[①]

在这种理论和实践背景下，为了解决思想路线斗争和在哲学认识论上解决马克思主义中国化的方法论问题，毛泽东1937年7—8月先后完成了《实践论》《矛盾论》。“两论”在马克思主义中国化上具有重要意义。“‘两论’的思想实质与主题，是对中国革命中‘左’右倾错误特别是教条主义错误的哲学批判，从而是对马克思主义基本原理与中国革命实践相结合的哲学论证。”“如果说《实践论》突出了认识的辩证法，那么，《矛盾论》则突出了矛盾问题（辩证法）的认识论与方法论意义。”[②]紧接着，毛泽东在1938年9月29日至11月6日于延安召开的中共六届六中全会上所做的《中国共产党在民族战争中的地位》（10月14日报告《论新阶段》的第七部分）报告中，提出了“马克思主义中国化”与“中国作风和中国气派”这两大命题，并做了深刻、具

① 如1935年12月25日，在中共中央通过的、由张闻天起草的《中共中央关于目前政治形势与党的任务决议》中，提到“把马克思列宁主义活泼的运用到中国的特殊的具体环境中去”。《张闻天文集》第2卷，中共党史出版社1993年版，第40页。

② 李佑新：《〈实践论〉〈矛盾论〉的主题与价值》，《光明日报》2017年10月30日第15版。

体而精辟的阐述。[1]毛泽东做报告的第二天（10月15日），张闻天在《关于抗日民族统一战线与党的组织问题》的报告中说："要认真地使马列主义中国化，使它为中国最广大的人民所接受。"[2]毛泽东的中国化主张产生了很大的影响。1939年春张申府在讲解毛泽东讲话的《论中国化》中给予了高度肯定，也主张"许多外来的东西，我们以为，用在中国就应该中国化。而且如其发生效力，也必然地会中国化"[3]。在文艺理论领域，毛泽东的讲话还直接引发了全国性的民族形式大讨论。

毛泽东的《实践论》《矛盾论》和系列讲话，以及接下来的系列整风文件（如艾思奇1941年3月发表于《解放》杂志第126期的《辩证法唯物论怎样应用于社会历史的研究》、毛泽东1941年5月19日在延安高级干部会议上的《改造我们的学习》的报告），奠定了马克思主义中国化的唯物辩证法基础，解决了山沟里也有马克思主义的认识问题和对不是极左就是极右的错误思想路线的斗争方法问题，也为接下来马克思主义文艺理论的中国化发展奠定了坚实的思想基础和方法论。

（三）毛泽东文艺思想与马克思主义文艺理论中国化主体的完成

1936年9月，第一个左翼知名女作家丁玲到达延安；1937年10月，周扬、李初梨、艾思奇等人由上海到达延安。随着左翼文化人的不断到来，正确总结五四以来新文化运动的历史，认识新文化运动的现状，开展新的文化运动和文化工作的局面随即展开。在这个问题上，左翼文化人确定了一个正确的发展方向，那就是马克思主义中国化、新文化中国化。左翼文艺干将李初梨到延安不久，就在《解放》上发表了《十年来新文化运动的检讨》，他在总

---

① 因斯大林不同意"中国化"的提法，中华人民共和国成立后，毛泽东在审定《毛泽东选集》时将其改为"使马克思主义在中国具体化"。参见赵明义：《"马克思主义中国化"与"使马克思主义在中国具体化"辨析》，《当代世界社会主义问题》2003年第2期。

② 中央档案馆编：《中共中央文件选集》第11册，中共中央党校出版社1989年版，第709页。

③ 张申府：《论中国化》，《战时文化》第2卷第2期。

结过去十年（1927—1937）文化运动时提出了“马列主义具体化中国化”的任务。到了1938年春，“新文化的中国化”观念在延安文化界已成为一种共识。[①]虽然革命文人的思想认识上去了，但离真正成功的艺术实践还很远，五四新文化运动和左翼文艺运动以来作家艺术家的精英主义立场和批判意识在延安文艺初期（1937—1942）还一直延续着。1938年成立的“鲁艺”在很长一段时间内都是个“小鲁艺”。到了1942年，这种局面和现状已经严重不能适应革命形势发展的需要，到了迫切需要改变的时候。在这种背景下，为了在文艺创作实践中真正解决马克思主义文艺理论中国化的问题，毛泽东发表了《在延安文艺座谈会上的讲话》（以下简称《讲话》）。

毛泽东的《讲话》是一篇艺术辩证法经典文献，它在唯物史观和唯物辩证法的基础上，对艺术辩证法实现了一系列的创造性转化。其中最关键的一点是围绕着“服务—普及”这个中心域（《讲话》的主要问题是“研究文艺工作和一般革命工作的关系”“一个为群众的问题和一个如何为群众的问题”“为什么人服务的问题解决了，接着的问题就是如何去服务。用同志们的话来说，就是：努力于提高呢，还是努力于普及呢？”所以说，《讲话》的主旨就是“服务—普及”，也就是革命文艺服务革命工作、对人民群众进行普及），对系列艺术关系进行了认识改造，比如主体性方面，将五四以来的精英和大众的关系，由二元论“化大众”转换为一元化“大众化”的关系，强调作家艺术家进行思想情感和艺术能力上的改造，在左翼文艺建构组织化主体的基础上前进了一步；在如何为群众这个问题上，强调普及和提高的统一，但“在目前条件下，普及工作的任务更为迫切”；在动机和效果问题上，强调“社会实践及其效果是检验主观愿望或动机的标准”；在批评问题上，主张“我们应该进行文艺问题上的两条战线斗争”，在“以政治标准放在第一位，

① 参见许全兴：《“马克思主义中国化”的提出与新文化运动》，《毛泽东邓小平理论研究》2008年第3期。

以艺术标准放在第二位”的同时，“我们的要求则是政治和艺术的统一，内容和形式的统一，革命的政治内容和尽可能完美的艺术形式的统一”，“我们既反对政治观点错误的艺术品，也反对只有正确的政治观点而没有艺术力量的所谓‘标语口号式’的倾向”，等等。当然，《讲话》中的艺术辩证法不仅限于上面这些，它还涉及文艺与生活、文艺的源与流、艺术中的生活与实际生活、批判与继承、借鉴与创造、歌颂与暴露等各个方面。《讲话》还在“结论”的第五个部分强调指出，延安文艺界中存在的种种问题都是因为在认识和实践方面缺乏唯物辩证法的问题。毛泽东说：“我们延安文艺界中存在着上述种种问题，这是说明一个什么事实呢？说明这样一个事实，就是文艺界中还严重地存在着作风不正的东西，同志们中间还有很多的唯心论、教条主义、空想、空谈、轻视实践、脱离群众等等的缺点，需要有一个切实的严肃的整风运动。”①

《讲话》有经有权，在特定历史条件下很好地处理了文艺一般规律和革命文艺特殊规律的认识问题。毛泽东写作于20世纪40—50年代的其他经典文本还解决了人民与阶级、中外古今、“双百”方针等与艺术辩证法紧密相关的诸多重要问题。正是因为有了唯物史观和艺术辩证法两个方面的体系性和科学性论述，以《讲话》为核心文本的毛泽东文艺思想产生了强大的指导作用，在《讲话》指引下的革命文艺取得了伟大的历史成就。因此说，在中国马克思主义文艺理论发展史上，毛泽东文艺思想的形成标志着马克思主义文艺理论中国化主体的成熟，也标志着中国马克思主义文艺理论在艺术辩证法方法论上的成熟。

中华人民共和国成立之后，中国马克思主义文艺理论的发展曲曲折折。一方面是毛泽东艺术辩证法思想继续发展，1956年毛泽东发表《论十大关系》讲话，明确建设社会主义的根本思想是必须根据本国情况走自己的道

① 毛泽东：《在延安文艺座谈会上的讲话》，《毛泽东选集》第三卷，人民出版社1991年版，第875页。

路；1958年毛泽东针对苏联社会主义现实主义创作方法，提出革命现实主义与革命浪漫主义相结合的创作方法（“两结合”创作方法），在思想体系上有明确的发展民族化马克思主义文艺理论的倾向。但另一方面，在理论体系（尤其是教材编写）上又在20世纪50年代深受苏联理论的影响，一定程度上出现了“苏联模式”的倾向，开始出现僵化现象。这也客观上反映了思想体系和理论体系发展存在不同步、不平衡的现象和规律。虽然在马克思主义文艺理论中国化辩证思想的指引下，“十七年”时期产生了无产阶级的“人性人道主义论”“写真实论”“现实主义广阔道路论”“现实主义深化论”“反‘题材决定论’”“‘中间人物’论”、20世纪60年代的“文科教材”编写等中国化马克思主义文艺理论的许多成果。但遗憾的是，由于受到极左路线和教条主义错误的影响，已经起步的中国化马克思主义文艺理论发展很快被中断。

（四）新时期艺术辩证法的发展

毛泽东之后，邓小平、江泽民、胡锦涛等几代领导人，运用艺术辩证法，一方面拨乱反正，一方面解放思想，从庸俗唯物论和辩证法、机械唯物论和辩证法等教条主义与激进主义思想路线中将中国马克思主义文艺理论的发展解放出来，引导中国马克思主义文艺理论的发展回到马克思主义文艺理论中国化的正确路线上来，为新时期中国马克思主义文艺理论的健康发展奠定了思想基础。

1979年10月30日全国第四次文代会在北京开幕，邓小平代表党中央发表了《在中国文学艺术工作者第四次代表大会上的祝词》(以下简称《祝词》)，指出：“我们的国家，已经进入社会主义现代化建设的新时期。”[①]邓小平在《祝词》和系列讲话中，针对文艺问题和文艺规律，灵活运用艺术辩证法，科学阐释了文艺和政治、文艺和人民、思想标准和政治标准、经济效益和社

① 邓小平：《在中国文学艺术工作者第四次代表大会上的祝词》，《邓小平文选》第2卷，人民出版社1983年版，第208页。

会效果等系列范畴之间的辩证关系，在注重开展批评和坚持“双百”方针的统一、在反对错误倾向上坚持重点论和两点论结合、在正确认识文艺产品的双重属性和正确运用文艺批评的两种标准等方面，为新时期中国马克思主义文艺理论的发展做出了贡献。邓小平在理论建构和批评实践两个方面为新时期中国马克思主义文艺理论艺术辩证思维的发展树立了典范。江泽民后来提出“弘扬主旋律、提倡多样化”也是一种艺术辩证法的反映。胡锦涛在党的十七大报告中指出，我们要“把坚持马克思主义基本原理同推进马克思主义中国化结合起来”①。“推进马克思主义中国化”就是“创新”，就是为了创立中国的马克思主义理论体系，现阶段指的就是中国特色社会主义理论体系。这个提法很有目的性，对中国马克思主义文艺理论尤其是中国化马克思主义文艺理论的建设具有指导意义，在艺术辩证法发展史上也有转型标志的意义。

三、以“提高—精品”和创造性为中心的中国化马克思主义文艺理论阶段

马克思主义中国化，在其提出之初，主要是针对教条主义和主观主义的思想方法，强调将马克思主义的普遍原理和中国革命的具体实际相结合，提高在中国语境下灵活和正确运用马克思主义的基本原理来研究和解决实际问题的能力，因此马克思主义中国化或者马克思主义文艺理论中国化强调的是“化”，更多的是一个民族形式问题。因斯大林不同意“中国化”的提法，中华人民共和国成立后毛泽东在审定《毛泽东选集》时将1938年就提出的“马克思主义中国化”改为“使马克思主义在中国具体化”②，这也可以看出早

① 胡锦涛：《高举中国特色社会主义伟大旗帜　为夺取全面建设小康社会新胜利而奋斗——在中国共产党第十七次全国代表大会上的报告》（2007年10月15日），《求是》2007年第21期。

② 毛泽东：《中国共产党在民族战争中的地位》，《毛泽东选集》第二卷，人民出版社1991年版，第534页。

期马克思主义中国化的主要内涵还是强调灵活运用马克思主义。但在早期毛泽东等人对马克思主义中国化的完整认识中却没有这么简单，其中就包括了对中国化马克思主义即创造性中国马克思主义的内在要求，即内容上的马克思主义中国化。1941年，毛泽东在《反对主观主义和宗派主义》的讲话中指出，克服学风中的主观主义和党风中的宗派主义，主要的方法就包括："要分清创造性的马克思主义和教条式的马克思主义"；"我们反对主观主义，是为着提高理论，不是降低马克思主义。我们要使中国革命丰富的实际马克思主义化。"①也就是说，除了正确运用马克思主义之外，总结中国革命的经验，将"中国革命丰富的实际"马克思主义化（即中国化马克思主义）也是马克思主义中国化的内涵之一，即：马克思主义中国化，既包括方法论意义上的马克思主义中国化，也包括成果意义上的中国化马克思主义。这是一个事物的一体两面。毛泽东思想（包括文艺思想）本身就是马克思主义中国化的成果——中国化马克思主义。

毛泽东文艺思想创立之后，我国文艺界虽然一直贯穿着围绕贯彻、执行《讲话》精神，反对资本主义尤其是唯心主义和教条主义、激进主义文艺路线的这样一条主线，但在很长一个历史时期内，文艺领域的教条主义问题（比如世界观和创作方法、意识形态性和审美性、阶级性和人民性、思想性和艺术性、表现论和再现论、批评的政治标准和艺术标准等关系中的教条主义）一直没有得到很好的解决（这也是阶级论、意识形态论、反映论、现实主义体系文艺理论自身的一些局限造成的），中国马克思主义文艺理论的发展长期处于纠偏状态中，处于马克思主义文艺理论中国化的进程中。虽然早在1958年周扬就提出《建立中国自己的马克思主义的文艺理论和批评》这一课题，1983年再次重申（《关于建设具有中国民族特点的马克思主义文艺理论》），但在理论上，不仅中国化马克思主义文艺理论难以提上日程、成果

① 毛泽东：《反对主观主义和宗派主义》，《毛泽东文集》第二卷，人民出版社1993年版，第373—374页。

有限（体系性成果更是难觅），甚至在新时期各种西方文论话语霸权面前，中国马克思主义文艺理论的发展还一度严重失语，处于理论边缘或者不断边缘化，与整个经济社会文化的发展严重脱节。但从辩证法的角度来理解却未必不是一件好事，量变引起质变，伴随着中国特色社会主义进入新时代，中国马克思主义文艺理论的发展也迎来了以强调“提高—精品”和创造性为中心的中国化马克思主义文艺理论发展新阶段。

（一）唯物辩证法的重要进步：新时代社会主要矛盾的判断

准确抓住事物发展的主要矛盾是中国共产党理论思维的核心和传统之一，也是社会实践的起点。1956年，党的八大报告指出：“我们国内的主要矛盾，已经是人民对于建立先进的工业国的要求同落后的农业国的现实之间的矛盾，已经是人民对于经济文化迅速发展的需要同当前经济文化不能满足人民需要的状况之间的矛盾。”1981年，党的十一届六中全会通过的《关于建国以来党的若干历史问题的决议》对我国社会主要矛盾做了规范的表述：“在社会主义改造基本完成以后，我国所要解决的主要矛盾，是人民日益增长的物质文化需要同落后的社会生产之间的矛盾。”2007年，党的十七大报告仍重申，我国仍处于并将长期处于社会主义初级阶段的基本国情没有变，人民日益增长的物质文化需要同落后的社会生产之间的这一社会主要矛盾没有变。可以看出，满足人民群众对物质文化的基本需要（即“普及”性质的工作）是很长一段时间我国解决社会主义主要矛盾的主要方面。但经过数十年的奋斗，我国的社会生产能力有了很大的提高，这必然会造成社会主义主要矛盾的客观变化。根据这种变化，习近平在党的十九大报告中明确提出：“经过长期努力，中国特色社会主义进入了新时代，这是我国发展新的历史方位。……我国社会主要矛盾已经转化为人民日益增长的美好生活需要和不平衡不充分的发展之间的矛盾。”

习近平代表全党所做的这一重要论述，对于社会主义主要矛盾和主要矛盾的主要方面发生转化的认识已经发生了质的变化，具有重要意义，因为“人民日益增长的美好生活需要”比“人民日益增长的物质文化需要”“不平衡不充分的发展”比“落后的社会生产”都跃升了一个层次，对新时代中国特色社会主义事业完成了由普及到提高、由追赶到创造的“新的历史方位”的论断。这一新论断是继承和弘扬《矛盾论》《实践论》辩证法思想的光辉典范，为中国特色社会主义事业高质量发展，也为以“提高—精品”和创造性为中心的中国化马克思主义文艺理论发展新阶段的到来提供了思想指导。

（二）新时代中国马克思主义文艺理论艺术辩证法的新命题

基于对新的主要矛盾和新的历史方位的认识，习近平在中国化马克思主义文艺理论发展问题上提出了系列艺术辩证法新命题。其中主要有：

一是提出了“人民”是个体性和集体性的辩证统一。习近平指出：“社会主义文艺，从本质上讲，就是人民的文艺。”①关于人民的内涵，习近平在继承马克思主义关于人民主体基本含义的同时，强调了对人民个体性、具体性一面的重视，强调了人民在内涵上是个体和集体的辩证统一。在中国文联十大、中国作协九大开幕式上的讲话中，习近平指出：“人民不是抽象的符号，而是一个一个具体的人的集合，每个人都有血有肉、有情感、有爱恨、有梦想，都有内心的冲突和忧伤。”②人民是具体的人、感性的人的集合体。但习近平理解的人民主体不是一种空间上的集合体，而是由特定精神引领的一种精神性存在和精神集合体。因此，习近平要求给人民以价值引导、精神引领、审美启迪，提出了传递正能量、弘扬中国精神、坚定人民信心、振奋人民精神的号召。习近平指出：“我们的文学艺术，既要反映人民生产生活的伟大实践，也要反映人民喜怒哀乐的真情实感，从而让人民从身边的人和事中体会到人间真情和真谛，感受到世间大爱和大道。”③习近平关于人民主体的

---

① 习近平：《在文艺工作座谈会上的讲话》（2014年10月15日），《人民日报》2015年10月15第02版。

② 习近平：《在中国文联十大、中国作协九大开幕式上的讲话》（2016年11月30日），人民网：http://politics.people.com.cn/n1/2016/1130/c1024-28915396.html。

③ 习近平：《在中国文联十大、中国作协九大开幕式上的讲话》（2016年11月30日），人民网：http://politics.people.com.cn/n1/2016/1130/c1024-28915396.html。

论述，是在社会主义新的历史时期，在人民范围进一步扩大、人民概念内涵越来越丰富的情况下，突出了对人的个体价值和感性生活的重视，是对马克思主义人民主体论认识的进一步深化，也是艺术辩证法在人民艺术主体这个问题上的灵活运用和创新发展。

二是将“提高（创新）—精品（高峰）”提到了一个极其重要的地位。习近平指出：“改革开放以来，我国文艺创作迎来了新的春天，产生了大量脍炙人口的优秀作品。同时，也不能否认，在文艺创作方面，也存在着有数量缺质量、有‘高原’缺‘高峰’的现象，存在着抄袭模仿、千篇一律的问题，存在着机械化生产、快餐式消费的问题。”习近平认为：“衡量一个时代的文艺成就最终要看作品。推动文艺繁荣发展，最根本的是要创作生产出无愧于我们这个伟大民族、伟大时代的优秀作品。”习近平强调：“我们必须把创作生产优秀作品作为文艺工作的中心环节，努力创作生产更多传播当代中国价值观念、体现中华文化精神、反映中国人审美追求，思想性、艺术性、观赏性有机统一的优秀作品。”要尽力打造文艺精品，“精品之所以‘精’，就在于其思想精深、艺术精湛、制作精良”，“要把创新精神贯穿文艺创作生产全过程，增强文艺原创能力”。[①]显然，以“提高（创新）—精品（高峰）”为核心，习近平在中国马克思主义文艺理论发展史上建构了一种新型文论体系，这是前一阶段“服务—普及”艺术辩证法在新时代发展的结果。

三是创作之外，对艺术批评方法和标准的辩证论述。习近平指出：“把好文艺批评的方向盘，运用历史的、人民的、艺术的、美学的观点评判和鉴赏作品。”在这里，习近平提出了“历史的、人民的、艺术的、美学的”等关于批评标准维度的新表述，体现了对马克思主义文艺批评维度标准的继承和突破，尤其是将艺术维度从美学维度中析出并赋予其规定性，更是理论上的一大贡献。如果把“历史的、人民的、艺术的、美学的”视为内部维度的话，

① 习近平：《在文艺工作座谈会上的讲话》（2014年10月15日），《人民日报》2015年10月15日第02版。

习近平还提出了两个外部维度标准，一是评价“好的作品”的三个维度标准：“一部好的作品，应该是经得起人民评价、专家评价、市场检验的作品，应该是把社会效益放在首位，同时也应该是社会效益和经济效益相统一的作品。”二是提出了评价艺术“精品”的三个维度标准：“思想精深、艺术精湛、制作精良”。[①]习近平对马克思主义文艺批评标准理论的发展做出了贡献。

四是辩证分析了人民性和党性的关系问题。在中国马克思主义文艺理论发展史上，人民性和党性的辩证关系问题长期受到“左”的和右的思想的困扰。新时期之初，在纠正“左”的错误的同时，又出现了人为制造人民性和党性对立的情况。因此说，在很长的一段时期内，党性和人民性的关系问题没有得到很好的解决，尤其是一些“左”倾错误长期存在。对此，习近平在关于文艺和宣传工作的讲话中，多次强调了党性和人民性的统一性与一致论。2013年8月19日，习近平在全国宣传思想工作会议上的讲话中强调：“党性和人民性从来都是一致的、统一的。”[②]这“打破了我国新闻宣传领域30年来人为制造的一个禁区”[③]。一年后《在文艺工作座谈会上的讲话》中他又具体说道：“党的根本宗旨是全心全意为人民服务，文艺的根本宗旨也是为人民创作。把握了这个立足点，党和文艺的关系就能得到正确处理，就能准确把握党性和人民性的关系、政治立场和创作自由的关系。”[④]这是新时期40年以来，第一次在中国最高政治领导人关于文艺工作的文献中出现党性和人民性关系的论述。习近平在辩证法层面论述了党的根本宗旨和人民文艺的根本宗旨都是为人民服务，明确了党性和人民性在根本宗旨上的统一性和一致性，

① 习近平：《在文艺工作座谈会上的讲话》（2014年10月15日），《人民日报》2015年10月15日第02版。

② 《习近平出席全国宣传思想工作会议并发表重要讲话》，中国广播网：http://china.cnr.cn/news/201308/t20130821_513374392.shtml。

③ 陈力丹：《把人民放在心中最高位置——习近平总书记7.1讲话丰富了“党性和人民性相统一”思想》，《理论视野》2016年第8期。

④ 习近平：《在文艺工作座谈会上的讲话》（2014年10月15日），《人民日报》2015年10月15日第02版。

并且明确指出，党性和人民性的统一、一致是充分、准确把握党性和人民性的关系、政治立场和创作自由的关系的立足点和评判的标准，对于批判党性和人民性关系认识上的各种右倾和“左”倾错误具有重要意义。

（三）强调创造性，着力构建中国化马克思主义文艺理论体系

中国化马克思主义文艺理论及其体系的创建，既是文艺工作的内容，也属于哲学社会科学工作的范畴。2016年，习近平《在哲学社会科学工作座谈会上的讲话》提出了“着力构建中国特色哲学社会科学，在指导思想、学科体系、学术体系、话语体系等方面充分体现中国特色、中国风格、中国气派”的总要求，并且提出了三个具体要求：一是体现继承性、民族性，二是体现原创性、时代性，三是体现系统性、专业性。三个具体要求体现了习近平辩证思维的深刻性。习近平非常重视理论的原创性，“我们的哲学社会科学有没有中国特色，归根到底要看有没有主体性、原创性”，并且强调原创性和主体性的辩证统一，原创性才能确证主体性。我们的理论构建如何具有原创性、主体性和时代性？习近平认为，理论的生命力在于创新；理论创新的思维起点在“以我国实际为研究起点”“从问题开始”“以我们正在做的事情为中心”；理论创新（构建中国特色哲学社会科学）的着力点、着重点在于“提炼出有学理性的新理论，概括出有规律性的新实践”；理论创新的落脚点在于三大体系的构建，“不断推进学科体系、学术体系、话语体系建设和创新，努力构建一个全方位、全领域、全要素的哲学社会科学体系”。习近平认为：“我国哲学社会科学在国际上的声音还比较小，还处于有理说不出、说了传不开的境地。”对此，习近平指出：“要善于提炼标识性概念，打造易于为国际社会所理解和接受的新概念、新范畴、新表述，引导国际学术界展开研究和讨论。”①

习近平的讲话阐释了事物发展特色性（民族性或中国性）、继承性和创造性辩证统一的规律。对这一辩证规律的认识既是习近平新时代中国特色社会

① 习近平：《在哲学社会科学工作座谈会上的讲话》，《人民日报》2016年5月19日第02版。

主义思想的重要内容，也是中国化马克思主义文艺理论进一步发展的思想指导和方法论上的动力来源。近年来，围绕着习近平系列重要讲话精神，学界就如何构建创造性（创新形态）的中国化马克思主义文艺理论、中国马克思主义文艺理论三大体系尤其是话语体系的建设问题进行了广泛讨论，在如何提炼标识性概念、提炼出有学理性的新理论等方面形成了丰硕的成果，对如何构建创新形态的中国化马克思主义文艺理论形成了广泛的共识。

四、结语

从20世纪20年代初期开始，中国马克思主义文艺理论艺术辩证法发展的四个阶段对应了从国外引进、传播马克思主义文论，到消化、吸收马克思主义文论，再到创造中国的马克思主义文艺理论的全过程。区分依据是唯物辩证法和与之相应指导思想的发展。这里有两个问题需要做个简单的补充说明。

一是在本文语境中，“马克思主义文艺理论中国化”和“中国化马克思主义文艺理论”内涵问题。

“马克思主义文艺理论中国化”和“中国化马克思主义文艺理论”都具有广狭两种含义。广义的“马克思主义文艺理论中国化”包含了“转化”经典马克思主义文艺理论和“创造”中国马克思主义文艺理论两种内涵；广义的“马克思主义文艺理论中国化”包含了中国马克思主义文艺理论一百年的所有阶段和所有成果。二者在广狭意义上是相互包含的，也就是说，广义的“马克思主义文艺理论中国化”既包括了狭义的“马克思主义文艺理论中国化”，也包括了广狭义的“中国化马克思主义文艺理论”；反过来也是如此。

在本文语境中，我们是以辩证法作为指导思想的维度，根据“转化”和“创造”马克思主义文艺理论两种内涵，将其中两个阶段或者形态定义为“马克思主义文艺理论中国化”和“中国化马克思主义文艺理论”，二者都是狭义意义上的概念。比如以“服务—普及”为中心的毛泽东文艺思想既是辩证法在本文狭义意义上“马克思主义文艺理论中国化”阶段的代表，也是广义“中国化马克思主义文艺理论”的历史成果之一。而本文以“提高—精品”和创造性为主要形态与性质的“中国化马克思主义文艺理论”就是狭义的“中国化马克思主义文艺理论”。

二是艺术辩证法研究是对“马克思主义文艺理论中国化”（包括“中国化马克思主义文艺理论”）命题研究路径的一种补充。

马克思主义文艺理论中国化命题有许多种研究范式。如理论史研究（如宋建林、陈飞龙主编的《中国马克思主义艺术理论发展史》、朱辉军的《西风东渐——马克思主义文艺理论在中国》），思潮史研究（如解庆宾的《二十世纪上半期的“中国化”思潮与“马克思主义中国化”：一个思想文化史命题的透视》），政治文化研究（如刘锋杰、薛雯、尹传兰等的《文学政治学的创构：百年来文学与政治关系论争研究》、杨胜刚的《中国共产党的政治实践与左翼文学》、王建刚的《政治形态文艺学：五十年代中国文艺思想研究》），还有革命文化研究、民族化研究、话语研究和大量的断代史、专题史研究等范式。除了一些特殊的研究范式，马克思主义文艺理论中国化研究主要是史论性质的研究，对中国马克思主义文艺理论发展与艺术辩证法的研究较为缺乏。因此，艺术辩证法研究是对马克思主义文艺理论中国化命题研究路径的一种补充，它有助于我们建立中国马克思主义文艺理论百年思想史的辩证发展观和宏观逻辑。

（完成于2021年5月）

马克思主义话语体系中的新人与新人形象

生活、社会和历史的主体是人，艺术的中心是人物形象。作为一种历史和艺术现象与概念的新人形象自古就有。比如：哈姆雷特是早期资产阶级反封建意识的新人形象，体现了资产阶级人文主义思想的光辉；鲁滨孙体现了上升时期新兴资产阶级“开拓者”的冒险精神；拉赫美托夫体现了俄国革命民主主义者的高贵品质；安娜·卡列尼娜是资本主义制度在俄国“刚刚开始安排”（列宁语）时，资产阶级个性解放思想萌芽时期的新人形象；高尔基笔下的巴威尔是世界文学史上第一个具有无产阶级自主意识的革命者形象；新人娜拉激励了许多妇女追求个性解放；而喜儿以新生的命运激发人们走向革命，献身共产党领导的革命事业；张裕民、梁生宝、雷锋、焦裕禄、乔光朴……在世界艺术长廊中，这些艺术形象都有其“新”的意义。“新人”往往就是经典艺术形象——典型人物。

作为一种艺术理论，新人理论最早发端于车尔尼雪夫斯基等俄国革命民主主义思想家；在我国，“新民”理论也是中国启蒙主义者梁启超等最早倡导的艺术思想之一。因此说，新人理论并不是马克思主义特有的艺术理论，但却是马克思主义尤其是中国马克思主义特别强调的艺术理论之一。

在马克思主义文艺理论谱系中，马克思主义经典作家、俄苏马克思主义文艺理论家（尤其是高尔基）、中国的马克思主义经典作家与革命家（如毛泽东、周恩来、邓小平等）以及马克思主义文艺理论家（如周扬）等，对新人和新人形象理论都有深刻的论述。中国的马克思主义文艺理论家不仅探讨了新人形象的美学特征和创作规律，还对新人形象的历史类型和创作经验进行了总结；[①]我国20世纪60年代和80年代还发生了两次“社会主义新人”讨论；当代形态的新人形象理论则更为复杂多样，涉及形象政治学、文化研究甚至信息编码解码等各个领域。所有这些，构成了马克思主义新人理论尤其是新人形象理论的主要内涵和发展历史。

一、马克思主义强调新人与新人形象的内在规定性

为什么马克思主义艺术理论特别强调新人和新人形象呢？笔者认为主要原因有四个。

一是和马克思主义人学理论有很大的联系。马克思主义人学观完成了从抽象人性论向人的现实存在方式、从“单个人固有的抽象物”向“一切社会关系的总和”的转换，因此马克思主义合乎逻辑地带来了“新人自觉”。恩格斯指出：“当18世纪的农民和手工工场工人被吸引到大工业中以后，他们改变了自己的整个生活方式而完全成为另一种人，同样，用整个社会的力量来共同经营生产和由此而引起的生产的新发展，也需要一种全新的人，并将创造出这种新人来。”[②]无产阶级艺术是人类历史上的全新的艺术，这种艺术必然要求以全新的人物形象来注解自己新的、质的规定性。

二是和马克思主义艺术理论有关。马克思主义艺术理论重视现实主义和典型理论，这为新人形象提供了丰富的创造空间和理论底蕴。早在19世纪40年代中期，欧洲文坛上出现了以卡尔·倍克为代表的“真正的社会主义”流

---

① 在这个方面，周恩来、茅盾等都对新人形象的美学特征和创作方法有过大量的论述。学界对这方面的研究比较充分，成果比较丰富，可参见孙子威：《略论社会主义新人形象的塑造》，《华中师院学报》（哲学社会科学版）1983年第6期。

② ［德］恩格斯：《共产主义原理》，《马克思恩格斯全集》（第1版）第四卷，人民出版社2016年版，第370页。

派，他们一改故辙，不再不厌其烦地描写国王、王子和显贵，而是以穷人、乞讨者等“怀着卑微的、虔诚的和互相矛盾的愿望”的“小人物”作为自己歌颂的对象。虽然这些作家拼命地挥舞无产阶级的乞食袋，但实质上是为了调和阶级矛盾、反对和削弱无产阶级的革命运动，是“黄鼠狼给鸡拜年——不安好心”。针对这种情况，恩格斯从无产阶级的斗争需要出发，第一次提出革命文艺要“歌颂倔强的、叱咤风云的和革命的无产者”，并将其与没有反抗意识的穷人、被压迫者做了本质上的切割，为马克思主义关于塑造“新人”形象的理论奠定了坚实的基石。①

除了人物形象这种本质上的区分，马克思主义经典作家还对新人形象的艺术性进行了建构。比车尔尼雪夫斯基稍早，在1859年前后，马克思、恩格斯在致拉萨尔的信件中探讨现实主义人物塑造问题时，就已经涉及新人的基本特征和艺术表现上反对恶劣个性化等问题；到了1885年，恩格斯在致考茨基的信件中完成了对艺术典型、艺术倾向性和真实性的论述，至此，马克思主义关于艺术新人的理论基本上成型了。马克思、恩格斯之后，从列宁、毛泽东到邓小平都非常关心新人形象的问题，新人形象是他们构建现实主义理论和艺术人民性理论的一个题中重要之义。

三是与马克思主义人民史观、革命学说有很大的联系。在马克思主义艺术学看来，艺术要发挥社会功能，要改造旧环境，为革命服务，为人民服务，就必须重视新的人物形象及其影响力的创造，即塑造“有实践力量”的新人形象。②左翼文艺运动时期，瞿秋白就认为大众化文艺应该着力“揭穿假面具，表现新英雄”，强调无产阶级民众的文学要重视“描写工人阶级的生活，描写贫民，农民兵士的生活，描写他们的斗争”，认为“劳动群众的生活

---

① ［德］恩格斯：《卡尔·倍克“穷人之歌”，或“真正的社会主义”的诗歌》，《马克思恩格斯全集》（第1版）第4卷，人民出版社2016年版，第223—224页。

② 参见陆贵山：《尊崇实践之精神　高举变革之旗帜——纪念马克思诞辰200周年》，《文艺报》2018年5月2日第3版。

和斗争，罢工，游击战争，土地革命，当然是主要的题材”[①]。1951年毛泽东在《应当重视电影〈武训传〉的讨论》中，十分明确地指出：社会主义的文艺应当称赞和歌颂的，是那些“向着旧的社会经济形态及其上层建筑（政治、文化等等）作斗争的新的社会经济形态，新的阶级力量，新的人物和新的思想”[②]。在农村社会主义高潮到来之际，他又极其敏锐地发现并指出：“社会主义因素每日每时都在增长，……群众中涌出了大批的聪明、能干、公道、积极的领袖人物”[③]，要求文学家们去描写和表现陈学孟（“合作化的带头人”）这样一类的“英雄人物”。[④]但到了1963—1964年两个“批示”的时候，毛泽东已经出现了“新人”焦虑：他急需“新人”尤其是具有全国意义的新人形象来论证社会主义道路的合法性。[⑤]

四是和马克思主义生产理论有很大关系。在马克思主义生产理论看来，人也是可以被生产的；从“自然人”到“生成人”，是马克思主义人学理论的一个重要飞跃。[⑥]在这种生产理论下，人既是现实的，也是未来的，现实人的本质是不自由的，未来人类是真正自由的。这是马克思主义学说革命性、现代性的一个体现。这种思想在列宁的灌输理论中有所体现，在苏联无产阶级文化派的机器主义美学理论中达到极端。[⑦]

虽然马克思主义是辩证唯物主义，但在理论上是非常强调各种本质论和

① 瞿秋白：《普洛大众文艺的现实问题》，《瞿秋白文集》（二）第三卷，人民文学出版社1953年版，第865页。

② 毛泽东：《应当重视电影〈武训传〉的讨论》，《人民日报》1951年5月20日。

③ 中共中央办公厅编：《中国农村的社会主义高潮》下册，人民出版社1956年版，第1204页。

④ 中共中央办公厅编：《中国农村的社会主义高潮》中册，人民出版社1956年版，第544页。

⑤ 参见马西超：《十七年农村题材小说中社会主义新人形象研究》，《文艺理论与批评》2007年第5期。

⑥ 参见贾英健：《从抽象的人到现实的人：马克思人学观的跃迁》，《岭南学刊》2007年第5期。

⑦ 这是俄国唯物主义（革命民主主义）的一个传统。俄国激进民粹主义知识分子是启蒙运动在俄国的产物，他们继承了启蒙运动唯物主义一元论的世界观，把人看成由社会的物质的材料所造成的，也是可以从物质的社会的方面加以改造的。这种思想对“新人”概念的产生有很大影响。

决定性关系，比如物质决定意识、社会存在决定社会意识、经济基础决定上层建筑等，因此在实践中经常被理解成一种简单的决定论，比如庸俗社会学和机械唯物主义之类。因此，马克思主义新人理论经常在这里遭遇陷阱，往往变成一个莫衷一是的东西："长期以来，在文学中提倡写新人形象，被庸俗社会学歪曲得不成样子，人们一听到'新人'二字，就同政治概念混为一团，不免产生厌恶之感。"①

二、我国新人与新人形象理论发展的几个阶段

根据20世纪以来中国具体的历史语境，我国新人形象和理论可以区分为以下几个阶段和形态。

一是资产阶级启蒙运动和旧民主主义革命语境下的新人理论。虽然中国革命民主主义者完成了"人"的发现，但在新人建设上却是以破为主，以批判性和启蒙性为主要特征的。比如鲁迅笔下的"新人"形象基本是这样的，而且这种新人形象多数是小知识分子。但由于资产阶级艺术批判和思想启蒙的迷茫性，因此他们创作出了大量的"多余人"形象、"伤逝"者形象，或者是处于"娜拉走后怎样"困境的人物形象。而按照一些马克思主义艺术理论家的观点，这类人物形象可以不算在"新人"这个范畴，因为根据列宁的分析，新人本质上是对应着"行动的时代"的。没有行动的具体目标、方向和实际行动力，也就不成其为新人。②

二是大革命后无产阶级革命语境下的新人理论。在这个大时期，新人形象完成了从个人主义向集体主义的转变，完成了从思想启蒙向实际革命的转

① 张居华：《对文学中人和新人进行探讨——湖北省毛泽东文艺思想研究会学术讨论纪要》，《湖北社会科学》1987年第2期。

② 参见刘勇：《抗战文学中的新人形象与苏联文学》，《华中科技大学学报》（社会科学版）2004年第6期。

变，它在特征上以战斗性和动员性为主，却本能地抑制了批判性。因此在延安时期的毛泽东诗学中，普及是第一位的，提高是第二位的，而王实味及20世纪40年代的胡风则继续走五四新文学“新人”传统，强调批判性、主观战斗力和创作自由，自然是不合时宜的。当然，这个阶段早期（左翼文艺运动时期）的新人形象以左翼小知识分子为主，在革命加爱情的流行主题中表现个人和革命的矛盾与斗争，在创作上，新人形象脸谱化、公式化、概念化，表现出严重的“革命浪漫蒂克”，这自然为毛泽东诗学所不能接受。①

最终，一、二两个阶段新人发生了转换：“两种新人之间——试图完全摆脱一切束缚的自由‘新人’和接受严格纪律约束的组织‘新人’”②发生了转换。这个转换过程主要是通过改造作家、艺术家的世界观和阶级立场来完成的，是以《在延安文艺座谈会上的讲话》为代表的。

三是无产阶级取得政权（包括根据地、解放区文艺和“十七年”时期文艺）后的新人理论。它以理想性和意识形态性为主要特征，致力于无产阶级革命道路、社会主义政权合法性和新国家形象的积极建构与宏大叙事（当然也有人称之为“历史神话”）。1937年10月毛泽东在《为陕北公学成立题词》中明确说要“造就一批人，这些人是革命的先锋队。这些人具有政治的远见。这些人充满着斗争精神和牺牲精神”。到了《在延安文艺座谈会上的讲话》，新人理论就已经溢出了根据地范畴，追求全国意义：“‘大后方’的读者，不需要从革命根据地的作家听那些早已听厌了的老故事，他们希望革命根据地的作家告诉他们新的人物、新的世界。所以愈是为革命根据地的群众而写的作品，才愈有全国意义。”总起来看，这个时期“新人”形象以实践政

---

① 关于一、二两个阶段新人形象转型、过渡的研究，可参见赵园：《大革命后小说关于知识者“个人与革命”关系的思考及“新人”形象的降生——兼谈现代文学中有关“恋爱和革命的冲突”的描写》，《中国现代文学研究丛刊》1984年第2期。

② 何怀宏：《学以成人，约以成人——对新文化运动人的观念的一个反省》，《安徽大学学报》（哲学社会科学版）2016年第1期。

治理念的新人物、模范人物为主，比如战斗英雄、土改先进人物、走合作化道路先进人物、社会主义建设先进人物等。

二、三两个阶段的新人形象的共性是，都充满了革命英雄主义和革命浪漫主义气质，思想性和理想性共存。①

但自1963年开始强化阶级斗争到“文革”结束，新人形象发展到完全以阶级性为表征的革命英雄人物为主（以“革命样板戏”为代表）。正如当时的理论家（北大、清华写作组）所说：“高就高在具有高度的阶级斗争、路线斗争和继续革命的觉悟，美就美在他们是用马克思主义、列宁主义、毛泽东思想武装起来的新人。”②这种高大全的英雄形象也预示了新人形塑进入了死胡同。③

四是后革命语境下的新人形象。改革开放之后，在所谓的新启蒙主义和社会大变革影响下，新人理论与政治正确性和阶级性逐渐疏离，在20世纪80年代初期的“社会主义新人”大讨论中，这种疏离被称为新人的终结或者社会主义新人的瓦解。但这种观点是不正确或不完全正确的。在后革命语境下，新人形象只是出现了新的转化，它以现代性、公共理性为主要特征，一种是回复到启蒙主义的一些特征，强调自由叙事（尤其是身体叙事、个体叙事）和批判性（如“祛魅”叙事），④二种是体现在人物和各种话语、制度、

① 关于二、三两个阶段新人形象转型、过渡的研究，尤其是苏联成立后，新人理论的批判性是如何通过理论斗争被消解的情况，可参见刘勇：《抗战文学中的新人形象与苏联文学》，《华中科技大学学报》（社会科学版）2004年第6期。

② 北大、清华写作组：《反映新的人物新的世界的革命文艺——谈革命样板戏的历史意义和战斗作用》，《人民日报》1974 年 7 月 16 日。

③ 关于“十七年”后期到“文革”期间新人形象“英雄化”的过程，可参见吴娱玉《“社会主义新人”谱系演化释证——以高大泉、梁生宝、萧长春为人物表》［《上海交通大学学报》（哲学社会科学版）2014年第5期］、《“社会主义新人”英雄化的两种时态——兼及浩然、柳青文学观比较》（《南方文坛》2014年第3期）、《论样板戏“英雄典型”及其艺术偏差——兼论样板戏实验的美学成本》［《清华大学学报》（哲学社会科学版）2015年第3期］等文章。

④ 这个更多的是文学艺术问题。正是在这个意义上，我们可以理解新时期张爱玲、徐志摩、周作人、林语堂、穆时英等作家艺术家的东山再起，也能理解“重写文学史”和“下半身写作”的风行。

经济、性别、知识的霸权或权力体系的斗争中（比如常见的城乡二元对立就是个突出的主题）。因此，后革命时代，新人理论的批判性又在一定程度上得以回归。

此外，新人理论作为一种批评话语，在当代也有很好的批评成果。王永兵在《当代主体的建构与新时期文化图景——论新时期小说中的“新人”形象》中指出，“新时期小说新人形象的发展变化体现了作家个人价值观与主流价值观的疏离，新人的形塑过程其实就是写作主体的个人价值观和国家主流意识形态由默契走向分歧的过程”，“新时期小说新人的塑形就是写作主体不断地在颠覆旧的价值观念的基础上按照新的价值规范对人物所进行的想象和塑造，新人其实就是新价值观和审美观的体现”。[①]这呼应了我们对新时期新人形象的认识，即在后革命语境下，新人形象与以生存论为核心的当代哲学的高度一致性，但这种理论（即使我们把它和存在主义马克思主义联系起来）和经典的马克思主义新人与新人形象理论之间是存在着较大的或者本质上的差异的。

五是进入21世纪后的消费主义历史语境下的新人形象。这个时代本质上也属于广义的后革命历史语境。进入新世纪后，新人形象出现了两种形态。第一种新人是延续前一阶段对各种霸权或身份政治抗争的“新人”形象，比如底层文学系列的人物形象；但这种新人形象在社会批判性上是有所自我克制的。与此相对的是消费时代“广场式”的人物形象，如郭敬明《小时代》系列中的“新人”形象，这种人物形象以消费意识取代了国家意识、阶级意识、传统意识和民族意识，在一定意义上已经走上了新人形象的反面。第二种新人是传统新人形象的回归。正是在全球化和网络化时代，中国人和中国作家的国家意识、民族复兴意识进一步自觉，用宏大的叙事讲好中国故事与中国当代历史的经典现实主义正“王者归来”（比如《人民的名义》等），由此充满民族性、理想性和现代性的“新人”形象又向我们走来。对此我们完全

① 王永兵：《当代主体的建构与新时期文化图景——论新时期小说中的“新人”形象》，《东南学术》2012年第3期。

有信心拭目以待。

三、新人形象理论的当代内涵

回顾历史，当下新人形象理论的发展（尤其是创作领域）在内涵上应该注重人民性、批判性、革命性和现代性的统一和呈现。

首先，新人形象也是人民性的一种具体性。在本质上，人民性是一种艺术伦理，它的要求必然主要落实在艺术形象上，否则人民性将无从体现。而人民性对艺术形象的要求，内涵上要求革命性、民主性、理想性和现代性，形式上要求艺术性、多样性。在笔者看来，符合这些要求的（这些要求，在20世纪80年代“社会主义新人”讨论中有不同程度、不同性质、不同历史语境下的表述，有的论者比如丁玲等对“社会主义新人”持非常高的标准，近乎“超人”“圣人”，也有的论者强调“四有”劳动者就是社会主义新人①），就是最能体现人民性的新人形象。在这个意义上，二者（新人形象和人民性）是高度统一的。

其次，新人形象和人民性在人性与人道主义上是一致的。新人形象是真实的“个人”，人民（性）、阶级（性）是集体性质的“人”（性），从同情心和同理心的角度，新人形象和人民性作品都应以基本的人性与人道主义作为发展基础。作为马克思主义者，在阶级社会，我们不否定艺术以及艺术形象的阶级性和阶级意识。我们需要英雄。但回顾历史，新人形象和人民性理论都曾深受极左思想的影响，一点儿人情、人性、人道主义都不讲，只讲阶级斗争，只讲英雄人物的“神性”，最终导致新人形象“假大空”，反而失去其人民性意义。比如1953年，周扬在全国第二次文代会报告中就阐述了忽略英雄缺

① 参见武新军《“社会主义新人”大讨论与新时期文学》［《河南大学学报》（社会科学版）2015年第3期］，陶东风、和磊《当代中国文艺学研究（1949—2009）》（中国社会科学出版社2011年版）第七章第五节“关于‘社会主义新人’的讨论”等研究成果。

点的必要性。[①]这样的教训不可谓不多，也不可谓不深刻。

再次，新人形象和人民性都要处理好批判性。新人形象、人民性不能只是“歌德”派，不能只是自上而下的“普及”。人民性之革命性和民主性的特性，必然要求新人形象具有批判功能。这种批判功能既要改变客观世界，也要改变主观世界。当然这种批判性是要有原则、有限度的，是以社会效果为准则的。此外，新人形象和英雄形象也应是统一的，我们不能为了描写普通人、表现有（被）批判意义的个体，就“去英雄化”，就本能化或者犬儒化之类的。

最后，新人形象和人民性都要有理想性和现代性。理想性是新人形象的灵魂，没有理想性，新人形象“新”的本质就无法成立，其社会功能就不可能发挥，艺术人民性的意义也将不存在。理想性和现代性其实是统一的。现代性有积极和消极两重意义的理解，我们是在积极意义上去理解现代性的。所以，当“现代性幽灵”在21世纪初开始四处游荡的时候，中国的马克思主义文艺理论研究者（如冯宪光等）就是将毛泽东诗学（人民美学）和积极的现代性联系起来论述的。

概括起来，新人与新人形象应该同人性一致，同人民一致，同现实一致，同理想和未来一致！

文艺是时代前进的号角。文艺是铸造灵魂的工程。现实中，一个没有新人、没有英雄的民族或国家是卑微的。同样，在一个民族或国家的艺术世界中，如果没有新人形象和英雄形象，不能给人民以有力量的、缺乏理想性和现代性的现实主义，那它只能是一种“爬行的现实主义”、一种低等动物的现实主义。[②]

因此，我们应该重视新时代的新人理论与新人形象创造。

〔原载《山西大同大学学报》（社会科学版）2018年第5期〕

① 参见周扬：《周扬文论选》，人民文学出版社2009年版，第409页。

② 参见王振复：《非英雄化、新偶像与大写的“人”》，《人民日报》1989年11 月 14 日。

第二编　左翼文艺研究

“同路人”与“革命人”：20世纪20—30年代中国马克思主义文艺理论话语体系中的身份政治

历史的肉身化（日本中野重治）——阶级论基础之上的身份政治或者身份辩证法问题，是20世纪20—30年代“革命文学”论争及左翼文艺运动和中国马克思主义文艺理论早期建设中的一个重要问题。本文以“同路人”“革命人”为核心，回溯身份政治话语的早期场景，通过“同路人”理论体系在其策源地的三种张力形态、中国接受的四种主要路径以及中国革命文艺对“同路人”理论多种扬弃方式的讨论，在探索左翼文艺这一运动着的整体内部，各种要素的不同特征及其相互之间辩证关系的同时，揭示中国马克思主义文艺理论早期建设存在的“马克思主义文艺理论中国化”和“中国化马克思主义文艺理论”的双重机能或理论装置功能，对总结中国马克思主义文艺理论的发展规律和历史经验具有重要意义。

一、身份政治与“革命文学”论战

1926年末，后“野草”时代的鲁迅带着与创造社联合起来“造一条战线，更向旧社会进攻”[①]的目的，离开厦门去广州。1927年10月，鲁迅和创

① 鲁迅：《两地书·第二集　厦门—广州（一九二六年九月至一九二七年一月）》，《鲁迅全集》第十一卷，人民文学出版社2005年版，第195页。

造社、太阳社成员集中到上海。这包括刚从日本回来的李初梨、彭康、冯乃超、朱镜我等创造社新进成员，也包括在国内从事实际工作的党员作家如蒋光慈、钱杏邨、阳翰笙等。当时，创造社一些成员和鲁迅商谈由其领衔出版《创造周报》，大家都“觉得这么多进步作家聚集上海，大家联合起来，共同办一个刊物，提倡新的文学运动，一定会发生相当大的影响。政治革命暂时受了挫折，先从文艺战线上重整旗鼓，为迎接将来的革命高潮准备条件，岂不是很好吗？”①创造社这一主张得到了鲁迅、郭沫若、蒋光慈等人的同意和支持。1927年11月9日，鲁迅与郑伯奇、蒋光慈、段可情会面，商议组织联合战线，恢复《创造周报》事宜。1928年元旦，《创造月刊》第1卷第8期刊登了鲁迅、麦克昂（郭沫若）、成仿吾、郑伯奇、蒋光慈等联合署名的《〈创造周报〉复活宣言》。

应该说，在1927年底，革命文学界已经走上了统一和联合，一个向旧社会和反动势力进攻的阵容已经形成。但一进入1928年，这个联合进程很快被创造社元老成仿吾以及刚从日本回来的新进成员所打断。这些人受当时日本共产党内福本主义和中国共产党内“左”倾盲动主义错误路线的影响，虽然从日本带回了中国革命文学最需要的马克思主义理论资源（尤其是“意德沃罗基”——“意识形态”这个概念），但他们在中国革命形势、性质、任务以及阶级状况等问题上做了“左”倾错误分析，认为世界只剩下了资产阶级和联合起来的工农大众，资本主义面临着总崩溃，无产阶级革命高潮即将来临。在这种认识下，革命文学就窄化为无产阶级文学。因此，他们将鲁迅等作家划分为小资产阶级作家，视他们为革命文学的对立面，主张对他们所认为的小资产阶级性质的五四新文化运动和经典作家持完全否定的态度，将鲁迅、茅盾、叶圣陶、郁达夫等作家的“非革命的”、人道主义的、小资产阶级

① 郑伯奇：《创造社后期的革命文学活动》，《中国现代文艺资料丛刊》（第二辑），上海文艺出版社1962年版，第5页。

的倾向作为批判对象，从而引发了以对五四文学革命再评价和作家队伍重新划分为序幕的"革命文学"论战。

论战爆发后，冯雪峰发表了一篇文章——《革命与智识阶级》(1928)，为当时受到创造社、太阳社攻击的鲁迅辩护。文中称鲁迅为革命的"追随者"，用冯雪峰后来的解释，实际就是把鲁迅理解成"同路人"①。而从中国马克思主义文艺理论发展史来看，这篇短文虽说"是中国新文学史上开始正确评价鲁迅的首篇，是要求左翼文学运动联合起来的第一声呼号"②，但这篇文章却没有在鲁迅那里享受到瞿秋白长文《〈鲁迅杂感选集〉序言》(1933) 那样的地位。据说鲁迅看完后非常恼火，对柔石说他读了这篇文章后"很反感"，并说"这个人（指冯雪峰——引注)，大抵也是创造社一派"。③

所谓"创造社一派"，指的就是爱给鲁迅贴各种花式标签的创造社元老和深受日本共产党内福本主义影响而回国后新加入创造社的青年革命作家们。④他们给鲁迅贴的标签有：落伍者、闲暇者、人道主义者、醉眼陶然者、忠实的看家狗、强迫症病人、文坛的老骑士、死鼠一只、罪恶的煽动家、胡子先生、中国的堂吉诃德、"堂鲁迅"、阴阳脸等等，有数十种，直到最后称鲁迅为"封建余孽""二重的反革命""不得志的Fascist（法西斯谛）"！这无疑让鲁迅很是恼火。基于"以恶抗恶"的性格，他起而奋战，也是不分左右地将各种身份帽子纷纷甩给论争对手，其中最著名的就有稍晚一点的"丧家的'资本家的乏走狗'""革命小贩"等。除了这种具有明确政治意味的身份标签，有些戏谑的说法也会给当事人带来意想不到的影响，比如鲁迅私下给"左联"负责人的"元帅""工头""横暴者""奴隶总管""四条汉子"等称号就给当事人在后来的历史上造成了很大的影响。这是中国左翼文艺运动中特有的"骂

① 冯雪峰：《鲁迅回忆录》，《文汇报·笔会》1946年10月18日。

② 包子衍、袁绍发编：《回忆雪峰》，中国文史出版社1986年版，第8页。

③ 冯雪峰：《冯雪峰忆鲁迅》，河北教育出版社2001年版，第4页。

④ 有的作家在日本就已经加入创造社。

战”景观。

相比创造社做敌我性质的攻击，冯雪峰的文章并没有使用“同路人”（当时的通行译法是“同伴者”）而是使用革命“追随者”来定性鲁迅。[①]按道理，后者的革命内涵远大于前者，但鲁迅为什么对于这样一篇出于好心好意的文章也不领情呢？根本原因在于，对于当时已经较为系统和全面掌握了托洛茨基、卢那察尔斯基理论以及苏共文艺政策、正在阐释自己“革命人”理论乃至革命共同体理论的鲁迅来讲，他是不可能接受自己只是一个（被批判或者被有限肯定意义上的）“同路人”乃至革命“追随者”身份的！何况鲁迅终其一生也不曾自喻为“同路人”，[②]反而借“同路人”理论建设自己的“革命人”和革命文艺理论，以匡正左翼文艺运动的各种谬误。但鲁迅晚年一直没有摆脱身份政治的困恼，甚至临死之前还痛苦地纠缠于“托派”身份问题，且死后也一直被一些自由主义学者（包括日本学者）将其禁锢在“同路人”的封印里[③]，或者被置于“横站”的位置上，引发各种纷争。

为什么“革命文学”论战会从身份政治开始？鲁迅多大程度上可以称为“同路人”？与“同路人”相比，鲁迅的“革命人”理论是不是一种原创性理论？在“谈托色变”时代并且深受“托派”问题困恼的瞿秋白为什么会在1932年还辑译具有强烈托洛茨基色彩的“同路人”理论？从革命文艺阵营出走的“自由人”“第三种人”为什么不享有“同路人”那样的政治和历史地位？从身份政治开始的左翼文艺运动给我们留下了种种疑问。

---

① 长堀祐造认为追随者就是同伴者的意思。长堀祐造：《鲁迅革命文学论中的托洛茨基文艺理论》（注释78—79），《现代中文学刊》2011年第3期。

② ［日］长堀祐造：《鲁迅革命文学论争中的托洛茨基文艺理论》，《现代中文学刊》2011年第3期。但长堀祐造和赵歌东等认为鲁迅私底下对“同路人”是有自我认同或者体认的。参见赵歌东《瞿秋白对“同路人”的发现及其“鲁迅学”意义》（《鲁迅研究月刊》2010年第12期）及其后发表的同主题论文。

③ 笔者认为存在着两种“同路人鲁迅”模式：一种是主体性的，关注的是自我认识中的鲁迅；一种是客体性的，关注的是他人评价中的鲁迅。本文否定的是第一种模式，对第二种研究路径并不涉及。

二、“同路人”理论的源起和中国接受

左翼文艺运动初期的身份政治问题与当时革命文艺理论的根源在苏联、次源与日本有关，也和苏俄文艺论战中“同路人”理论资源进入中国时，因为接受路径的不同所累积的理论“势能”有关。“‘同路人’这一概念在中国引起激烈的争论之前就已经有了一个广泛的在场空间”[①]，因此，要回答这些问题，就需要理解“同路人”问题的由来和其内在的难题性，以及其进入中国后因接受路径和接受者特质的不同所造成的理论之间的张力。

（一）“同路人”理论的源起

“同路人”最先是无产阶级革命政党内部斗争的一个政治概念和重要问题。列宁早在1909年7月11日的《取消取消主义》中就深刻剖析了无产阶级党内的“同路人”现象，并且明确指出“同路人”是形成党内取消派的力量之一。

而“同路人”问题成为文艺理论问题，源于20世纪20年代初期苏俄文艺论战，但其源起情况本身就很复杂。由于在如何认识“同路人”作家和革命之间关系、如何评价“同路人”创作的艺术性和人道主义态度、如何判断“同路人”最后走向等几个难题上存在着不同的理解，因此“同路人”理论在其最初形态上就表现为三种不同的形态，实际也就是论争三方的不同立场和观点。

按照一般文学史的分期[②]，十月革命之后到1934年苏联作家协会成立，苏联文学及理论的发展可以划分为四个阶段：一是1918—1921年间的国内战争和军事共产主义时期；二是1921—1922年间的新经济政策时期；三是1922（或1923）—1925年间的各文艺团体论战时期；四是1925—1932（或1934）年苏共中央干预文艺，逐渐“统一”文坛的过渡时期。

第一个时期之后，由于无产阶级文学生长不力，在这种情况下，具有农

① 齐晓红：《蒋光慈与“同路人”问题在中国的输入》，《中国现代文学研究丛刊》2006年第6期。

② 这种分期研究法出现得非常早。1930年冈泽秀虎著、陈望道译的《苏俄文学理论》即将革命后俄国文学分为三期。

民意识和小资产阶级意识、具有较高艺术水准的一批作家在第二个时期就充当了苏俄文坛的主力，占据了“中心位置”[①]。对此，托洛茨基说：“在或因唱老调子或因保持沉默而失去作用的资产阶级艺术与暂时还没有的新艺术之间，出现一种过渡的艺术，它与革命有着或多或少的有机联系，但同时又不是革命的艺术。”[②]“在我们这儿，文学是与新经济政策一同开始复活的。复活后，它立即被涂上了同路人的色彩。”[③]但自1922年底，由于无产阶级文学团体“十月”文学小组（1922年10月）、“莫普”（莫斯科无产阶级作家联合会，1923）、“拉普”（俄罗斯无产阶级作家联合会，1925）的相继成立和《在岗位上》杂志（“莫普”“拉普”机关刊物）的创刊，以及《一周间》(1923)、《恰巴耶夫》(1923)、《铁流》(1924)、《水泥》(1925)、《毁灭》(1927）等无产阶级小说的问世，这部分作家的优势地位开始减弱，他们所代表的艺术流派就和当时风头正盛的未来主义、形式主义、象征主义文论一道，逐渐成为正在建构中的、勠力于获得领导权的无产阶级文论的对立面。

因此，自1923年起，曾是第二时期苏俄文学主力的这部分作家就开始受到批评。托洛茨基是最早的批评者。据其《文学与革命》序言（1923年8月）所示，他对“非十月革命文学”“革命的文学同路人”的批评早在两年前（1920—1921）就已经开始构思了。[④]对这部分作家，托洛茨基在1923年的文章中最先称之为“革命的文学同路人”，这是“同路人”进入文学批评之始。对于“文学同路人”，托洛茨基的整个态度是先抑后扬，他初期的批判观点曾多次载于《在岗位上》，一度颇受无产阶级文学青年（《十月》派）的好评。

① 转引自车成安：《论前苏联20年代文学中的“同路人”现象》，《吉林大学社会科学学报》1996年第4期。

② [苏] 托洛茨基：《文学与革命》，刘文飞、王景生、季耶译，外国文学出版社1992年版，第41页。

③ [苏] 托洛茨基：《文学与革命》，刘文飞、王景生、季耶译，外国文学出版社1992年版，第555页。

④ 参见 [苏] 托洛茨基：《文学与革命·序》，刘文飞、王景生、季耶译，外国文学出版社1992年版，第6—7页。

后来，他发现岗位派的“无产阶级文化确定论”不承认文化除了政治和意识形态的解释之外还能有别的内涵，不承认除了直接为无产阶级政治服务的文学之外，还存在间接对无产阶级有用的文学；他们极力主张用“政治的力量”（党的直接干预）来“获得无产阶级文学的领导权”。针对岗位派“否定文艺本质”的观点，托洛茨基从1923年9月起，在《真理报》上接连发表《无产阶级文化与无产阶级艺术》《党的文艺政策》等文章，阐述了他的“无产阶级文化否定论”，表明了他在无产阶级文化与艺术问题上的另一种极端思想。他的这些文章成为《文学与革命》的第一部分。他的观点遭到了岗位派的猛烈反驳。列列维奇在《在岗位上》第四期著文《党的文艺政策》，阐述了他对“同路人”的极左的偏激观点。随后，托洛茨基和沃隆斯基与之针锋相对，为被排斥的“同路人”进行辩护。当然，“同路人”争论是当时苏联文艺论战中诸多问题的一个方面，是与要不要“旧演员”即如何看待文化传统和遗产等问题联系在一起的。介绍苏联文艺论战的文章很多，此处不赘述。①

争论在1924年5月9日俄共（布）中央文艺政策讨论会上达到高潮。在这次会上，布哈林和卢那察尔斯基以俄共（布）中央的立场对论争双方都进行了批判，“一方面批评了托洛茨基和沃朗斯基的无产阶级文化否定论，批评他们因同路人文学现象的存在而对无产阶级文学持虚无主义的错误态度；另一方面，又批评了岗位派否定‘同路人’和同路人文学的‘过火策略’”②。

1925年1月，第一次苏联无产阶级作家大会决议《观念形态战线和文学》对托洛茨基和沃隆斯基的无产阶级文艺取消论进行了批判，但同年6月俄共（布）中央决议《关于文艺领域上的党的政策》又基本肯定了托洛茨基和沃隆斯基的“同路人”观点，确定了对“同路人”作家采取注意其动摇性，又

① 可参见车成安的《论前苏联20年代文学中的“同路人”现象》（《吉林大学社会科学学报》1996年第4期）等文章。

② 车成安：《论前苏联20年代文学中的“同路人”现象》，《吉林大学社会科学学报》1996年第4期。

强调周到细心对待和帮助他们转到共产主义的正确策略。由此，俄共（布）中央对“同路人”形成了科学的认识。

即便如此，同路人问题并没有得到很好解决。1926年理事会改组后，由岗位派沿袭过来的“拉普”1931年甚至提出了“没有同路人。不是同盟者就是敌人”[①]的口号，双方在对立的道路上越走越远。而托洛茨基1925年1月被免去军事人民委员会职务，1927年被开除出党，较早就退出了历史舞台，所以后期“拉普”的影响力更大。

因此，作为一个完整的“同路人”理论体系，是由三个方面的命题共同组成的，仅将其理解成托洛茨基（即使是托洛茨基一方）的理论是不完全的。

（二）“同路人”理论的内部张力和中国接受路径

苏联“同路人”理论这三种不同的形态在中国有着相应的传播和影响途径，从而对中国左翼文艺运动的理论生态产生了不同的影响。

第一种是以无产阶级文化派和岗位派为代表的庸俗社会学、机械唯物论的理论形态和以创造社、太阳社为代表的接受路径。

无产阶级文化派的理论基础是波格丹诺夫的马赫主义，即所谓“组织科学”论。列宁和俄共（布）中央与无产阶级文化派进行了长期的艰苦斗争。而当时的岗位派以及列夫派和后来的“拉普”作为无产阶级文化派在文学艺术领域的理论代表，继承了其庸俗社会学和机械唯物论的基因，从功利主义出发，狭隘地理解了文学艺术的社会作用，把它片面解释为是一种“组织社会意识的手段”，是一种“感染读者”和“从阶级意识上影响读者的手段”，把文学同其他意识形态的功利性机械地等同起来，忽视了文学的美学实质和特性。在这个基础上，他们一方面否认各种文学团体并存的可能性，要求党将无产阶级文学运动的领导权转给无产阶级文化组织，另一方面对“同路人”

① 中国社会科学院外国文学研究所、外国文学研究资料丛刊编辑委员会编，张秋华等编选：《“拉普”资料汇编》（上），中国社会科学出版社 1981年版，第 170页。

作家采取粗暴的批判态度。但遗憾的是，中国左翼文艺界最早接受的无产阶级文化理论恰恰是苏联无产阶级文化派理论模式——波格丹诺夫的文艺观点在“革命文学”论争之前就由蒋光慈等直接介绍到中国。

蒋光慈是中国最早或者较早倡导无产阶级革命文学、最早对“同路人”作家持排斥立场，又最早系统介绍和运用托洛茨基“同路人”理论的作家、理论家和批评家。这是一个非常矛盾的现象。

1924年8月1日，蒋光慈发表《无产阶级革命与文化》(《新青年》季刊第3期)，提出了建设无产阶级文化的可能性这个重要问题，明确了对待旧文化的态度，主张创造无产阶级文学。蒋光慈从苏联文学运动中找到理论和实践依据，为中国文学界最早打出了建立无产阶级文学的旗帜，并自觉地致力于完成文学革命向革命文学的转变。但蒋光慈的理论主张深受岗位派等评论家的影响，在具体文学主张上重视文艺的阶级性、排斥同路人。在这篇文章发表数月之后的《现代中国社会与革命文学》(1925年1月1日《民国日报》副刊《觉悟》)一文，在倡导激进的革命文学的同时，蒋光慈开始激烈指责叶绍钧、郁达夫、冰心等小资产阶级作家。这篇文章被认为是后来“革命文学”论争的先声。[①]蒋光慈后来提出了更多“左”倾激进的主张。但蒋光慈同时又是最早系统介绍和运用托洛茨基“同路人”理论的理论家。蒋光慈1921—1924年间在苏联留学，回国前托洛茨基的《文学与革命》已经出版，蒋光慈在苏联接触了《文学与革命》以及“同路人”这个问题。回国后蒋光慈1926—1927年在《创造月刊》上专门作了《十月革命与俄罗斯文学》，其中就介绍了包括勃洛克在内的众多俄罗斯作家，并有专门章节介绍“谢拉皮昂兄弟——革命的同伴者”。这些文章中持有很多托洛茨基的观点或引用托洛茨基的原文。1927年他将这些作家论编成《俄罗斯文学》(与瞿秋白合编)由上海创造社出版部出版。“这样就比鲁迅在1926年7月21日对《文学与革命》一书

① 参见艾晓明：《中国左翼文学思潮探源》，湖南文艺出版社1991年版，第33页。

中的《亚历山大·勃洛克》的译介还要早两个多月，而比李霁野和韦素园的《文学与革命》译本（1928年2月初版）几乎早了两年。”[①]岗位派和托洛茨基的“同路人”理论集于一身，蒋光慈理论的这种矛盾现象反映了我国早期革命文学理论建设的一种混沌性。

“同路人”最早的译法为“同伴者”。根据齐晓红的考证，最早使用“同路人”译法的可能是冯雪峰。继蒋光慈之后，画室（冯雪峰）于1927年前后译出了由日本学者升曙梦所著的《新俄罗斯的无产阶级文学》《新俄文学的曙光期》《新俄的演剧运动与跳舞》。他在《新俄罗斯的无产阶级文学》的译者序言中说：“除无产阶级文学之外，俄国现在尚有别派文学，如革命同伴者（或译同路人）等，关于他们请看本编卷首的辟力涅克的序文及《新俄文学的曙光期》。”[②]

而福本主义是后期创造社成员带回国内的理论武器。“革命文学”论争初期创造社成员的文学与社会科学等同论、目的意识论、留声机论以及宗派主义作风都来自福本主义。典型的例子是李初梨与青野季吉的同名同内容论文《自然生长性与目的意识性》。而且后期创造社成员受福本主义批判“混合型”观点的影响，在革命文学内部搞净化运动、党同伐异、唯我独尊，对中国革命文学的最初发展起到了非常不好的作用。

由此可见，庸俗社会学和机械唯物论、“左”倾宗派主义和关门主义是影响20世纪20—30年代中国左翼文艺运动的最初的和最直接的理论模式。这就不难理解：创造社为什么选择以身份政治和作家队伍划分为理论爆破口，从而掀起“革命文学”论争。

第二种是以托洛茨基和沃隆斯基为代表的重视艺术特性和规律的理论形

① 齐晓红：《蒋光慈与“同路人”问题在中国的输入》，《中国现代文学研究丛刊》2006年第6期。

② ［日］升曙梦：《新俄罗斯的无产阶级文学》，画室译，北新书局1927年版，第111页。转引自齐晓红：《蒋光慈与“同路人”问题在中国的输入》，《中国现代文学研究丛刊》2006年第6期。

态和以“革命文学”论争之前鲁迅为代表的接受路径。

托洛茨基无产阶级文艺理论有两个核心，一个是重视艺术的审美特性和创作规律，一个是强调无产阶级文化艺术建设需要条件的缺失或不足（实际是关于无产阶级文化和资产阶级文化与社会主义文化关系的认识）。这必然会推导出两个理论：无产阶级艺术取消论（即否定论）和“同路人”理论。这是一个问题的“一体两面”。也就是说，在托洛茨基那里，在无产阶级革命阶段即资本主义向社会主义过渡时期，由于无产阶级不具备创造出具有艺术性第一的文学艺术的系统条件（托洛茨基强调过，如果视意识形态是艺术的第一性的话，那么作家应该首先加入的是党组织而不是文学小组），因此无产阶级艺术不可能真正存在，只会被很快到来的社会主义的、全人类性质的文化艺术所取代，而其中的空白地带或历史时期只能是“同路人”文学。因此，从这个角度分析，有些学者认为，托洛茨基关于“同路人”的观点，是从他的“无产阶级文化否定论”出发的[①]，这是不正确的。

而托洛茨基通过“同路人”问题所阐发的对艺术审美特性和创作规律的重视、对无产阶级艺术艺术性不足的批评是鲁迅“同路人”接受的主线。

鲁迅很早就从苏联（他曾委托在苏联的未名社成员邮寄资料）和日本两个途径接触到苏联文艺论战的情况，并且翻译过俄日两种版本的托洛茨基《文学与革命》部分章节，翻译和介绍了很多“同路人”作家和作品。

1925年4月鲁迅《苏俄的文艺论战》“前记”开篇就说：“俄国既经一九一七年十月的革命，遂入战时共产主义时代，其时的急务是铁和血，文艺简直可以说在麻痹状态中。”[②]说明鲁迅与苏联文艺论战各方具有相同的问题意识。1925年8月，鲁迅得到的第一本马克思主义文艺批评的专著就是托洛

① 车成安：《论前苏联20年代文学中的“同路人”现象》，《吉林大学社会科学学报》1996年第4期。

② 鲁迅：《集外集拾遗·〈苏俄的文艺论战〉前记》，《鲁迅全集》第七卷，人民文学出版社2005年版，第277页。

茨基的《文学与革命》（茂森唯士译，1925年7月20日由日本改造社出版），并最早引用和翻译了该书。1926年3月在《中山先生逝世后一周年》短文中首次援引托洛茨基的观点，以托洛茨基的革命艺术论来论证孙中山是全面的永远的革命者。1926年7月，鲁迅为胡敩所译的勃洛克《十二个》翻译了托洛茨基《文学与革命》中专论勃洛克的第三章作为序言并写了《〈十二个〉后记》。《〈十二个〉后记》中说："旧的诗人沉默，失措，逃走了，新的诗人还未弹他的奇颖的琴。勃洛克独在革命的俄国中，倾听'咆哮狞猛，吐着长太息的破坏的音乐'。他听到黑夜白雪间的风，老女人的哀怨，教士和富翁和太太的彷徨，会议中的讲嫖钱，复仇的歌和枪声，卡基卡的血。然而他又听到癞皮狗似的旧世界：他向着革命这边突进了"，"然而他究竟不是新兴的革命诗人，于是虽然突进，却终于受伤，他在十二个之前，看见了戴着白玫瑰花圈的耶稣基督"，对"同路人"作家做了介绍。鲁迅还说："在中国人的心目中，大概还以为托罗兹基是一个喑呜叱咤的革命家和武人，但看他这篇，便知道他也是一个深解文艺的批评者。"①同月7日《马上日记之二》写道："不过我觉得托罗兹基（Trotsky）的文艺批评，倒还不至于如此森严。"②1927年托洛茨基被苏共开除出党后，鲁迅1928年4月还写道："托罗兹基虽然已经'没落'，但他曾说，不含利害关系的文章，当在将来另一制度的社会里。我以为他这话却还是对的。"③

毫无疑问，托洛茨基理论深刻影响了这一时期的鲁迅。典型如1927年《革命时代的文学——四月八日在黄埔军官学校讲》中，鲁迅所说"这来宣传，鼓吹，煽动，促进革命和完成革命""这样的文章是无力的""在文学中

① 鲁迅：《集外集拾遗·〈十二个〉后记》，《鲁迅全集》第七卷，人民文学出版社2005年版，第313页。（编者注：本引文中的"托罗兹基"与全书中的"托洛茨基""讬罗茨基""托洛斯基""托罗斯基"为同一人，现通译为"托洛茨基"。）

② 鲁迅：《华盖集续编·马上日记之二》，《鲁迅全集》第三卷，人民文学出版社2005年版，第362页。

③ 鲁迅：《三闲集·我的态度气量和年纪》，《鲁迅全集》第四卷，人民文学出版社2005年版，第113页。

并无价值”“文学总是一种余裕的产物”“文学文学，是最不中用的，没有力量的人讲的”“到了大革命的时代，文学没有了”等革命文艺“条件论”“无用论”“无力论”“迟到论”以及革命与文艺关系的“三阶段论”（如果包括对革命文学未来的想象的话则应该是“四阶段论”）等，这些观点都和托洛茨基理论有明显的对应关系（但对应关系也不代表影响关系，比如“无用论”的思想鲁迅一直就有），这篇演讲代表着托洛茨基对鲁迅影响的高峰时期。

但在这篇“四一二”反革命政变前几天发表的演讲之后，鲁迅在涉及“同路人”作家和文学时，态度逐渐发生变化，其核心的一点就是，在论述“革命人”时往往对“同路人”作家命运的负面意义的评价趋多。比如，1927年10月21日《革命文学》说：“我以为根本问题是在作者可是一个‘革命人’，倘是的，则无论写的是什么事件，用的是什么材料，即都是‘革命文学’。从喷泉里出来的都是水，从血管里出来的都是血。‘赋得革命，五言八韵’，是只能骗骗盲试官的。”还说：“但‘革命人’就希（稀）有。俄国十月革命时，确曾有许多文人愿为革命尽力。但事实的狂风，终于转得他们手足无措。显明的例是诗人叶遂宁的自杀，还有小说家梭波里，他最后的话是：‘活不下去了！’”“在革命时代有大叫‘活不下去了’的勇气，才可以做革命文学。”“叶遂宁和梭波里终于不是革命文学家。为什么呢，因为俄国是实在在革命。革命文学家风起云涌的所在，其实是并没有革命的。”[①]1927年12月17日《在钟楼上——夜记之二》说：“《十二个》的作者勃洛克的话来：‘共产党不妨碍做（作）诗，但于觉得自己是大作家的事却有妨碍。大作家者，是感觉自己一切创作的核心，在自己里面保持着规律的。’”[②]1927年12月21日，上海暨南大学演讲《文艺与政治的歧途》中，鲁迅说：“苏俄革命以前，有两个文学家，叶遂宁和梭波里，他们都讴歌过革命，直到后来，他们还是碰死

① 鲁迅：《而已集·革命文学》，《鲁迅全集》第三卷，人民文学出版社2005年版，第568页。

② 鲁迅：《三闲集·在钟楼上》，《鲁迅全集》第四卷，人民文学出版社2005年版，第29—30页。

在自己所讴歌希望的现实碑上，那时，苏维埃是成立了！”1929年5月22日，在燕京大学国文学会演讲《现今的新文学的概观》中，鲁迅说：“十月革命开初，也曾有许多革命文学家非常惊喜，欢迎这暴风雨的袭来，愿受风雷的试炼。但后来，诗人叶遂宁，小说家索波里自杀了，近来还听说有名的小说家爱伦堡有些反动。”[①]到了1932年，关于文学阶级性和文艺自由的论战中，鲁迅在《〈竖琴〉前记》（1933年1月）中对“同路人”下了唯一一次并基本是否定意义上的定义：“讬罗茨基也是支持者之一，称之为‘同路人’。同路人者，谓因革命中所含有的英雄主义而接受革命，一同前行，但并无彻底为革命而斗争，虽死不惜的信念，仅是一时同道的伴侣罢了。”[②]在批判托洛茨基的时代，特别提示“同路人”是托洛茨基的概念。可见，鲁迅对“同路人”的观感是一直走低的。

而且，在1930年之前的具体表述中，鲁迅一般只提俄国具体“同路人”作家的名字，很少或几乎没有以“同路人”或者“同伴者”等概念来命名或者统括这类作家。而鲁迅对“同路人”的整体称呼主要出现在1930年之后，尤其是在关于文艺阶级性争论最激烈的时候。1932年11月，鲁迅在《论“第三种人”》中说：“左翼作家并不是从天上掉下来的神兵，或国外杀进来的仇敌，他不但要那同走几步的‘同路人’，还要招致那站在路旁看看的看客也一同前进。”[③]在强调左翼文艺运动需要同盟者的前提下，不忘明示“同路人”的局限性。

由此可见，鲁迅对“同路人”是一直持谨慎态度的。因此，佐以鲁迅思

---

① 鲁迅：《三闲集·现今的新文学的概观》，《鲁迅全集》第四卷，人民文学出版社2005年版，第138页。

② 鲁迅：《南腔北调集·〈竖琴〉前记》，《鲁迅全集》第四卷，人民文学出版社2005年版，第445页。

③ 鲁迅：《南腔北调集·论“第三种人”》，《鲁迅全集》第四卷，人民文学出版社2005年版，第451页。

想史的考察[1]，应该说，1926年至1927年初的这一年多时间，是鲁迅深受托洛茨基理论影响并较为关注或者重视“同路人”作家或者现象的一个时期，甚至不是一个可以称为受“同路人”理论影响的一个短暂时期。而长堀祐造等学者在承认鲁迅从未自喻为“同路人”的情况下，还勉强说“鲁迅当时把自己也看成是个‘同路人’”，[2]而且“当时”的时间下限甚至指到1932年，则无疑是不符合鲁迅文本、心态和思想事实的。

为什么可以这样判断？因为鲁迅虽然看重“同路人”文学的艺术性和人道主义价值（这也是当时革命文学建设最或缺的一个方面），但他和蒋光慈一样，并没有接受托洛茨基的无产阶级文学取消论，而是积极投入到革命文学理论尤其是“革命人”理论建设中。正如托洛茨基在俄共（布）中央1924年5月9日文学讨论会上的《论文学和俄共的政策》讲话最后一句所言：“你们以为，在花盆中撒下一粒豆子，你们就能培植出一株无产阶级文学的大树来。我们不会走这条路。一粒豆子是长不出任何大树来的。”[3]1928年鲁迅翻译《苏俄的文艺政策》在《奔流》连载时，其中就有托洛茨基的这个发言。对于手握革命文学这棵参天大树种子的鲁迅来讲，是不可能把种子种在花盆里的。鲁迅在这里完全可以发现托洛茨基庸俗辩证法的一面。因此鲁迅并没有踏入托洛茨基的取消论陷阱，并且很快走出了托洛茨基“同路人”理论的影响，在理论建构上悬置了“同路人”理论而走上“革命人”理论的建构上去了。因为“革命人”才是大树的种子。

但不论哪个时期，鲁迅都非常重视“同路人”作家和作品在艺术创作方

---

① 一般认为，20世纪20年代后期，在“现在主义”和“光明观”的指引下，鲁迅逐渐开始从个性主义到无产者本位、从孤独呐喊到革命共同体、从进化论到阶级论、从旧营垒到新阵营、从艺术本位到社会本位甚至政治本位认识转变或者对后一要素强化（比如说艺术本位中强化了社会要素、政治要素的认识）。关于这个“转变”是否存在以及如何转变，学术界有争论。

② ［日］长堀祐造：《鲁迅革命文学论争中的托洛茨基文艺理论》，《现代中文学刊》2011年第3期。

③ ［苏］托洛茨基：《文学与革命》，刘文飞、王景生、季耶译，外国文学出版社1992年版，第557页。

面对革命文学的补鉴作用。1930年之后，这种重视更为明显。鲁迅译出的第一部苏联长篇作品是“同路人”作家雅各武莱夫的《十月》（1929—1930年译），翻译的第一个短篇小说集是“同路人”作家的《竖琴》（1932—1933年译）；鲁迅编译苏联短篇小说集《一天的工作》（1932—1933年译）包括“同路人”作家的作品，并且他在《〈一天的工作〉前记》中引用了珂刚《伟大的十年的文学》的大量论述，简介了“同路人”在艺术方面的成就，并得出了“由此可见在一九二七年顷，苏联的‘同路人’已因受了现实的熏陶，了解了革命，而革命者则由努力和教养，获得了文学”[①]这样一个略带功利主义的结论；鲁迅还参与编选了“现代文艺丛书”（1930—1934），十位入选的苏联作家中有两位“同路人”作家。不仅如此，鲁迅还催促其他人员翻译“同路人”作品，比如1929年曹靖华译《第四十一》等。

鲁迅译介苏联“同路人”文学的理论意义主要在于介绍“同路人”文学在艺术上的成就，为革命文学提供创作经验，为革命文学突破“革命+爱情”“革命罗曼蒂克”等公式化、口号概念化和理性化的创作困境提供借鉴。这是以鲁迅为代表的“同路人”理论这一接受路径的积极意义。

第三种是以布哈林、卢那察尔斯基为代表的文化政策派的理论形态和“革命文学”论争之后以鲁迅、冯雪峰为代表的接受路径。

鲁迅在关注托洛茨基“同路人”理论的同时，也在关注俄共（布）中央和卢那察尔斯基等人的理论态度和观点。在苏联“同路人”论争中，布哈林和卢那察尔斯基实际上代表着俄共（布）中央的立场和态度，他们不偏袒任何一方，而是站在党的政策所验证了的立场，表达了被认为是关于“同路人”问题的正确意见。

在1924年5月俄共（布）中央文学讨论会上，布哈林认为，岗位派对待

① 鲁迅：《译文序跋集·〈一天的工作〉前记》，《鲁迅全集》第十卷，人民文学出版社2005年版，第396页。

“同路人”采取了农村党支部某些共产党员的做法，就像对待牲口一样对待农民。他们对待“同路人”的这种态度来源于他们的“共产党人自大狂”。他说，“这种共产党人自大狂现在对文学界比对任何其他部门都更危险”。因为在文学领域无产阶级处于“尚无自立能力”的阶段，会因此而在“开步走的时候”便把自己的“事业毁掉”。卢那察尔斯基在会议上的发言，更接近于不久后发表的党中央决议的观点，成为反对岗位派极左思潮的锐利武器。他特别强调不能以“纯政治的观点”对待艺术家和艺术作品，认为艺术有自己的规律；没有价值的作品，即使政治上完全合格，也是“没有意味的”。卢那察尔斯基提请注意，不能因为一部作品有一点不尽如人意之处，就把它“杀掉”；“杀掉”的只应是那种“反革命”的东西，而不是仅有一点诸如不关心政治的不良倾向的作品。在文学上，要特别警惕陷在“左倾病”的邪路中的危险，不能因一时急躁而把艺术家和学者从我们身边吓跑。因为革命需要一切愿意和它“一起走”的艺术家（包括“同路人”作家）。卢那察尔斯基特引用列宁的话来证实自己的说法：“只有发疯的共产主义者才会认为，俄国的共产主义仅靠共产主义者的手便可实现。”在这次发言的结尾，卢那察尔斯基果断地指出，在建设无产阶级文艺的历史进军中，排斥“同路人”是“决不行”的。

在会议召开一年后颁布的俄共（布）中央《关于党在文学方面的政策的决议》（另译为《关于文艺领域上的党的政策》，以下简称《决议》）中，直接或间接涉及对待“同路人”的政策的条款就占了16款中的8款，足见俄共（布）中央对这一问题极度重视。《决议》在提到“同路人”的分化，他们中间许多人作为文学技术的“熟练专家”的重要性和这一作家群的动摇情况之后指出，“在这里，一般的方针应当是周到地和细心地对待他们，即采取那种足以使他们尽可能迅速地转到共产主义思想方面来的态度”。《决议》在肯定无产阶级作家和团体在为获取无产阶级的文学领导权而进行的斗争，表示要继续支持他们和他们的组织，全力帮助他们成长的同时，特别指出，还“应当用一切手段防止他们中间出现的摆共产党员架子这种最有害的现象”[①]。

苏联的这一理论形态和态度对“革命文学”论争后期的鲁迅和冯雪峰等接受者产生了很大的影响。[②]

我们知道，托洛茨基在俄共（布）中央1924年5月9日文学讨论会上的讲话《论文学和俄共的政策》（另译为《关于对文艺的党的政策》）、1925年1月第一次苏联无产阶级作家大会决议《观念形态战线和文学》和同年6月俄共（布）中央决议《关于文艺领域上的党的政策》，这三个文件后来被日本外村史郎、藏原惟人辑译为日文本《俄国共产党的文艺政策》（南宋书院1927年11月初版）后，被鲁迅和冯雪峰多次翻译出版。

鲁迅1926年翻译托洛茨基《文学与革命》章节时就接触到了苏联有关文艺政策的问题，1928年又翻译了《苏俄的文艺政策》一书。鲁迅译《苏俄的文艺政策》书的《序言》实为日文原版藏原惟人的《译者序》，《附录》是冯雪峰翻译的冈泽秀虎著作的一部分（发表于《文艺讲座》1930年4月第1期）；《序言》和正文三部分先连载于1928—1929年《奔流》月刊；鲁迅1928年6月在《〈奔流〉编校后记》中对苏联文艺论战和文艺政策评论说：“从这记录中，可以看见在劳动阶级文学大本营的俄国的文学的理论和实际，于现在的中国，恐怕是不为无益的。”[③]1930年4月12日鲁迅又作《后记》，同年6月全书改名为《文艺政策》后由水沫书店出版，列为鲁迅、冯雪峰主编的“科学的艺术论丛书”之一。在鲁迅连载《苏俄的文艺政策》的同时，冯雪峰也以《俄国共产党的文艺政策》为底本对其加以重译，后以《新俄的文艺政策》为名由光华书局于1928年9月出版单行本。

1928年9月，冯雪峰发表《革命与智识阶级》一文，文章吸取了苏共文艺

---

① 转引自车成安：《论前苏联20年代文学中的“同路人”现象》，《吉林大学社会科学学报》1996年第4期。

② 鲁迅对卢那察尔斯基理论的翻译和接受情况已有很多的史料和研究，此处不赘述。

③ 鲁迅：《〈奔流〉编校后记》，《鲁迅全集》第七卷，人民文学出版社2005年版，第168页。

政策的主要精神，从知识分子与革命关系的高度总结了“革命文学”论争的意义，并指出其缺点。文章从历史唯物主义的立场出发批评了创造社、太阳社攻击鲁迅的错误态度，阐明了五卅运动后知识阶级对现阶段革命的两种不同态度和革命阵营应如何对待这两种不同态度的知识分子的问题，对解决“革命文学”论争在重新划分作家队伍问题上的理论混乱提出了很好的建议。

而恰恰在这关键的一点上，冯雪峰给鲁迅的“同路人”定性自然让熟悉苏联文艺政策的鲁迅非常不满。

由此我们可以认为，1928—1930年间，鲁迅和冯雪峰等之所以反复翻译、发表、出版俄国文艺政策方面的著作，一是说明他们看到了俄国文艺政策在辩证看待“同路人”问题上的正确性，二是看到了这一理论形态对于构建革命文艺队伍（还不是20世纪30年代文艺统一战线意义上的）的理论价值。也就是在这个意义上，鲁迅、冯雪峰等对于“同路人”理论的接受就进入了第二个阶段——扬弃和创新阶段。

而鲁迅等人的这一认识的转变或者苏联文艺政策的接受路径，为20世纪30年代“左联”的成立和1932年批判宗派主义和关门主义奠定了理论和组织基础。对当时正确评价郁达夫、巴金等作家，为克服“革命文学”论争初期的派阀主义、“左联”初期的关门主义错误和争取作家、构建革命文艺统一战线提供了理论准备，也为20世纪30年代革命文艺界开展对资产阶级自由派的斗争、反对国民党右派文化“围剿”提供了理论武器。鲁迅、冯雪峰对苏联党的“同路人”策略的介绍，也在一定程度上促进了党对文艺政策的领导。

第四种是经典马克思主义理论形态和以瞿秋白为代表的接受路径。

“革命文学”论争后期，无产阶级文学倡导者普遍感到自己马克思主义理论素养不足，迫切需要加强对马克思主义文艺理论的了解。这种情绪和认识自然增强了革命文学倡导者转向研究早期马克思主义文艺理论经典作家的积极性。但在当时，由于马克思主义创始人关于文艺理论的有关论述一直未得到发掘整理，加上大革命失败后中苏交往断绝等原因，因此多数时候，中国革命文学理论家主要是通过日本这个途径翻译和传播俄国早期马克思主义者文艺理论，如当时号称是“马克思主义文艺理论”的也主要是俄国早期马克思主义者比如普列汉诺夫等人的著作。而直接翻译和介绍马克思列宁主义创始人文艺思想的则要到1930年以《萌芽》月刊（鲁迅主编，后成为“左联”机关刊物）等刊物为阵地后才开始集中出现。“左联”成立之后，译介工作则更为系统、自觉和规模化，马克思、恩格斯、列宁等人的主要文艺书信和文艺论著在短短几年内都被翻译了过来。这样，许多理论问题逐渐正本清源，对我国马克思主义文艺理论的发展产生了重要影响。

在这种理论大潮中，“同路人”理论也就被追溯到马克思主义创始人那里。1932年，瞿秋白根据苏联《文学遗产》第1—2期材料译述出版了论文集《“现实”——马克思主义文艺论文集》。论文集中瞿秋白辑译了“《社会主义的早期‘同路人’——女作家哈克纳斯——对于恩格斯论巴尔札克的信的注解》”，这篇文章“基本译自塞勒尔的《马克思恩格斯论巴尔扎克和文学上的现实主义》一文之首节”。[①]值得注意的是，瞿秋白特意为文章拟定了“社会主义的早期‘同路人’”这样一个醒目标题。与此同时，在同一论文集中《恩格斯和文学上的机械论》一文最后部分，瞿秋白还发挥了自己对于“同路人”最终会离开革命的理解。

结合当时瞿秋白的历史处境和中国文化革命斗争的具体情形，瞿秋白的这一理论表现显然不可理喻。首先，从瞿秋白和托洛茨基的关系来看，瞿秋白访俄期间和托洛茨基有过直接接触（写于1921年7月的《赤都心史》第18节有详细介绍，该书1924年出版），1923年11月在《艺术与人生》中直接引用了托洛茨基《文学与革命》中第一部“当代文学”第八章“革命的艺术和社会主义的艺术”的观点。但1925年1月瞿秋白开始就中国农民问题在共产国际批

① 杨慧：《瞿秋白现实主义文学思想的建构——基于〈“现实”〉中俄文本对勘的视角》，《厦门大学学报》（哲学社会科学版）2010年第6期。

判托洛茨基（在《新青年》上发表《列宁主义与托洛茨基主义》），1928年两人还有过相互批驳。1929年底，作为中共代表团团长，瞿秋白因为“放任”中国托派学生而受到共产国际的秘密谴责。1930年6月瞿秋白失去中共驻共产国际代表的身份，8月回到上海，同年底瞿秋白被王明等攻击为“半托洛茨基主义者”。1931年1月中共六届四中全会后瞿秋白的政治生命基本结束。其次，从当时革命文艺运动的形势来看，“左联”成立之初就把反对托洛茨基作为主要任务之一，1930年4月“左联”大会决议案之一是“反取消派理论的斗争”；8月“左联”在决议《无产阶级文学运动新的情势及我们的任务》中将托洛茨基主义视为反动思想，在《中国左翼作家联盟在参加全国苏维埃区域代表大会的代表报告后的决议案》中强调“反对托罗斯基派取消派和社会民主主义”。因此，自1925年就开始“反托”（1927年4月中共五大上公开批判陈独秀）的瞿秋白在1932年使用“同路人”这样一个具有鲜明托洛茨基色彩的概念，实在是匪夷所思。

但瞿秋白可能有他的理由。一是这篇文章的来源《文学遗产》主办单位是苏联公谟学院（苏联共产主义学院），可能从理论源头上来讲，在苏联谈论“同路人”没有政治问题，也就理解成在中国谈论“同路人”也不会有问题，这是瞿秋白书生思维的一个表现。二是瞿秋白辑译的文章中（尤其是《恩格斯和文学上的机械论》）本身就有批判托洛茨基的内容，谈论“同路人”问题并不会改变问题的性质。三是瞿秋白行文的目的主要想以恩格斯对“同路人”作家最终必然远离革命的批判，来劝诫当时还倾向于革命的那些论战对象，因此感觉“同路人”理论还有其理论价值。四是和当时理论回溯马克思主义创始人的潮流有关，瞿秋白也有意建立“同路人”理论与马克思主义经典作家的直接联系，从而减少这一理论的托洛茨基色彩（其实这个理论本身也不是源自托洛茨基，托洛茨基在《文学与革命》第一部“当代文学”第二章“革命的文学同路人”中明确指出“这个词用在旧社会民主党使用这个词的含义上”。1928年韦素园、李霁野合译本中是“在旧时社会主义者所用的意义上”）。因此瞿秋白说：“恩格斯对于文学上的‘同路人’的态度是很值得注意的。”[①]瞿秋白在这里体现了一种理论策略，是瞿秋白理论家思维的一个表现。而瞿秋白在牺牲前两星期（当时《多余的话》已经写完）答《国闻周报》记者问时说：“鲁迅原非党员，伊发表作品，完全出于个人意志，只能算为同路人”，“上海左翼作家联盟，其中共产党员，只有四五人，余人至多不过同路人而已”，[②]为同志们打掩护，是另一个性质，是瞿秋白政治家思维的一个表现。而唯一有点吊诡的是，瞿秋白在《社会主义的早期“同路人”——女作家哈克纳斯——对于恩格斯论巴勒札克的信的注解》[③]中对“同路人”的感情色彩明显要好于《恩格斯和文学上的机械论》，这可能和两篇文章对应的是不同的“同路人”作家有关系，后者主要针对的是19世纪德国的“青年派”和“早期自然主义派”。

瞿秋白的这些理由，是新的理论斗争条件下中国接受“同路人”理论的一种独特路径。

但1932年瞿秋白和“同路人”的关系非常复杂，既有积极意义上介绍恩格斯“同路人”态度的一面，又在和“自由人”“第三种人”论争时对“同路人”大加讨伐的一面，还有在年底反对关门主义时对“同路人”持怀柔政策的一面。这和蒋光慈有点类似，体现了同时代人的一种特性。到了1933年，瞿秋白在《〈鲁迅杂感选集〉序言》中确立了革命主义（以鲁迅为代表）与改良主义二分法的理论建构，其“同路人”理论完成了转变。

三、身份政治与辩证法

20世纪20—30年代的“同路人”理论对中国马克思主义文艺理论身份政治

---

① 瞿秋白：《“现实”——马克思主义文艺论文集》，《瞿秋白文集》（二）第四卷，人民文学出版社1953年版，第1038页。

② 李克长：《瞿秋白访问记》，《国闻周报》1935年第26期。

③ 《瞿秋白文集》（二）第四卷，人民文学出版社1953年版，第1034页。

的建构有着不同的辩证法：一部分接受者借以作为自己庸俗社会学和机械唯物论文艺理论的基础；一部分接受者对“同路人”理论加以扬弃，创立本土化的身份政治话语，鲁迅在这个逻辑上创立了“革命人”理论；一部分借以克服左翼文艺运动的宗派主义和门户之见，建立文艺统一战线；一部分则相反，厌倦并自愿放弃“革命人”身份，转为“第三种人”“自由人”或者“同路人”。

（一）“同路人”与否定辩证法

以创造社、太阳社为主的革命文艺理论家们，在苏联无产阶级文化派及初期岗位派和后期“拉普”、日本福本主义的影响下，虽然有不接受无产阶级文化（文艺）取消论或者不存在论的正确一面（这几乎是所有“同路人”理论中国接受路径的共性），但却接受了对“同路人”的批判理论和“左”倾立场，同样认为一般的“同路人”其实“多数是敌人”的观点，[①]在否定辩证法的路上走得更远、更激进。比如1928年2月，成仿吾就提出：“谁也不许站在中间。你到这边来，或者到那边去！莫只追随，更不要再落在后面，自觉地参加这社会变革的历史的过程！”[②]这句式虽然和后来“拉普”的“没有同路人。不是同盟者就是敌人”一样，但偏激程度则过之无不及。

而这种“同路人”理论的中国接受路径，坚持的是一种否定辩证法，对苏、日“同路人”理论基本上未做任何扬弃，而是直接翻版、移植到中国革命文学论争中来，形成了庸俗社会学和机械唯物论的一种文艺理论流派，对当时发展势头正健的革命文学事业造成了很大的伤害。加上这一理论的同人性质，致使“左”倾宗派主义和关门主义成为左翼文艺运动始终挥之不去的历史局限。

有趣的是，“你站在桥上看风景，看风景人在楼上看你”。这些最不待见

① C. 罗多夫：《在射击之下》，中国社会科学院外国文学研究所、外国文学研究资料丛刊编辑委员会编，张秋华等编选：《“拉普”资料汇编》（上），中国社会科学出版社1981年版，第29页。

② 成仿吾：《从文学革命到革命文学》，《创造月刊》1928年第9期。

“同路人”作家的革命文艺理论家（主要指后期创造社五位主力成员），在党内其实一开始是被当作“同路人”来看待的。郑超麟1945年的《回忆录》中说：“我一向是把这些作家看作同路人，并未计划拉他们入党。六次大会后，蔡和森当宣传部部长时，创造社党团开会请他出席，他表示同我一般的意见。他称他们为‘德谟克拉西’。可是李立三继他后任和我脱离宣传部以后，不知何时，这些未成作家一个个入党了。”冯乃超在1967年的回忆中说：“后期创造社的主要成员中，除彭康入党早一点之外，我跟朱镜我、李初梨、李铁声是在1928年9月同时入党。据说这是李立三的提议，此前我们认为自己早就是党员了，因为我们是在做党的工作。潘汉年说：‘不是，你们还只是同路人。’后来潘成了我们的入党介绍人。”①

（二）“同路人”与“革命人”辩证法

鲁迅“同路人”理论可以分为四个方面：一是对无产阶级文学取消论的拒绝，前面说了这是中国“同路人”理论接受的共性；二是对“同路人”作家作品丰富艺术性和主体性的重视与介绍；三是从文艺政治角度重视“同路人”策略，这也是冯雪峰和张闻天等人的共同之处；四是“革命人”理论的建构，这是非常具有鲁迅个人特点的部分，也是鲁迅“革命人”辩证法意义上的身份政治观。这里重点说第四个方面。

相比“同路人鲁迅”在学界受到较多批评，“革命人鲁迅”未受到太多质疑和批评，大家也都比较接受鲁迅的“革命人”理论来自托洛茨基的说法。②笔者2007年在《左翼文艺运动与中国马克思主义文艺理论的早期建设》一书

① 张广海：《“革命文学”论争与阶级文学理论的兴起》，北京大学中国语言文学系2011年博士学位论文，第39页。

② 参见［日］长堀祐造《鲁迅“革命人”的提出——鲁迅接受托洛茨基文艺理论之一》（《鲁迅研究月刊》2002年第10期），该文对于“革命人”这个概念在鲁迅著作中的形成过程和大概时间有完整的考证。国内学者的批评可以参见杨姿《“同路人”的定义域有多大？——论长堀祐造近作〈鲁迅与托洛茨基——《文学与革命》在中国〉》（《鲁迅研究月刊》2016年第7期）。

中也接受这个观点。[①]但现在来看，这一观点似乎值得推敲。首先，从理论根源来讲，自别林斯基、车尔尼雪夫斯基、杜勃罗留波夫等革命民主主义文论开始，对于作家艺术家思想情感和观念的改造问题，已经成为俄罗斯—苏联文论的一个传统（这个传统还深刻地影响到我国马克思主义文艺理论的发展）。在俄罗斯文艺理论发展史上，杜勃罗留波夫最先将艺术人民性和现实主义的理解由一个单纯的写作问题推进到了关于作家艺术家思想感情和世界观改造的方式方法问题上。杜勃罗留波夫认为，“要真正成为人民的诗人，还需要更多的东西：必须渗透着人民的精神，体验他们的生活，跟他们站在同一的水平，丢弃阶级的一切偏见，丢弃脱离实际的学识等等，去感受人民所拥有的一切质朴的感情”[②]。俄罗斯这一文论传统不能算是托洛茨基的理论。其次，在托洛茨基那里，鉴于理论的过渡性质，“同路人”被赋予了较多的历史合理性，因此他本身没有太多对于“革命人”的具体论述。托洛茨基虽然有关于“同路人”与革命关系的论述，但主要停留在对“同路人”特点的论述上，甚至表现出人性论的一些思想。《文学与革命》（第一部第八章）反而有明确的革命者急需革命艺术、革命艺术家是最革命（意思是革命艺术家经常出现在最危险的时候和地方）等观点。再次，根据长堀祐造的考证，鲁迅“革命人”概念是移自茂森唯士的日译本，而茂森唯士的翻译是出了名的“恶译”“改译”。[③]“革命人”是一个有很强茂森唯士色彩的概念。最后，长堀祐造认为鲁迅的“革命人”理论源自托洛茨基的一个主要依据是1926年3月鲁迅在《中山先生逝世后一周年》中的话：“他是一个全体，永远的革命者。无论

① 刘永明：《左翼文艺运动与中国马克思主义文艺理论的早期建设》，中国文联出版社2007年版，第272页。

② 《俄国文学发展中人民性渗透的程度》，［俄］杜勃罗留波夫著，辛未艾译：《杜勃罗留波夫选集》第二卷，上海文艺出版社1959年版，第184页。

③ 参见［日］长堀祐造《鲁迅“革命人”的提出——鲁迅接受托洛茨基文艺理论之一》（《鲁迅研究月刊》2002年第10期）正文和注释。

所做的那一件，全都是革命。无论后人如何吹求他，冷落他，他终于全都是革命。”“为什么呢？托洛斯基曾经说明过什么是革命艺术。是：即使主题不谈革命，而有从革命所发生的新事物藏在里面的意识一贯着者是；否则，即使以革命为主题，也不是革命艺术。”[①]如果结合鲁迅为孙中山辩护的具体语境来讲，鲁迅在这里引用托洛茨基话的逻辑顺序可能正相反，鲁迅只是拿托洛茨基的观点来印证自己的“革命人”思想，而不是相反。因为一年前，鲁迅在孙中山逝世一周写的《战士和苍蝇》中就有战士总归是战士、伟人总归是伟人的思想，而且开篇即引用叔本华的观点。因此，如果想寻找鲁迅“革命人”思想根源的话，不如说它与叔本华、尼采等意志哲学的关系更为密切。因此，笔者认为，“革命人”理论在鲁迅那里具有一定的原生性，是鲁迅在自己革命文艺创作经验和为孙中山辩护的基础上形成的。但同时要承认其在理论建构上又一定程度上受到叔本华和尼采意志哲学、托洛茨基和“同路人”问题以及茂森唯士日译的影响。

此外，鲁迅“革命人”理论的建构有两个逻辑脉络。

第一个是在作家世界观改造这个问题上与创造社、太阳社的争论中形成的。1927年4月8日晚，鲁迅在黄埔军官学校做了题为《革命时代的文学》的演讲。他在演讲中说：“为革命起见，要有‘革命人’，‘革命文学’倒无须急急，革命人做出东西来，才是革命文学。”[②]数月后，鲁迅在《革命文学》一文中继续阐述了这种思想，并批判了两种革命文学观：“世间往往误以两种文学为革命文学：一是在一方的指挥刀的掩护之下，斥骂他的敌手的；一是纸面上写着许多‘打，打’，‘杀，杀’，或‘血，血’的。”[③]鲁迅认为：“我以为根本问题是在作者可是一个‘革命人’，倘是的，则无论写的是什么事件，

---

① 鲁迅：《集外集拾遗·中山先生逝世后一周年》，《鲁迅全集》第七卷，人民文学出版社2005年版，第306页。

② 鲁迅：《而已集·革命时代的文学》，《鲁迅全集》第三卷，人民文学出版社2005年版，第437页。

③ 鲁迅：《而已集·革命文学》，《鲁迅全集》第三卷，人民文学出版社2005年版，第567页。

用的是什么材料，即都是'革命文学'。从喷泉里出来的都是水，从血管里出来的都是血。"①在这里，鲁迅系统论证了革命文学的一个核心特征，那就是作家艺术家必须首先是个"革命人"，才会有革命的文学。没有革命的意识，光有革命的"主题"（这里实际是指题材，和我们今天的理解不同）是不能算作革命文学的。鲁迅关于"革命人"的论述实质是对于作家世界观问题的论述，它揭示了革命意识、作家立场和世界观与革命文艺之间的主次关系，这对于当时逐渐开始的、只停留在提革命口号的左翼文艺创作来讲，是一种深刻的批评。这里需要补充的是，无论是"革命文学"论争还是后来批判"第三种人"，鲁迅对人其实是极不信任的，认为"假革命""假第三种人"居多。他说"第三种人"如果能坚持做好"第三种人"不滑向反革命一面就不错了，但历史事实正应验了鲁迅的判断，这也显示了鲁迅思想的深刻和洞察力的深邃。

第二个是在对苏联"同路人"历史命运的考察中形成的。前面我们介绍了自1927年倡导革命文学和"革命人"理论时，鲁迅对"同路人"有个负面评价，那就是"同路人"在"活不下去了"的时代也能创造出革命文学，但因为不是革命文学家，最后的结局不是自杀就是走向反动。由此，我们可以看出，鲁迅是从"同路人"这个反题出发，有意识地脱离"同路人"陷阱，进而提倡"革命人"理论。长堀祐造一方面考证鲁迅的"革命人"概念源自托洛茨基，但另一方面却说："在最晚年，'同路人'鲁迅也遭遇生命危险，但鲁迅并未因此将自我认识更正为'革命家'或'革命人'。"②这一说法显然难以成立，也否定了之前自己对于鲁迅"革命人"的考证。

可以看出，鲁迅对"同路人"理论是一种积极扬弃的态度，是一种"革命人"辩证法。但鲁迅"革命人"理论存在着某种先验色彩，那就是对于

---

① 鲁迅：《而已集·革命文学》，《鲁迅全集》第三卷，人民文学出版社2005年版，第568页。

② ［日］长堀祐造：《鲁迅与托洛茨基——〈文学与革命〉在中国》，王俊文译，台北人间出版社2015年版，第363页。转引自杨姿：《"同路人"的定义域有多大？——论长堀祐造近作〈鲁迅与托洛茨基——《文学与革命》在中国〉》，《鲁迅研究月刊》2016年第7期。

“革命人”从何而来，鲁迅并没有详细说明。这一时期鲁迅虽然也大量论述了“知识阶级”问题、小资产阶级革命文学家的“演戏论”和“突变论”，显然触及这个问题，但真正解决这个问题的是后来毛泽东的《在延安文艺座谈会上的讲话》。

（三）“同路人”与“第三种人”

“革命文学”论争促成了“左联”的成立（1930年3月）。“左联”是李立三通过中央“文委”成立的系列革命群众组织中的重要的一个，“左联”及其纲领都是“立三路线”的产物。而“立三路线”又是共产国际“第三时期”理论和斯大林中国革命“三阶段论”的产物。因此，“左联”在成立后一年多的时间内，受到“左”倾错误路线的严重影响和干扰，很快引发了与“自由人”“第三种人”的论战。由于胡秋原后来也以“第三种人”身份说话，“自由人”问题后来融入“第三种人”话语中。

由于“左联”“自由人”“第三种人”都举的是马克思主义理论旗帜，在反对“民族主义文学”等反动理论方面其实是一致的，都属于广义的马克思主义文艺理论阵营。胡秋原是普列汉诺夫理论的“私淑弟子”，苏汶以及后来一起反对革命文学的杨邨人、韩侍桁等曾是“左联”成员。“自由人”和“第三种人”的有些观点甚至比当时的革命文艺理论更接近马克思主义文艺理论，所以西方一些文艺理论研究者把胡秋原等看作是“自由派马克思主义者”①。因此说，起初的“自由人”“第三种人”是同属于革命文艺阵营内的“同路人”，苏汶最先提出“第三种人”是指有自由和无自由两种马克思主义之外的“作家之群”，并不是严格托洛茨基意义上的“同路人”（需要说明的是，苏汶等是接受托洛茨基无产阶级文艺取消论的）。而将“第三种人”与“同路人”问题密切联系起来的是瞿秋白，“最早做出这一诠释的是瞿秋白。他在《文

① 参见 [美]费正清、费维恺编：《剑桥中华民国史：1912—1949年》（下卷），中国社会科学出版社1994年版，第493页。

艺的自由和文学家的不自由》中将‘第三种人’解释为在‘革命’与‘反革命’之外别成一类的人”[①]。从而将“第三种人”问题变性为“同路人”问题。胡秋原则顺藤摸瓜，反复质问要不要“同路人”问题，让论争对手不好辩驳。而1932年10月苏汶在《“第三种人”的出路》中引马克思对待海涅的态度说明马克思允许“第三种人”的存在，以海涅（真正性质的“同路人”）自比“第三种人”实属无奈之举。

苏汶晚年写了一篇回忆文章，题为《一份被迫害的记录》。他回忆说，在这次论争中，写文章支持他的只有两人，其中之一是陈望道，另一人他不拟提出其名字。而陈望道则是1930年日本冈泽秀虎《苏俄文学理论》一书的译者，陈望道对书中苏联“同路人”论争非常了解，对岗位派（旧译“在哨岗”）的“极左文学论”、苏联文艺政策和卢那察尔斯基的理论非常熟悉。另一他不拟提出名字的人，据陈漱渝推断为冯雪峰，[②]而冯雪峰也是冈泽秀虎文章的译者。

由于同情于文艺自由论基调，“自由人”“第三种人”后来得到了现代派施蛰存、戴望舒、穆时英等人的声援，自苏汶和施蛰存合作编辑《现代》第3卷第1期起，“第三种人”才溢出无产阶级文艺的范围，成为真正的“同路人”。由于鲁迅等对后期“第三种人”和“现代派”一路穷追猛打到1935年，加上一些人完全叛变革命，“第三种人”被彻底污名化后，施蛰存和苏汶也逐渐不来往。[③]因此，在后来的政治和历史地位上，“自由人”“第三种人”和“同路人”无法相比，“第三种人”尤为尴尬。

而左翼文人这种身份关系之争反映了革命文艺内部的权力关系——对革命主体与话语权的争夺。诚如张广海所说，“在革命的知识阶级内部也存在着同样的权力秩序规约，一部分类似于‘同路人’的知识分子只能‘弱代表’

① 齐晓红：《论文艺自由论辩中的“同路人”问题》，《中国现代文学研究丛刊》2008年第3期。

② 参见陈漱渝：《“子之遭兮不自由，子之遇兮多烦忧” ——左联对“自由人”和“第三种人”的批判》（下），《团结报》2015年1月22日第7版。

③ 参见李洪华：《上海文化与现代派文学》，江西人民出版社2010年版，第166页。

无产阶级，而另一部分则可以‘强代表’”[①]。在这样的权力结构下，别样的“同路人”——“自由人”“第三种人”的最后的结局只能是被逼从革命队伍中出走，成为革命文学的对立面。

（四）“同路人”与文艺统一战线

“左联”成立不久，由于国际反帝斗争的需要，国际左翼作家联盟和中国“左联”的主要任务发生转向：“反帝国主义，及帝国主义进攻苏联的战争，以及同时防止右倾机会主义及左（‘左’）倾空谈的两条战线上的斗争，是无产阶级革命文学目今当前的主要任务。”[②]1931年上半年，茅盾、瞿秋白等先后加入或介入领导工作，“左联”领导力量发生变化，“左”倾错误路线开始得到纠正，“同路人”策略得到重视。1931年11月，“左联”执委会通过了新的决议《中国无产阶级革命文学的新任务》，开始把克服“左”倾空谈作为主要任务。1932年上海“一·二八”事变前后，“左联”改组和创办了一些新的理论和创作刊物，不仅为左翼文坛开辟了新的理论阵地，同时又团结了非“左联”的一大批进步作家。此外，“左联”还扩展了革命文化阵地，在电影、音乐界占领或进入国民党的宣传阵地。著名的《渔光曲》《毕业歌》《义勇军进行曲》《大刀进行曲》等歌曲的创作和传唱都是左翼文艺界克服关门主义所取得的成果，这对文艺界抗日民族统一战线的建立发挥了重要作用。

左翼文艺运动的历史局限与其领导者有关。因此时任中央宣传部门负责人的张闻天在中共上海临时中央的机关报《斗争》（1932年11月3日，署名歌特）和文总机关刊物《世界文化》（1933年1月15日，略有删节，署名科德）上两度发表《文艺战线上的关门主义》，主要针对的就是“文化运动中一些做领导工作同志”，谈的第一个问题就是在对待“第三种人”与“第三种文学”

① 张广海：《“革命文学”论争与阶级文学理论的兴起》，北京大学中国语言文学系2011年博士学位论文，第320页。

② 左联：《中国无产阶级革命文学的新任务》，《文学导报》1931年11月15日第1卷第8期。马良春、张大明编：《三十年代左翼文艺资料选编》，四川人民出版社1980年版，第176页。

时“我们的同志中间所存在着的非常严重的‘左’的关门主义”。[①]党内高层的批评和建议引起了鲁迅、瞿秋白、冯雪峰等人的注意。冯雪峰立即连续写了两篇文章阐发张闻天的观点，第一篇是与瞿秋白商量由瞿秋白代为起草的《并非浪费的争论》（署名“洛扬”，写于1932年11月10日）；第二篇是《关于“第三种文学”的倾向与理论》（署名“丹仁”，写于1932年11月26日）。后同时发表在1933年1月《现代》第2卷第3期上。这些笔名文章完全改变了1932年6月发表《“阿狗文艺”论者的丑脸谱》时那种措辞激烈与视为敌我的调子，对瞿秋白、周扬、冯雪峰等人的观点做了“自我批评”。与此同时，鲁迅对“第三种人”的批评语气已经较两年前批评新月派温和了许多。苏汶后来在总结性文章《一九三二年的文艺论辩之清算》中对此表示满意，欣然接受“同路人”甚至中国“同路人老祖”[②]的身份并反戈一击，认为“严格地说，截止到现在，中国还没有名副其实的无产作家的存在，即在‘联盟’之内的作者，也大都只是以‘同路人’的资格而存在着吧”[③]。用今天的话来讲，苏汶这个特点和因革命文艺内部有太多“神一般”存在的队友而对革命文艺前景深感悲观的鲁迅比较相像。但不同的是，鲁迅对于“年轻的共产党员”还是肩起了“横站”着的“导师”的责任。这是题外话。

中共“同路人”策略还没有得到落实，革命文学界内却发生了一桩历史公案。1932年，瞿秋白翻译了苏联别德纳衣讽刺托洛茨基的长诗《没工夫唾骂》（《文学月报》1932年10月第1卷第3期）。作为“共青团的一个负责干部”的芸生受此文影响创作了攻击“自由人”胡秋原的诗《汉奸的供状》（《文学月报》1932年11月第1卷第4期）。而这恰恰就是张闻天发表《文艺战线上的关

① 歌特（张闻天）：《文艺战线上的关门主义》，《斗争》1932年第30期。

② 刘微尘1932年11月2日文章《“第三种人”与“武器文学”》说苏汶：“他是给中国文坛上奠定了同路人的基地的一个老祖。”见刘微尘：《“第三种人”与 “武器文学”》，苏汶编：《文艺自由论辩集 》，上海现代书局1933年版，第162—178页。

③ 苏汶：《一九三二年的文艺论辩之清算》，《现代》1933年第2卷第3期。

门主义》，批评“漫骂”的批评方式之时。因此时任文委书记的冯雪峰认为这是完全违背党的策略的，要求编者“左联”党团书记周扬在下一期刊物上公开纠正，但周扬拒绝了。后来鲁迅应冯雪峰的要求写了《辱骂和恐吓决不是战斗——致〈文学月报〉编辑的一封信》(收件人署名周扬，刊于《文学月报》1932年12月第1卷第5、6期合刊)，既算是一种补救，也算是一种自我批评。至于周扬当时为什么拒绝公开纠正这个错误，后来研究者多认为与他没有看到张闻天这篇文章的可能性比较大，因为当时阳翰笙、夏衍等人也都不知晓此文。由此可见，宗派和情绪问题在革命文艺内部造成了严重的隔离状态。

“左”倾宗派主义和关门主义的理论根源在机械唯物论和庸俗社会学。理论问题不解决，“同路人”策略肯定也解决不好。1932年，瞿秋白等最先意识到这个问题后，着力译介马克思恩格斯现实主义理论著作，发表了多篇阐释马克思主义现实主义的理论文章，对机械唯物论和庸俗社会学开始清算。这也是1932年瞿秋白再拾“同路人”问题的理论大环境。瞿秋白次年4月完成了《〈鲁迅杂感选集〉序言》。这一趋势对周扬等人也产生了很大的影响，周扬1933年11月发表《关于“社会主义的现实主义与革命的浪漫主义”——“唯物辩证法的创作方法”之否定》，介绍了苏联文艺理论界对机械唯物论和庸俗社会学的批判情况。应该说，到1933年底，“同路人”理论和策略问题基本上得到解决，为后来新的统一战线文艺团体“中国文艺家协会”的成立创造了基础。而后来的“两个口号”论争，1935年底萧三来信和鲁迅要求发表宣言解散“左联”的意见没有得到“文总”和“左联”领导重视（当然也有许多客观原因），“托派”问题等，都只是“同路人”这个历史和理论问题的情绪化余响而已。

四、结语

“左联”后期，作为一种理论话语，“同路人”就不再活跃了。这是因为在抗日民族统一战线口号下，具有很强化友为敌色彩的“同路人”话语逐渐弱化。在苏联也有这个情况，1934年苏联作家协会成立后，“同路人”作家统一加入作家协会，“同路人”这个术语也就基本消失。到了延安文艺运动时期，由于人民话语兴起，“同路人”身份只在批评者萧军等个别作家身上体现。20世纪40年代末期，苏联和中国还出现了“勃洛克道路”的微弱声音。[①]1949年到“文革”结束，由于阶级话语和激进政治的再度兴起，“同路人”被消解在“修正主义者”和“右派”等“帽子”下。1959年康生还将延安时期就隐含的“同路人”政治（即半条心和一条心的问题）引入党内斗争（《共产党员应当是马克思列宁主义者，不应当是党的同路人》[②]）。“文革”结束后，由于去政治化的时代氛围，“同路人”批评话语基本消失，而自由主义者作为广义的“同路人”或者“第三种人”“自由人”的代名词而再度兴起，但其成分却很复杂。由此可见，在中国马克思主义文艺理论话语体系中，身份政治是个“长话题”，也是中国马克思主义文艺理论发展史还没有完全展开的一个研究领域。最近几年，“同路人”问题又开始受到重视。

丸山升1988年在北京大学中文系的演讲中说：“有必要做的不仅仅是强调鲁迅与共产党一致的一面，鲁迅拥护、支援共产党的一面，而是承认当时的左翼文学内部存在着各种各样的要素，并且研究这各种不同的要素有些什么特征，它们之间有什么相互作用，以什么样的方式构成一个运动着的整体，从这样的角度出发来重新看待整个的三十年代文学运动。”[③]身份政治问题恰恰反映了左翼文艺这一“运动着的整体”内部各种要素的不同特征及其相互之间的辩证关系。这是一种微观上的认识。

从宏观上来讲，20世纪20—30年代的“同路人”“革命人”等身份政治话语，体现了中国马克思主义文艺理论早期建设具有的“马克思主义文艺理论中国化”和“中国化马克思主义文艺理论”的双重机能或理论装置功能。“同

---

① 苏汶：《一九三二年的文艺论辩之清算》，《现代》1933年第3期。

② 康生：《共产党员应当是马克思列宁主义者，不应当是党的同路人》，《红旗》1959年第19期。

③ ［日］丸山升：《鲁迅研究方面的几个问题——一九八八年十月在北大的讲演》，《鲁迅研究动态》1988年第12期。

路人”理论在中国的四种接受路径反映了“马克思主义文艺理论中国化”的复杂性及其庸俗辩证法和革命辩证法两种特性兼具的特点，而集体无意识地拒绝托洛茨基的“取消论”，积极扬弃“同路人”理论，创立“革命人”理论，则是“中国化马克思主义文艺理论”早期建设的重大成果。

虽然“马克思主义中国化”和“中国化马克思主义”的理论自觉出现和形成于1936—1942年之间，但左翼文艺运动的身份政治与话语实践，已经充分反映了我国马克思主义文艺理论早期发展对外来理论资源积极扬弃、正本清源、守正创新的特点。

（原载《中外文论》2019年第1期）

“民国左翼”与“左翼民国”：民国文学视角中的左翼文艺研究

作为一种研究范式的“民国文学”论，真正形成艺术热潮是从2009年开始的。[①]到了2014—2015年，随着“民国文学史论”丛书、“民国历史文化与中国现代文学研究”丛书等诸多阶段性标志成果的出版，加之“中华民国在台湾”“左翼文艺在台湾”等理论瓶颈一时难以突破、主要理论倡导者学术生产转向文献史料学或者大文学研究、革命文学谱系与结构研究等原因，[②]“民国文学”论开始降温，大规模的学术热潮逐渐退去。但作为一场较大规模的学术建构运动，“民国文学”论无疑留下了许多学术景观。

“民国文学”立论的对立面或者参照面有很多，就其现当代文学学科内部而言，就有“新文学”“现代文学”“二十世纪中国文学”“重写文学史”“整体性”“启蒙主义”“现代性”“文化研究”“民族国家”等诸多文学史观或者学术范式。但在其中，左翼文艺、革命文艺是“民国文学”论建构的主要的

---

① 关于“民国文学”论的整体介绍，可以参见周维东《中国现代文学研究中的“民国视野”述评》（《文艺争鸣》2012年第5期）、杨丹丹《近年来“民国文学”研究述评》（张福贵：《民国文学：概念解读与个案分析》“结语”，花城出版社2014年版）等文章。

② 2015年之后“民国文学”论者有将“民国文学”论纳入“大文学”史观的意图。李怡在《“大文学”可以做哪些事？——主持人语》（《当代文坛》2017年第4期）说：“……大文学，这就是关注中国现代文学之‘民国’意味所召唤出来的学术视野与学术方法。”

理论脚手架，是“民国文学”立论的重要中间物或者参照物。“民国文学”论者没有全盘否定革命文学或意识形态文学史观，且对于左翼文艺、革命文艺的民国性、遮蔽性、非同一性等还是有许多很有价值的揭示。在一些“民国文学”论者主持的学术专题中，甚至有完整的左翼文艺研究规划（如张中良《左翼文学与历史背景——专题解说》）。因此，“民国文学”论也就自然遗留了“民国文学视角中的左翼文艺研究”等这样一些重要的“在地”景观。

这些学术景观，目前看来并没有受到中国马克思主义文艺理论研究视野的太多关注，这未免有点可惜。这不仅是因为“民国文学”论中有大量的革命文学谱系论述、革命文艺“民国性”论述、民国文艺和延安文艺问题论述、延安机制和延安道路整全问题、革命文艺“他者”研究和平行研究、大后方文学和抗战文学研究等，也因为有些左翼文艺、革命文艺研究者（如张中良、周维东）本身就是“民国文学”论建构的主力，[①]而一些革命文艺论者（如陈建华、赵学勇、韩琛、方维保等）也以其批评性在场或者讨论性姿态，间接地参与了“民国文学”论的生产。这些理论问题和成果，对于中国马克思主义文艺理论的研究而言，都是很有学术价值的。因此，我们尝试以“民国文学视角中的左翼文艺研究”这样一个单一角度，梳理一下“民国文学”论中的左翼文艺研究的新发现及其不足，以期有益于马克思主义文艺理论谱系中的左翼文艺研究的发展。

在此之前，有必要明确两点。一是这里的“左翼文艺”主要指的是狭义的左翼文艺运动，即20世纪30年代及其前后以运动形态存在的左翼文艺及其理论形态。而并用的“革命文艺”概念，范围上略大于左翼文艺，还包括国民革命革命文学、延安文艺和国统区的革命文艺、抗战文艺等，主要指的是无产阶级革命文艺（革命文学），但因为和“民国文学”这个概念匹配，因此

① 张中良在《民国文学历史化的必要与空间》（《文艺争鸣》2016年第6期）等文章中介绍了自己由左翼文艺、革命文艺研究而进入“民国文学”论的心路历程，体现了“民国文学”论形成的一种学术自然性。

其外延不可能延伸到1949年以后。二是关于“民国文学”论的具体内涵。按照“民国文学”论者自己的观点，“民国文学”论主要有三个组成部分：“民国文学史”论、“民国史视角”论和“民国（文学）机制”论，此外还有一些“民国文学风范”论等学术观点。“民国文学史”主要是个学科概念，和本文要讨论的关联性不大，因此本文所称“民国（文学）视角”（也称为“民国视野”）主要指的是“民国史视角”（也称为“民国场域”“历史还原”论）和“民国（文学）机制”（也称为“民国国家历史文化情态”论），因为后二者的方法论特性更大一些。

一、“民国左翼”：民国文学视角中的左翼文艺研究

千禧年之际，社会正义问题凸显，底层文学讨论趋热，导致一度受抑的左翼文艺和革命文艺在世纪之交重回学术视野并再度热烈起来。在新世纪第一个十年，关于左翼文艺的大型学术研讨会就有三四次。其中2006年1月在汕头大学举办的中国左翼文学国际学术研讨会就非常有影响。在这次会议的闭幕词中，王富仁指出：“在‘文化大革命’结束的时候，我们把徐志摩、沈从文、张爱玲这些非左翼的作家的价值突出出来”，“但是，当我们在争取这一批人的自由的时候，我们想一想，我们却重新把另外一批人押上了历史的审判台，这时被审判的是谁？是鲁迅，是左翼。”对此，重视左翼精神的王富仁说：“我觉着，在这个时候重提左翼对我们来说是有价值的，并且可以成为一个学术的生长点。围绕左翼我们会作出各种各样的判断，正是由于大家对它的文学道路、它的教训经验作出各种各样的判断，我们才有争鸣，我们才有讨论，我们才不会自说自话，才不会一片歌舞升平。”[①]因此，作为一种新的学术生长点的、以超越各种二元对立为目标的“民国文学”论自然非常重视

---

① 王富仁：《有关左翼文学研究的几点思考》，《东岳论丛》2006年第5期。

如何安置、整全左翼文艺、革命文艺的问题。[①]这一方面是学术建构的需要，另一方面也是受当时理论环境的影响，加之立论者多受王富仁学术思想的影响，以精神左翼自居，也就形成了一个“民国左翼”的研究成果。

受新历史主义和文化研究范式的影响，从民国角度（比如宪政法制、民国经济、文化制度、文艺政策、现代传媒、出版经济、租界机制、演出市场化、社团乡党文化、学术共同体等）对左翼文艺、革命文艺的研究其实在“民国文学”论成规模之前就已经展开，我们不能将所有这一视角的研究都归入“民国文学”论。比如说，从“空间”角度研究政治和文学的关系，为左翼文艺研究提供了一种新的研究视野和架构，激发了从空间体验（狭义到都市经验、都市意识）来研究左翼作家的精神体验以及由此导致的革命文学景观，几乎已成为显学。这些研究很难说是受到“民国文学”论的影响，而将之理解成受到共同西方理论资源——比如经过李欧梵（“公共空间”“现代性”）、刘禾（“民族国家话语”）这样一些学术中介——影响的结果会更为合适一些。

因此，我们需要对“民国左翼”的限度加以说明：这里所称的“民国左翼”指的是“作为方法的民国”方法论下形成的左翼文艺研究。接下来我们分六个方面，从“民国左翼”的研究方法、“民国左翼”的缘起和发展、左翼文艺的主体地位、左翼文艺的非同一性及遮蔽性、革命文学谱系问题等角度，分析“民国文学”视野中的左翼文艺及其研究问题。

第一，“民国左翼”的方法论。

“民国文学”论者非常强调“作为方法的民国”这一命题，自然也倡导左翼文艺的“民国”方法研究。“作为方法的民国”有多种内涵，有张中良最先开始的“历史还原”方法，也有张武军强调的“历史语境”说法，李怡最先强调的是从“国家历史情态”“民国历史情境”进入问题。后来李怡将之统

① 梁子民、毕文昌在《学术史分期的当代意义》（《中国青年报》2006年12月6日）中最早提出“民国文学”研究需要重视“延安文学”“解放区文学”“左翼文学”的重新解释问题。

一命名为"作为方法的民国"的"民国（文学）机制"论。

那什么是"民国机制"？李怡认为："2010年，在进一步的研究中，我对文学的'民国机制'作出了初步的总结。我提出：'民国机制'就是从清王朝覆灭开始在新的社会体制下逐步形成的推动社会文化与文学发展的诸种社会力量的综合，这里有社会政治的结构性因素，有民国经济方式的保证与限制，也有民国社会的文化环境的围合，甚至还包括与民国社会所形成的独特的精神导向，它们共同作用，彼此配合，决定了中国现代文学的特征，包括它的优长，也牵连着它的局限和问题。为什么叫做'民国机制'呢？就是因为形成这些生长因素的力量酝酿于民国时期，后来又随着1949年的政权更迭而告改变或者结束。"[①]换言之，"民国机制"指的就是民国期间对文学发展和形态形成有影响或决定作用的各种结构、因素、环境诸作用力的总称或者综合。

这种方法论的意义，李怡认为至少有三个方面："一是倡导我们的现代文学学术研究应该进一步回到民国历史的现场"；"二是史料考证与思想研究相互深入结合"；三是"将外部研究（体制考察）与内部研究（精神阐释）结合起来，以'机制'的框架深入把握推动文学发展的'综合性力量'，这对过去'内外分裂'的研究模式也是一种突破"。[②]其中"将外部研究（体制考察）与内部研究（精神阐释）结合起来"就是"民国左翼"研究的一个重要方法。李怡认为，"这样的研究一开始就建立在'提问'的基础上，是为了回答现代文学的诸多问题，我们才引入了'民国机制'这样的概念，因为'提问'，我想我们的研究无论是在文学思潮运动还是在具体的作家作品现象方面都会有一系列新的思维、新的结论"[③]。

至于何谓"外部研究（体制考察）"，具体到李怡《怎样讨论中国现代文

① 李怡、周维东：《文学的"民国机制"答问》，《文艺争鸣》2012年第3期。

② 李怡、周维东：《文学的"民国机制"答问》，《文艺争鸣》2012年第3期。

③ 李怡、周维东：《文学的"民国机制"答问》，《文艺争鸣》2012年第3期。

学的“民国机制”》[①]和张中良《三论现代文学与民国史视角》等文中，主要指的是民国的宪政民主、民国法律、作家权利保障、知识生产体制、民族经济、民国教育等文学生态环境。在其中，李怡非常强调的是民国宪政制度对于包括左翼文艺在内的民国文学具有基础性的机制作用。

第二，“民国左翼”的缘起和发展。

方法决定了我们的发现。“将外部研究（体制考察）与内部研究（精神阐释）结合起来”的研究方法，运用到缘起和发展问题上，“民国左翼”自然非常强调左翼文学发生的民国机制因素和发展的精神性因素，自然会产生“一系列新的思维、新的结论”。

在“民国左翼”缘起问题上，和传统左翼文艺研究重视国际左翼文艺运动的影响研究（艾晓明）、左翼文艺是新文学发展的必然结果（王富仁）或者是一系列历史事件影响的结果（李何林）等研究路径不同，“民国文学”论较为强调左翼文艺缘起的民国因素。李怡2010年在《民国机制：中国现代文学的一种阐释框架》中，明确指出：“五四奠基的‘民国机制’在后来逐步显示了强大的文化建设力量，甚至在某种程度上构成了对国民党专制独裁的某种制约，例如二十年代后期兴起的左翼文化，这是我们现代文化史与文学史讨论的重要问题，但值得注意的是，恰恰是在国民党血腥的‘清党’之后，左翼文化得到了蓬勃的发展，并且努力抵抗了专制独裁势力的绞杀迫害，左翼文化能够获得基本的生存空间，这在很大程度上也得益于自五四时代就开创出来的‘民国机制’。”不仅左翼文艺如此，整个民国时期革命文学也体现了这一根本原因：“中国的抗战文学之能包容国统区与解放区之分，而且在一定程度上还可以形成这两个不同的政治意识形态的交流与对话，本身就是根植于‘民国’的社会政治格局与文化格局。”[②]2012年李怡在《宪政理想与民国文学空间》一

① 李怡：《作为方法的“民国”》，山东文艺出版社2015年版，第52页。

② 李怡：《民国机制：中国现代文学的一种阐释框架》，《广东社会科学》2010年第6期。

文中依旧强调，文化专制虽然戕害左翼文化，但左翼文艺的发展也得益于民国宪政体制给予的自由空间。当然，“民国文学”论内部在这个问题上也有一些分歧，比如张武军就非常强调五卅惨案对革命文学形成的影响。

在“民国左翼”发展问题上，“民国文学”论非常强调内部研究（精神阐释）这一方法，也就是从精神阐释层面分析“民国左翼”发展的原因。李怡就认为：“例如一般认为1930年代左翼作家的现实揭弊都来源于他们生活的困窘，其实认真的民国生活史考察可以告诉我们，但凡在上海等地略有名气的作家（包括左翼作家）都逐步走上了较为稳定的生活，他们之所以坚持抗争在很大程度上还是来自理想与信念。”①在这个一般性的命题下，李怡进一步以左翼文艺巨作《子夜》为例，来说明精神阐释在文艺批评上的具体运用。他说：“再如目前的文学史认为茅盾的《子夜》揭示了民族资产阶级在现代中国没有前途，但问题是民国的制度设计并非如此，其实民营经济是有自己的生存空间的，尤其是1927年至1937年被称作民国经济的黄金时代，这怎么理解？显然，在这个时候，茅盾作为左翼作家的批判性占据了主导地位，而引导他如此写作的也不是什么‘按照生活本来面目加以反映’的19世纪欧洲的‘现实主义’原则，而是新近引入的马克思主义的阶级观念。民国体制与作家实际追求的两相对照，我们看到的恰恰是民国文学的独特景象：这里不是什么遵循现实主义原则的问题，而是作家努力寻找精神资源，完成对社会的反抗和拒斥的问题，在这里，文学创作本身的‘思潮属性’是次要的，构建更大的精神反抗的要求是第一位的。在这方面，是不是存在一种‘民国气质’呢？”②换言之，《子夜》的成功不能称之为是遵循现实主义原则的结果，而是作家“精神反抗的要求”和结果。

由此我们可以看出，“民国左翼”的方法论及其产生的“新的思维、新的

---

① 李怡、周维东：《文学的“民国机制”答问》，《文艺争鸣》2012年第3期。

② 李怡、周维东：《文学的“民国机制”答问》，《文艺争鸣》2012年第3期。

结论”是完全不同于唯物史观的。其研究有着明显的文化研究和文人精神本位的路径特点，在最终旨趣上是指向民国性的。

第三，左翼文艺的主体地位。

“民国文学”论既反对各种一元论文学史观，也想超越各种二元对立的文学史观，目的是建立一种不追求同一性、没有遮蔽性、包容性强的阐释架构。这似乎造成了人们对“民国文学”论缺乏主体性的担忧。但这担忧实无必要。张中良在《回答关于民国文学的若干质疑》中承认多元一体的丰富性，恰恰说明了“民国文学”论是一种多主体论。这点在“民国左翼”上体现得很明显，因为“民国文学”论主观上没有消解主流文学史观或者政治化文学史观的意图，也就必然造成了多主体论的存在，也就是说左翼文艺具有主体性，但它肯定不是唯一的。

但“民国文学”论关于民国文学主体的讨论有不同的路径。比如李怡偏向于将自由主义文学和左翼文学并列为民国文学的主体，张中良则通过自己的大量研究体验强调民族主义文学在民国文学史上的主体地位，而张武军则是通过对20世纪20年代中国青年党的系统连续的考察，赋予国家主义文学主张一种主体性地位。相应地，原先占主导地位的无产阶级文学或者无产阶级与资产阶级文学二元对立的民国文学主体论则得到消解。这种主体地位的安排和“民国左翼”在主体论上是统一的、自恰的，延续了新世纪以来对左翼文学主流意识形态论和话语霸权论的批判，具有一定的学术意义。

第四，左翼文艺的非同一性及遮蔽性。

非同一性和遮蔽性是两个不同性质的问题。所谓非同一性，指的是左翼文艺内、外部存在着许多非同一性现象，比如在内部不仅有“左而不作”的现象，也有自由主义书写的现象，在外部也有“左外有左”的存在，比如自由主义作家也有左翼书写的现象等。王富仁说，“左翼文学本身也不是一个统一的文学”，它“包含四个层次”。[①]蒋光慈被“左联”开除也说明了左翼文艺的多样性。虽然对于左翼文艺多面相的揭示不属“民国左翼”首倡，因为早在2000年中国现代文学研究会第八届理事会第二次会议上这就是一个重要议题，但其得以在批评实践上全面展开，“民国文学”论贡献良多。

相比非同一性，“民国左翼”对于遮蔽性问题则更加重视。在“民国左翼”看来，主要存在着三种遮蔽。一是左翼文艺叙事对其他文艺主体、文艺现象和文艺人物的遮蔽。这其实是任何一元论或者二元对立论文学史观都难以避免的现象。杨丹丹在《“现代文学史”命名的追问与反思——对“中华民国文学”概念的意义解读》中将“遮蔽”视为各种传统现代文学史观的共同特点。此外，张中良在多篇文章中对正面战场文学、抗战文学、大后方文学被新民主主义革命文学史观遮蔽甚至歪曲等现象表示不满。而在理论上对遮蔽问题阐释较多的是李怡。他提出：“在当前，强调文学的‘民国’意义，其主要目标是为了让那些‘现代’叙述所遮蔽的文学现象入史。问题在于，被‘现代’所遮蔽的文学现象主要是什么？是‘非现代’的传统文学样式吗？在我看来，这些‘非现代’的传统文学样式固然也存在被遮蔽的现实，但是更大的被遮蔽却存在于对整个文学史演变细节的认识和理解之中。”[②]虽然他针对的是“现代”文学史观的遮蔽性，但毫无疑问也应包括革命文学史观。二是左翼文艺对精神主体的遮蔽。“民国文学”论和“民国左翼”强调内部研究（精神阐释），有着鲜明的人学路径。杨丹丹说，注重时间性的“民国文学”能够“真正做到‘文学史’与‘人学史’的对照和互通，为文学史写作的完整性和个性化提供了一个更加广阔的空间”[③]。因此，“民国左翼”非常重视左翼作家的精神性分析，正如我们在前面左翼文艺缘起问题中所看到

---

① 王富仁：《关于左翼文学的几个问题》，《中国现代文学研究丛刊》2002年第1期。

② 李怡：《“民国文学”与“民国机制”三个追问》，《理论学刊》2013年第5期。

③ 杨丹丹：《近年来“民国文学”研究述评》，张福贵：《民国文学：概念解读与个案分析》“结语”，花城出版社2014年版，第333页。

的那样，“民国左翼”不惜将其上升到第一性来对待。三是对选择性遮蔽的揭示。张武军在《文学革命到革命文学的另一种叙述——中国青年党视野下的革命与文学》等文章中发现了被无产阶级革命文学选择性遮蔽的其他性质的革命文学家。他说：“五卅之后的胡云翼和刘大杰，其创作不再是对五四文学前辈的简单模仿，而是走上了新的革命文学之路。尤其是刘大杰，作品集多达十几种，翻译也颇丰，他绝对是文学史上被低估的一位作家。然而，不论是胡云翼，还是刘大杰，学界后来都只记住了他们是宋词研究专家，中国文学史专家，有关他们的青年党身份，有关他们国家主义革命的文学倡导，则被彻底遗忘，或被有意遮蔽。”①

因此，相对于对左翼文艺非同一性的重视，“民国左翼”对于传统左翼文艺研究中遮蔽现象的揭示更具独特价值。

第五，革命文学谱系问题。

革命文学谱系问题是近些年左翼文艺、革命文艺研究的一个热点。这个问题并不限于民国文学视野，但却为“民国文学”论者最为重视。甚至由于“民国文学”热力所及，像陈建华这样的重要学者也参与到民国文学与革命机制的谈论中，提出了“革命机制”也是民国机制的一个重要内容的观点。②

“回到民国历史语境重构革命文学谱系”③是“民国左翼”或者说“民国文学”论的一个理论自觉。李怡、张武军等人重点研究了文学革命向国民革命革命文学、再向无产阶级革命文学（左翼文艺）演变的详细过程，系统论述了多维革命史观下的革命文学的复杂性，并对革命文学谱系做历史还原与

① 张武军：《文学革命到革命文学的另一种叙述——中国青年党视野下的革命与文学》，《文学评论》2018年第2期。

② 参见陈建华：《喧嚣的“左翼”——1920年代末北伐革命与上海世界主义》，《中山大学学报》（社会科学版）2015年第4期。

③ 张武军：《文学革命到革命文学的另一种叙述——中国青年党视野下的革命与文学》，《文学评论》2018年第2期。

重新梳理。而在其中，张武军的研究最具理论意识，成果也最具理论形态。

首先，强调民国宪政是革命文学之源。

和李怡一样，张武军也非常强调民国宪政是民国文学机制的核心和本源，这自然可以得到民国宪政机制是民国革命文学根源的推论。在《民国语境下的左翼文学》一文中，张武军明确提出："首先，左翼革命文学的起源和捍卫中华民国的宪政法制相关"，"正是在这样的护法的国民革命中，才生发出了革命文学的需求"，"其次，1928年后，左翼革命文学取得迅猛发展，仍和民国法制有着密切的关系"。文章列举了左右翼不清或交混的历史现象，提出："要阐述清楚左翼文学和右翼文学，仅仅回到民国历史文化语境中是不够的，我们还需要回到民国宪政法制框架中去，正视宪政法制的作用"，"我们说左翼革命文学的发生正是基于对民国法制尤其是宪法的维护，是对民国宪政法统的恢复"。①因此可以说，"民国左翼"将革命文学缘起这个问题法律化了。

其次，强调"国家主义"革命文学观在革命文学谱系中的关键作用。

和民国文学的多主体性一致，民国文学视野中的革命文学是多谱系的，并不限于无产阶级革命文学一家。在民国文学视野中，三民主义、国家主义、民族主义、共产主义、自由主义甚至无政府主义、保守主义，都有过自己的革命话语，在革命文学谱系中具有各自不同的作用和地位。在其中，"国家主义"得到特别的重视和强调。张武军在以"国家与革命"和"民国视野下的中间党派和文学"为主题的一组文章中，主张不把中间派放在"左右"二元的模式中去讨论，而是以其自身主体性来讨论中间派文学。因此，张武军将共产党的阶级革命、国民党的国民革命、青年党的全民革命的三党革命并列起来考察，在三党竞革的架构中理解"革命文学、革命文艺"，认为青年党在文学革命向革命文学的转变过程中有很大的贡献，是研究革命文学谱系

① 张武军：《民国语境下的左翼文学》，《郑州大学学报》（哲学社会科学版）2012年第5期。

的重要领域之一。[①]张武军甚至认为存在着一个“五卅国家主义革命时期”：“回到民国历史语境重构革命文学谱系，不能不提及五卅运动的重要性”，“毫无疑问，回到民国历史语境，不得不正视五卅之于革命文学生成的重要意义。正因为五卅运动和国家主义革命理念的兴起，一些五四文学青年走上国家主义革命文学之路，包括一些后来声称转向无产阶级革命文学的作家，如最具代表性的郭沫若和田汉，其文学转向和革命文学观念的生成，同样经历了一个五卅国家主义革命时期”。为此，张武军重点介绍《醒狮》和胡云翼、刘大杰等人的国家主义革命文学观，考察中国青年党等其他党派的革命和文学关系认识和理论建设对整个文学革命到革命文学转换的影响，以郭沫若和田汉的转变，说明国家主义革命文学思想在从五四文学革命到后来无产阶级革命文学这样一个谱系发展过程中的桥梁和转折点的意义。这种视角，可以用来辨析“左联”时期的观念之争，张武军甚至将自由主义也完全纳入国家主义的范畴：“梁实秋和左翼的革命文学之争，过去我们主要把它看成是自由主义作家的人性论和革命的阶级论之争，可是考察梁实秋的《文学与革命》《诗人与爱国主义》《文学里的爱国精神》，再结合梁实秋的国家主义活动，这场论争中的国家主义的革命观和马列主义的阶级革命论之争似乎被我们忽略了。”[②]

再次，赋予“国民大革命”以革命文学之母的意义。

早在2012年，张武军就提出了革命文学谱系必须溯源到“国民革命”的观点。在《民国语境下的左翼文学》中，张武军否定了传统的左翼文艺和革命文学研究的无产阶级革命谱系论：“有关左翼文学的发生和探源，学界有两种比较有代表性的观点，第一种观点认为革命文学起源于20世纪20年代的大革命，认为邓中夏、沈泽民等共产党人较早开始了革命文学的提倡。把革

① 参见张武军：《国家与革命：中间党派的文学观照》，《现代中国文化与文学》2018年第3期。

② 张武军：《文学革命到革命文学的另一种叙述——中国青年党视野下的革命与文学》，《文学评论》2018年第2期。

命文学的提倡追溯到早期共产党人，显然是要构造无产阶级革命文学的'革命'正统性。但事实上，邓中夏、沈泽民以及后来的茅盾等人倡导革命文学时的'革命'并不是无产阶级性质的革命，而且当时倡导革命和革命文学的不仅有共产党人，还有国民党人和其他派别的作家。"在否定的基础上，张武军改宗"国民革命"论："在大量倡导革命文学的文章中，其理论资源多种多样。有人从俄苏革命文学寻找理论依据，如瞿秋白的《赤俄新文艺时代的第一燕》，也有从法国大革命中找到启示，如郭沫若的《文学与革命》，也有从英国浪漫主义那里发现共鸣，如沈雁冰（茅盾）的《拜伦百周年纪念》，也有从阶级论立场来谈论，如沈泽民的《文学与革命的文学》、郁达夫的《文学上的阶级斗争》等。不论倡导革命文学的理论资源多么迥异，只要一具体到革命文学中的国内'革命'，都无一例外指向'护法'的国民革命，包括早期提倡革命文学的共产党人也认可'革命'就是国民革命。如郭沫若在《文学与革命》中称革命是对外'打倒帝国主义'，对内'打倒军阀'的'国民革命'，'国民革命'是郭沫若这篇文章中一个关键词。早期共产党人沈泽民在《文学与革命的文学》中指出倡导革命文学的'都是承认中国非国民革命不可的人'……郑伯奇在《创造周报》上发表文章题目就是《国民文学论》。"①

为了将这一观点变为科学的论断，数年后"民国文学"论者对这一立论进行了详细论证。李怡在《〈从军日记〉与民国"大文学"写作》，张武军在《国民革命与革命文学、左翼文学的历史检视——以武汉〈中央副刊〉为考察对象》《"红与黑"交织中的"摩登"——1928年上海〈中央日报〉文艺副刊之考察》《训政理念下的革命文学——南京〈中央日报〉（1929—1930）文艺副刊之考察》《从民国报纸副刊探寻现代文学新的历史叙述》等文章中，都着力强调和说明国民大革命对于革命文学的母题意义。

张武军指出："我们不只是回到大革命的历史时段，更应回到多维革命

① 张武军：《民国语境下的左翼文学》，《郑州大学学报》（哲学社会科学版）2012年第5期。

史观下的大革命中来检视革命文学和左翼文学，即回到民国历史视野下的大革命中去，摆脱过去单一的革命史观，正视大革命的含混、复杂、多重可能性，这才是我们探究革命文学、左翼文学丰富性的逻辑起点”，“回到民国历史文化视野下重新考察大革命和革命文学的关系”，“在民国的历史语境中，考察武汉《中央副刊》既是对革命文学、左翼文学在历史语境中的重新检视，也是对中国革命文学谱系的重新构造”。为此，张武军赋予“国民大革命”以革命文学谱系问题之母的意义：“在这一份时间并不长的报纸副刊上，有太多的话题值得我们进一步讨论，有太多的作家作品值得我们进一步关注。除了前面提到的陈启修、茅盾、孙伏园、郭沫若、谢冰莹之外，《中央副刊》上倡导革命文学的作家作品我们该怎么来重新审视和分析，并探讨他们之于中国革命文学、左翼文学的意义。”[①]在这些论述中，一些被革命文学谱系遗忘的理论家如陈启修、胡云翼、刘大杰等人被挖掘和发现。

最后，构造革命文学谱系“国家革命”总主题。

民国视野本身就是一种国家视野，在“民国文学”论发展过程中，“国家”这个元素具有越来越强的重要性，以至“国家革命”最终超越概念名实不副的“国民革命”而成为民国时期文学和政治的总的或者最高的关系范畴。2019年，张武军在《作家南下与国家革命》中提出“国家革命”的概念，认为“国民革命”（National Revolution）应该指的是“国家革命”。对于民国文学和文学家而言，“‘改造国家’‘再造国家’才是头号议题”[②]。在《民国历史形态与革命文学经验》中，他说：“基于民国国家历史形态的考察，革命文学的多元性和复杂性得以呈现，但复杂和多元并非我们的研究目的，而是重新展开革命和革命文学研究的前提。对于民国历史形态下的多元革命实

① 张武军：《国民革命与革命文学、左翼文学的历史检视——以武汉〈中央副刊〉为考察对象》，《中国现代文学研究丛刊》2015年第5期。

② 张武军：《作家南下与国家革命》，《文学评论》2019年第4期。

践和革命文学生成，仍需沿着‘国家’（中国）这一目标来展开，以国家和革命为主导，找寻其内在的演进逻辑，构建新的革命史观和文学叙述框架。”张武军即引“国家革命”进入文学史叙述，以文学与“国家革命”的关系为轴心和分期标准，对1912—1949年革命文学的发展谱系做了四个阶段的划分：“第一阶段（1912—1925），以民国建立为起点，以五卅为下限，其内容是建立民国和捍卫民国的革命和文学，其意义所在有助于我们正视‘被中国现代文学史遗忘和遮蔽的七年（1912—1919）’”；“第二阶段（1925—1931），以五卅为起点，以‘九一八’为标志的抗战爆发为下线（限），其内容和意义在于凸显了国家革命之于现代文学的重要性”；“第三阶段（1931—1945），以十四年抗战为起止点，其内容和意义在于彰显完整抗战的民族革命和中国现代文学的关系，并由此重新认知30年代的左翼文学、革命文学”；“第四阶段（1945—1949），从抗战结束到新中国成立，其内容和意义既凸显了民国历史形态下延安文学的意义和价值，也从更广大的区域范围阐述了战后中共展开的建造新中国的革命和文学的互动关系”。[①]从文学史来看，这一研究路径很有开创性。至于学术上如何评价这一路径可能还需要再思考，但有一点是可以肯定的，这一总体性超越性姿态还是回到了政治性文学史观的藩篱，这也算是“民国文学”论的一种宿命。

第六，其他相关问题。

郭沫若研究。与其他文学史观偏于以鲁迅为中心不同，“民国文学”论和“民国左翼”尤其是它的革命文学谱系研究却是偏向以郭沫若为分析个案的。这主要因为郭沫若具有从文学革命到革命文学，从国家主义到新国家主义再到新民主主义，从国民革命文学到无产阶级革命文学再到抗战文学、大后方文学、人民文学的全过程性，在个案分析上比鲁迅具有优势。因此，从工具理性出发，“民国文学”论者认为郭沫若和民国机制有着非常紧密的关

① 张武军：《民国历史形态与革命文学经验》，《文艺理论与批评》2019年第5期。

系，他们通过多篇以郭沫若为考察对象的文章来论证“民国左翼”与民国机制、国家主义、国家革命、革命文学谱系关系的新认识。“民国文学”或“民国左翼”的郭沫若研究（以张武军、周文的研究为主），比如郭沫若与“孤军派”和国家主义中国青年党的关系、郭沫若赴广东大学问题考察、郭沫若对于“两个口号”之争的态度、抗战时期的郭沫若形象塑造和国共两党民族话语争夺等，有许多新的发现。

左翼文艺向延安文艺转化问题。一般认为，作为运动形态的左翼文艺在1936年“两个口号”和鲁迅去世后基本就结束了，但作为理论形态或者精神姿态，左翼文艺一方面在国统区通过胡风以及后来的“三大批判”延续到20世纪50年代初期（王富仁认为这才是左翼文艺真正的终结），另一方面则通过左翼文人（部分通过中央苏区）在延安一直延续到1942年《在延安文艺座谈会上的讲话》之前（对萧军的批判则延续到“东北批判”时期）。对后者，张武军等对左翼文艺“无缝”接入延安文艺进行了深入分析和探讨，很大程度上深化了我们对这一问题的认识，比如1942年之前边区政府和国民政府的财政关系与1942年之前延安文艺生态之间的关联。周维东则接续了民国机制和延安文艺关系的研究。

文献史料研究。新时期以来，经历过20世纪80年代几波史料收集整理热潮后，左翼文艺、革命文艺的史料发掘工作一度停滞。而最近几年来，现当代文学学科掀起了史料学研究热潮，“民国文学”论在其中也做出了很大的贡献，显示了史料研究对于左翼文艺研究的重要性。后期的“民国文学”论非常重视史料研究，甚至提出了“大史料”的口号。这是“民国文学”论转入文学史料学研究的一个内部动力，也是“民国文学”论取得丰硕成果的一个关键。可以说，“民国左翼”的许多成果是建立在他们史料自觉的基础上的。张武军《从民国报纸副刊探寻现代文学新的历史叙述》甚至将史料研究和革命文学谱系的对应关系做了说明：“通过对上海《民国日报》和《广州民国日报》及其副刊的考察，我们可以理解早期的革命文学所指为何，以及上海国民党人何以率先竖起新文化运动的大旗，而且从上海《民国日报》到国民党改组后第一党报《广州民国日报》，我们亦可建构文学革命到革命文学的另一种叙述；通过对武汉《中央日报》副刊的考察，我们可以重新认识国民大革命实践与‘革命文学’‘左翼文学’的复杂关系；通过对上海《中央日报》文艺副刊的考察，我们可以重新理解1928年以后革命文学的复杂性以及中国文学的‘现代性’‘摩登性’；通过对《河北民国日报》《天津民国日报》《华北日报》副刊的考察，我们可以重新思考北方的革命和文学传统——被‘京派’和上海左翼所‘遮蔽’的传统；通过对南京《中央日报》及其副刊的考察，我们可以探寻革命话语如何演进到民族话语、民族主义文学如何逐步发展成为官方文学的历程，进而引发我们重新思考20世纪30年代革命文学的问题；通过对重庆《中央日报》及其副刊的考察，我们可以认知战时文学生态；通过对战后留守重庆和迁回南京的两份《中央日报》及其副刊的考察，我们可以探究战后中国文艺走向的命题……这样的叙述无疑将会打开现代文学研究的新局面。”①

“民国文学”论还有许多关于抗战文学、大后方文学、延安文学的研究成果，都值得关注，鉴于和本主题无关，此处就不予展开。

二、“左翼民国”：民国风貌中的左翼文艺

“民国”能够成为方法，那么“左翼”自然也能成为方法。

左翼文艺是全方位的文艺，从最初延续五四新文学个性解放、家庭革命的主题和题材开始，到对城市阶级斗争、文化圈层、自然灾害、农村破产、乡绅佃农、疾病瘟疫、都市景观、商业文明等进行全方位的描写，可以说左翼文艺对民国的介入和表现是非常全面的，确实有一个“左翼民国”艺术世

① 张武军：《从民国报纸副刊探寻现代文学新的历史叙述》，《四川大学学报》（哲学社会科学版）2019年第6期。

界的存在。因此，研究“左翼民国”既可以让我们了解民国，也可以让我们反观左翼。

这形成了对“左翼民国”的三种研究路径。第一种是通过对左翼文艺中民国风貌的描写来发现民国、发现历史。正如张中良所说：“只要我们从民国史的视角来看，就会看到五光十色的民国政治生活、经济生活、风俗场景与精神风貌。”[①]近些年，在“民国文学”论的推动下，通过左翼文艺来考察、观察、发现民国的研究方兴未艾。第二种是通过左翼的视角来研究其他民国文学或者其他民国问题，比如《从“左翼”视角看曹禺的〈雷雨〉与〈日出〉》（王艳春）等研究路径。第三种是通过对左翼文艺中民国风貌的描写，来反观左翼文艺和左翼文人，进而对左翼文艺有新发现，比如《30年代左翼诗歌视野中的都市》（张林杰）、《左翼视角下的城市现代性书写——论20世纪30—40年代草明的城市叙述》（张鸿声、胡洪春）、《从启蒙现代性到城市现代性——中国新文学初期的上海叙述》（张鸿声）、《民国经济下的左翼农村题材小说》（布小继）等研究路径。当然其中有肯定性或否定性的不同学术立场。

需要说明的是，第一种研究是一种文艺社会学、知识学的研究，是一种文化研究，这种研究不是我们关注的类型，因为它的重点在“民国”；第二种研究虽然是文学研究，但它的重点不在“左翼”而在其他文学，“左翼”只是作为一种研究方法或是进入问题的视角。第三种研究才是我们要讨论的重点，因为它的重点在“左翼”。但对后者我们不可能全面论述，在这里仅以左翼文艺对于都市文明的表现及对其研究来做一点说明。因为通过对左翼文艺作品中的都市文化和消费主义的描写（尤其是左翼电影，对民国都市和商业文明有着直观的表现），可以发现左翼文艺独特的都市体验和革命意识等。

因为20世纪世界范围内和中国早期的阶级斗争主要是城市工人阶级斗争（或者说20世纪20年代社会革命代替思想革命之后，城市成为中国革命和文学

① 秦弓（张中良）：《三论现代文学与民国史视角》，《文艺争鸣》2012年第1期。

的中心），因此左翼文艺具有推崇都市文明的传统。最早倡导"无产阶级文化"的蒋光慈在《十月革命与俄罗斯文学》中就认为无产阶级诗人第四种特质就是"城市的歌者"①。由此可见，左翼文艺并不像李欧梵等学者批判的那样，对于都市文化和消费主义只有批判、反（审美）现代性的一面；也不像传统左翼文艺研究那样，只看到左翼主体对城市客体的批判，而看不到客体对主体的塑造。

这种局面在"左翼民国"第三种研究路径中有了突破。比如，高兴在《渊薮与战场——革命文学作家对于民国上海的空间体验》《民国上海都市空间与革命文学作家的精神体验》等文章中，比较了左翼文艺与自由主义、现代主义在都市批判上的同与不同，揭示了左翼作家对都市文化或者商业文明描写中蕴含着革命性（历史现代性）一面的深刻认识。作者通过对茅盾的"子夜"意识、鲁迅的"夜上海"意识、冯乃超的"上海简直是一个战场"的观点，以及瞿秋白的《子夜》、殷夫诗歌的分析，说明对于左翼作家的都市体验或者都市意识而言，都市现代性的主要意义不是审美现代性意义上的反现代性，表现为左翼文人对于都市罪恶渊薮的批判（当然这个都市体验不仅限于左翼作家），而是一种历史现代性的意义，表现为左翼文人对都市同样是"战场"的社会现代性或者历史现代性的体验。他认为后者才是"革命文学作家都市意识的特质"②。此外，高兴甚至还专门研究了1930年前后的中国左翼文人与城市马路的关系，阐述左翼文人的活动方式、文化空间及马路意识（包括马路文化意识、马路阶级意识、马路冒险意识、马路运动意识等），借此剖析左翼文人的心理规律与思想脉络，以及内部的差异。③

由此可以看出，通过"左翼民国"的研究来认识左翼文艺，是一个很有

① 蒋光慈：《十月革命与俄罗斯文学》，《蒋光慈文集》第四卷，上海文艺出版社1988年版，第126页。

② 高兴：《渊薮与战场——革命文学作家对于民国上海的空间体验》，《河北师范大学学报》（哲学社会科学版）2013年第5期。

③ 参见高兴：《中国左翼文人与城市马路（1930年前后）》，《西华大学学报》（哲学社会科学版）2012年第6期。

学术意义的研究路径。但遗憾的是，无论在传统左翼文艺研究还是民国文学视野中，这一研究路径并不宽广。实际上，就全貌来讲，诸多左翼文艺作品文本分析（尤其是题材分析）、作家个案分析、比较研究（左翼文艺内外不同作家都市题材创作的比较研究甚至是国际的比较研究、不同城市区域左翼文艺群体的比较研究）、都市叙事的文类研究（小说、诗歌、戏剧、电影）等，可以说，大多数“左翼民国”都市叙事研究还是属于传统的左翼文艺研究范式或者文化研究范式。因此，这一研究路径还有待于进一步的独立发展。

三、“民国左翼”略论

作为一种新的理论范式，“民国文学”论有着许多优点：比如历史还原、历史语境的方法论，强调民国场域和民国国家历史文化情境，兼顾了文学的内外部研究，理论和范式架构的时空性、价值和意义中立性（走出“一元论”“二元对立”的超越性和整体性）、学科发展的使命性、非现代性非西方的新的主体性（“中国作为方法”）、人学维度等，其积极意义和学术精神应该得到肯定。但“民国文学”论在建构过程中也遇到诸如如何整合“中华民国在台湾”等文学史难题、“民国”在1912—1949年间的有效性问题（民国并不是铁板一块，这影响了“民国文学”阐释力的问题）、“民国文学”论会不会解构经典的问题（“民国文学”论的“泛历史化”存在着过于强调细枝末节的倾向）、会不会消解整一性主线的问题（因为无论是新民主主义文学史观还是现代性文学史观或者启蒙主义文学史观都有一个主线的整一性的问题，吕彦霖、赵学勇、张桃洲、吕黎等认为“民国文学”论缺乏一个整体性的理论支撑点）、民国机制和延安道路的问题、“民国文学”论去意义化和再政治化的问题（“民国文学”论在对待传统革命文学史观和现代文学学科观念时有强调去意义化、以时间或空间换意义的倾向，但在对待审美现代性或形式主义文学史观时，又有再政治化的倾向，因此不少批评者指出“民国文学”论本身就是一种政治立场，有着走第三种道路的困难）、“民国文学”论是学科问题还是研究方法问题（有的论者强调学科命名的立场，有的论者强调研究范式的立场）等诘难或者质疑。还有一些研究者为"民国文学"的对立面辩护（如罗执廷、刘治斌、赵学勇等学者，主张保留现代性或者"现代"的意义作为文学史意义和价值的主轴或者骨架）等。

相比在现当代文学学科内受到的热议，马克思主义文艺理论研究领域对于"民国文学"论较少关注。应该承认，"民国文学"论是一个完全不同于马克思主义文艺理论的研究范式，因此，从马克思主义文艺理论视角评价"民国文学"论的左翼文艺、革命文艺研究不是一个简单的事情。这里先尝试从三个方面略加评论，以期抛砖引玉。

其一，"民国左翼"的精神第一性倾向。和马克思主义唯物史观不同，"民国文学"论虽然倡导内外部研究，但在具体问题上还是存在着精神第一性的倾向，非常重视和强调现代作家、艺术家个体关于生命、艺术、政治的体验、经验，亦即个人的主体性。强调左翼文艺的精神因素，这一特性除了前面所提到的李怡"民国机制"方法论中有突出强调之外，在张武军的分析实践中也表现得非常明显。在《1936年：20世纪中国文学发展道路中的转捩点》中，张武军认为鲁迅、郭沫若、茅盾等人对于"国防口号"持异议的主要原因的分析就是基于他们对文学、生命、政治有自己独特"体验""经验"的分析，以此作为他们对待两个口号不同态度的合理性分析的基础。①这一分析模式甚至延伸到延安文艺运动时无产阶级主体性和小资产阶级主体性之争的讨论中。从而形成了以精神为第一性的文学史底层逻辑，而这与马克思主义唯物史观基于矛盾运动规律的底层逻辑是完全不同的。

其二，"民国左翼"的泛主体性倾向。无论是张福贵等人"民国文学史"强调的时间性，还是李怡等人"民国机制"强调的空间性，"民国文学"论都非常强调研究范式的超越性和整体性，因此各种文学现象在"民国文学"文

① 参见张武军：《1936年：20世纪中国文学发展道路中的转捩点》，《东岳论丛》2016年第5期。

学史叙事中往往被赋予了主体性。赵学勇在批评文章中指出，民国文学视角实质是一种“本质脱离”，对“新文学”本质没有整体性把握；认为它“遮蔽经典”，流于末节和散沙；认为“民国文学”命名太笼统，不能区分内部不同的“质体”，将左翼文艺和自由主义、民族主义文艺笼统地归为一类，①说的就是“民国文学”泛主体性、泛民主性这一特点。反映到“民国左翼”上也是如此，各种左翼文艺的相关因素、质料、形式、他者都被纳入考察范围，虽然有的取得了很好的研究效果（比如有研究发现小学教师这一群体是影响许多左翼作家思想形成的重要因素等），但整体上来讲，已经远离理论史这一中心（从马克思主义文艺理论研究角度来看），其所强调的外部研究，已与文化研究类似，失去了左翼文艺的主体性。

其三，革命文学谱系研究的国民革命和国家主义中心论。“民国左翼”通过对国民大革命时期国民党、共产党、青年党三党革命文学观念的考察，通过对大革命时期《中央日报》副刊等纸媒的考察，通过对郭沫若等人从国家主义到国家革命再到左翼文艺路径等个案的考察，赋予了国民革命是革命文学谱系的缘起、国家主义是文学革命向革命文学发展的转折点等重要意义（国家主义对五四文学的批判导致了革命文学转向），从而形成了一个以国民革命和国家主义为中心的革命文学谱系论。对这一意图，即便只考虑20世纪20年代初新“国民革命”概念由共产党提出、国民党接受、国共共同实践这一点，就可以看出，脱离无产阶级革命谱系来谈论国民革命甚至国家革命意义上的革命文学谱系，甚至不惜将早期共产党人关于革命文学的论述放置于革命文学谱系之外，试图将无产阶级革命文学这一脉络消解在国民革命甚至国家主义革命文学谱系中，显然是有问题的。此外，在许多革命文学理论可以并置的情况下，“民国左翼”又有着建立单一线性革命文学谱系论的意图，而这和其学术范式中强调非同一性和去蔽性又是矛盾的。这种矛盾性还表现

① 参见赵学勇：《对“民国文学”研究视角的反思》，《中国社会科学报》2013年11月1日第B01版。

在“民国文学”放弃宏大叙事的文学史叙事方式与建构20世纪文学史“中国经验”的理论目标之间。

任何研究范式都不可能完美。不论是作为“拾穗者”还是“机耕者”，“民国文学”论带领我们重返左翼文艺“现场”，给了我们许多新发现、新景观、新惊喜，这是值得充分肯定的。比如民国经济与左翼经济题材小说关系的研究就是“民国左翼”的重要成果之一，像妥佳宁从国民党左派经济政策出发的《子夜》研究，就不是传统左翼文艺研究容易关照或者企及的视角。因此，正如卞之琳在《断章》中写的那样：“你站在桥上看风景，看风景的人在楼上看你。明月装饰了你的窗子，你装饰了别人的梦。”在学术民主时代，不同研究范式之间相互欣赏、借鉴和学习，对于马克思主义文艺理论研究范式而言亦是如此。对此，我们期待“民国左翼”研究有更多学术成果的出现。

（完成于2020年9月）

1932年：中国左翼文艺运动历史分期的时间逻辑

历史分期和命名问题是文学史生产的核心要素和重要事件之一。按照传统事件分期法，左翼文艺运动一般被分为革命文学论争和“左联”两个时期。但近些年，学界对左翼文艺运动尤其是“左联”阶段的历史分期提出了不少新观点，所依据的分期原则和方法各异，如意识形态、整体性、概念延展、文学主体、社会主潮、领导权、学术会议等。但分期和命名问题同时也是一个理论批评问题，因此，从中国马克思主义文艺理论发展史的角度，强调以左翼文艺运动指导思想变化和理论衍化情况作为分期依据和分析方法，可为左翼文艺运动乃至中国马克思主义文艺理论早期发展的历史分期提供一种新的时间逻辑。

一、传统的左翼文艺运动历史分期与命名

一般来讲，只要有文学史的建构就会出现历史分期和分期命名问题。以左翼文艺运动为例，[①]无论是被称为“左联十年”还是“左翼十年”，作为文学史概念历史分期的“左翼文艺”是在“十七年”时期，由文学史家在“现代—当代文学”文学史生产的过程中建构出来的，是从1949年之前以及20世

① 为了表述方便，本文并不严格区分“革命文学”“左翼文学”“革命文艺”“左翼文艺”等概念的使用。

纪50年代初期（对五四以来的）“新文学史”叙事中脱胎出来，作为文学史一个“标段”被固化后，成为一个文学史经典概念的。[①]

这种经典性还体现在20世纪80年代由“二十世纪中国文学”概念引发的现当代文学历史分期问题以来的讨论中。相比其他历史分期不断被质疑、被争论，不断发生位移或被切割的现象（比如当代文学的历史分期问题），在不同的文学史叙事中，“左翼文艺”或者“左翼十年”的地位及其表述都非常稳定，它作为历史分期概念所标识的历史区间也很明确、固定。[②]

虽然在内涵上与“革命文艺”“抗战文艺”“工农兵文艺”等历史分期和命名存在着纠缠不清的关系，[③]但作为文艺运动的“左翼文艺”，与之前的五四新文艺和后来的延安文艺还是界限分明、特征明显的，主要指的是1927年底至1936年初这个时间段。虽然有的文学史家在具体表述上略有差异，如使用1927年底或1928年初，到1935年底或者到1936年、1937年甚至是1938年等时段的表述，但这并不影响“左翼十年”的整体性。在王瑶的《中国新文学史稿》（上，1951）、夏衍的《懒寻旧梦录》（1985）、贾振勇编的《左翼十年：中国左翼文学文献史料辑》（2015）等著作中，“左联十年”“左翼十年”是固定

① 这是学界一个比较成熟的论断。可以参见唐蕾《从“十七年”文学“分期”讨论看“现代文学”的构造》（《文学评论》2018年第4期）、孙进增《端正与迷失——1950—1976年左翼文学研究述评》［《聊城师范学院学报》（哲学社会科学版）2000年第4期］、张卫中《关于中国现当代文学分期的再思考》［《暨南学报》（哲学社会科学版）2010年第3期］、罗岗《“分期”的意识形态——再论现代“文学”的确立与〈中国新文学大系（1917—1927）〉的出版》［《华东师范大学学报》（哲学社会科学版）2001年第3期］、黄发有《文学会议与中国现当代文学史的分期问题》（《中国现代文学研究丛刊》2013年第8期）、朱燕颐《对中国现当代文学分期问题的思考》［《安徽文学》（下半月）2014年第10期］等文章。

② 当然，这是相对而言的一种“稳定”。洪子诚等一些文学史家认为，“左翼文学”“革命文学”这样的概念，“内涵和对象有的时候可能比较清楚”，“但并不是所有的时候都是这样”，因此，“讨论这些概念，还应注意它们自身存在的‘含混性’”。参见洪子诚：《左翼文学与“现代派”》，陈平原主编：《现代中国》第1辑，湖北教育出版社2001年版，第115页。

③ 参见江惠之《关于“抗战文艺的分期问题”》［《重庆师院学报》（哲学社会科学版）1984年第2期］、程凯《寻找“革命文学”、“左翼文学”的历史规定性》［《郑州大学学报》（哲学社会科学版）2006年第1期］等文章。

概念。

与此同时，在“左翼文艺”内部分期问题上，多数文学史家还是坚持通行的“事件分期法”，一般以1930年初“左联”成立为界，分为“革命文学”论争（1928—1929）和“左联”（1930—1936）两个时段。只不过不同文学史对这两个阶段有不同的称呼，比如1960年南京大学中文系编的《左联时期的无产阶级革命文学》称“革命文学”论争时期为“左联的准备时期”，1979年唐弢主编的《中国现代文学史》和林志浩主编的《中国现代文学史》都把这两个阶段分称为“无产阶级（革命）文学运动与中国左翼作家联盟”。但这不影响左翼文艺历史分期二分法。

因此，从20世纪50年代开始，作为一种传统的文学史命名和分期法，“左翼十年”和左翼文艺运动历史分期二分法，在文学史上有着50多年的历史。

二、新的左翼文艺运动历史分期与命名

1979年，唐弢在《中国现代文学史》中非常明确地说：“一九二八年无产阶级革命文学的倡导，便是这一运动的最初发端。”[①]和这种稳定、明确的传统描述不同，新世纪以来，左翼文艺运动历史分期也出现了位移和切割的现象，分期问题逐渐复杂化。

（一）受左翼批评话语延展的影响，左翼文艺广义化，导致了“左翼文艺”在时间上的延长[②]

比如方维保2004年出版的《红色意义的生成——20世纪中国左翼文学研究》就持这种观点：“我倾向于从有限的广义的角度来定义左翼文学，把它看

① 唐弢：《中国现代文学史》（二），人民文学出版社1979年版，第4页。

② 近些年来，“左翼”“左翼文艺”概念和批评话语有所泛化，似乎凡是基于民众立场的都可以称之为“左翼”。这类“左翼文艺”不在我们讨论的范围之内。本文讨论的是作为文学史概念的“左翼文艺”或“左翼十年”历史分期的一些具体问题。

作是20世纪中国‘革命现实主义文学’的另一个名称，用它来指称从中国共产党产生的20年代到80年代与中国共产党革命有关的文学创作和文化活动，甚至包括那些在80年代对左翼的红色意识形态表分歧但实质上又具有千丝万缕联系的创作活动。”①此外如2008年曹清华的《中国左翼文学史稿（1921—1936）》将广义左翼文艺的起点上溯到1921年，而2013年张大明的《中国左翼文学编年史》甚至将左翼文艺的起点上溯到1920年。②这种现象主要是由于“左翼”作为批评话语在内涵上的扩展造成的，同时也反映了批评概念对文学史概念的影响。比如，洪子诚在《左翼文学与“现代派”》一文中将这种命名方式和分期方法称之为“比较笼统的用法”：“通常有一种比较笼统的用法，这种用法，按照政治倾向和与政治紧密关联的文学观念的分野，区分20世纪中国文学，来指认其中的一种文学潮流、文学派别。”③但这类分期法不构成对文学史概念“左翼十年”整体地位的消解，因为它们是以左翼文艺为理论背景的。

（二）左翼文艺历史分期进一步精细化

相比“左翼十年”作为一个整体在文学史上相对固定的历史分期，左翼文艺内部的历史分期问题却是非常复杂，一直不是很稳定，主要表现是学界在“左联”历史分期问题上分歧很大。2016年王锡荣的《“左联”与左翼文学运动》第四章“左联分期及其发展轨迹”对“左联”时期的历史分期做了详细的分析，除了自己将“左联”的历史分为具体四个时期外，还对学术界

---

① 方维保：《红色意义的生成——20世纪中国左翼文学研究》，安徽教育出版社2004年版，第16页。

② 这种追溯多多少少都隐含着新民主主义理论的影响。但这种上溯由于没有区分五四之后“革命文学”就有国民革命的和无产阶级的两种“革命文学”的不同性质，因此这种研究思路招到了一些强调左翼文艺研究民国视野的学者的批评。

③ 洪子诚：《左翼文学与“现代派”》，陈平原主编：《现代中国》第1辑，湖北教育出版社2001年版，第115页。

对左翼文艺尤其是"左联"阶段各种分期法进行了综述。[①]只是有些历史分期王锡荣的著作中没有涉及，比如隋华臣2013年依据领导权之变（标准是鲁迅对"左联"领导作用的变化）将1934年作为左联前后期分期标准等。[②]这些都是左翼文艺研究不断深化的表现，说明学界对左翼文艺运动尤其是左联阶段的发展轨迹有着更为精确的把握和描述。

（三）出现了迥异于传统左翼文艺历史分期的分期法——剥离法

剥离法中存在着两种现象。一种是"前剥离"。比如程凯认为应"将20世纪20年代以鼓动革命为目的的文学言论称为'革命文学'，将三四十年代以对抗资产阶级政权、宣扬无产阶级革命或其它革命理念为特征的文学实践称为'左翼文学'，尤以'左联'为其代表"[③]。这种观点在青年学者中有一定的代表性。[④]类似的有2015年陈红旗的《中国左翼文学的演进与嬗变(1927—1937)》和2016年杨胜刚的《中国共产党的政治实践与左翼文学》，二者都把1930年之前的无产阶级文学称为革命文学，20世纪30年代是左翼文学。另一种是"后剥离法"。张大明在《中国左翼文学编年史》中提出了一个非常特殊的左翼文艺分期法：《中国左翼文学编年史》只编到1932年底。虽然张大明说，"本书结束在这里，但左翼文学并没有谢幕；准确划分，应该结束在1938年3月中华全国文艺界抗敌协会成立，各家各派的大联合大团结"，但他认为，"1933年以后，左联作为一个党领导的文学艺术的团体，它的领导层还在，还有活动，但基层群众性的外部活动都没有了。它换了形式，基本上不从事与文学无关的纯政治活动了"，因此，"左翼文学作为主潮统治文坛的历史结

---

① 参见王锡荣：《"左联"与左翼文学运动》，上海人民出版社2016年版，第130页。

② 参见隋华臣：《领导权之争——"左联"前后期转变的一种考察》，《科学·经济·社会》2013年第2期。

③ 程凯：《寻找"革命文学"、"左翼文学"的历史规定性》，《郑州大学学报》（哲学社会科学版）2006年第1期。

④ 参见翟猛：《近十年左翼文学研究中"世界视野"的引入与反思》，《文艺理论与批评》2019年第4期。

束了”[1]，所以，张大明依据主潮性和政治性等标准，将狭义左翼文艺的时间限定为1929年底到1932年底。这明显和传统的左翼文艺断代和分期方法截然不同，张大明又是著名的革命文艺史料大家，这一观点自然引起学界关注。对此，王锡荣表示：“这是很奇怪也很遗憾的。”[2]张大明著作中的两位序言作者桑逢康、黄淳浩也都表示了不同意见。但笔者认为，张大明基于对某种意义上的（“非不为也实不能也”的）左翼文艺“左而不作”历史存在状态的认定，[3]将左翼文艺的下限定在1932年也是有很大合理性的，某种程度上也和本文的观点耦合。

三、“1932 年”之于左联分期

自1939年现代文学学科奠基人李何林的《近二十年中国文艺思潮论（1917—1937）》开始，依据历史事件对文学史进行分期形成学术传统。只是当时作为文学史的左翼文艺概念还没有形成，左翼文艺叙事被镶嵌在“五卅”到“九一八”、“九一八”到“八一三”等以历史事件为标记的历史区间中。到了“十七年”时期，左翼文艺作为文学史概念和批评概念被整体性建构出来。进入20世纪80年代之后，经过几波史料收集整理和研究工作后，左翼文艺尤其是“左联”的发展轨迹逐渐清晰，大而化之的历史事件分期法已经不能满足研究的需要。因此，“左联”的分期问题讨论在20世纪80年代初期就多起来了，先后出现了两分期、三分期、四分期等分法。

两分期法中比较有影响的是茅盾和夏衍的观点，二人均持前后期之分的

① 张大明：《中国左翼文学编年史》，社会科学文献出版社2013年版，第1062页。

② 王锡荣：《“左联”与左翼文学运动》，上海人民出版社2016年版，第134页。

③ 近些年对“左而不作”或者虽加入左联但以个人名义发表作品之类现象，以及左翼文艺影响之外文化空间的研究成果很多，构成了复数左翼和左翼外文化空间的全景图。参见曹清华《何为左翼，如何传统——“左翼文学”的所指》（《学术月刊》2008年第1期）等文章。

观点，只是在时间分界点上有区别。茅盾划分左联前后期的依据是1931年11月左联执委会通过《中国无产阶级革命文学的新任务》。他说“这个决议在‘左联’的历史上有十分重要的作用，它标志着一个旧阶段的结束和一个新阶段的开始。可以说，从‘左联’成立到一九三一年十一月是‘左联’的前期，也是它从‘左’倾错误路线影响下逐渐摆脱出来的阶段；从一九三一年十一月起是‘左联’的成熟期，它已基本上摆脱了‘左’的桎梏，开始了蓬勃发展、四面出击的阶段”①。夏衍对此看法不同，他认为这个决议没有强调反对关门主义，这个决议制定后也没有得到认真执行，还花了一年多的时间对“第三种人”进行斗争。他认为“左联”真正改变是1932年“一·二八”以后，国际国内形势变化导致左联方针转变。但他又同时说：“1932年的夏秋之间，也就是‘淞沪战争’失败之后。而使这个转变在党内得到合法地位，这是在歌特1932年11月3日在党刊《斗争》上发表了《文艺战线的关门主义》之后。”②因此，在左联后期开始具体时间点上，夏衍有三种说法，一是“一·二八”，二是“八一三”即“淞沪战争”，三是歌特（即张闻天）文章发表的年底。所以，夏衍描述的左联前后期变更时间不是一个时间点，而是1932年整个一年这样一个时段。对茅盾、夏衍的前后期二分法，王锡荣认为：“这个方法是从左联自身的策略变化来划分的，当然也与外部环境变化有关。但是，这种分法没有从左联整体的状态和发展历程的角度去反映，最多只能说是左联方针策略的两个阶段，是左联主观策略的自我定位和调整，而不能反映左联发展的整个历程，即客观的状况和态势。”③但茅盾、夏衍的两分法各有拥趸，比如前面提到杨胜刚的《中国共产党的政治实践与左翼文学》对左联前后期的分期和茅盾的分期法是类似的。

---

① 茅盾：《“左联”前期——回忆录（十二）》，《新文学史料》1981年第3期。

② 夏衍：《懒寻旧梦录》，生活·读书·新知三联书店2000年版，第140页。

③ 王锡荣：《“左联”与左翼文学运动》，上海人民出版社2016年版，第132页。

持两分法的还有香港学者王宏志，但他以1933年为分期点，认为之后左联走上了衰弱："一般的评论家都把'左联'分成前后两期，以1933年底为分界线。"[①]但"一般的评论家"说得有点笼统，其文献依据为外文文献。而前面我们提到隋华臣的历史分期法也是一种二分法。隋华臣认为左联"更根本的转变却是发生在1934年以后。1933年、1934年'左联'领导人冯雪峰和瞿秋白先后退出领导岗位，离开上海，前往苏区瑞金。不久，被鲁迅称为'四条汉子'的周扬、夏衍、阳翰笙、田汉成为'左联'的政治领导核心。这种变化，不仅仅是'左联'领导层简单的人事变动，它决定了鲁迅对'左联'领导作用的变化，对'左联'的转变产生了很大影响。1934年以前，担任'左联'政治领导的是冯雪峰和瞿秋白。"[②]

持三分法的有孔海珠、张小红等学者。孔海珠在《左翼·上海：1934—1936》中提出了前期、中期、后期的三分法，即把茅盾提出的1931年（和夏衍提出的1932年）以后，再一分为二，以1934年下半年为分界线，分为中期和后期。"张小红在《左联与中国共产党》一书中支持孔海珠的分法。"[③]

而王锡荣对左联六年历程持四分法。王锡荣认为"应当从左联发展的整体态势（也即发展轨迹）的不同特征去划分"，因此，"从左联历时性过程去观察发展轨迹，就会发现：它从1930年3月成立，到1935年底消散，虽然只有短短的6年，但是其历程并非一帆风顺，而是跌宕起伏、峰回路转，异常曲折的。从大的节点上看，基本上经历了勃兴—挫折—重振—涣散这样的两起两落的轨迹，而从细小的节点上看，其中曲折更多"。[④]所以王锡荣将左联历史分为了四个时期，分别是："从初潮到勃兴（1930.3—1930.10）""从挫折到调整（1930.10—1932.3）""从调整到抬头（1932.3—1933.10）""从再兴到寂寞

① 王宏志：《鲁迅与左联》，新星出版社2006年版，第255页。

② 隋华臣：《领导权之争——"左联"前后期转变的一种考察》，《科学·经济·社会》2013年第2期。

③ 王锡荣：《"左联"与左翼文学运动》，上海人民出版社2016年版，第134页。

④ 王锡荣：《"左联"与左翼文学运动》，上海人民出版社2016年版，第135页。

（1933.10—1935.2）”。

观察以上历史分期，我们有两点发现：一是不同于李何林式的历史事件分期法，也不同于20世纪80年代以来的新意识形态和审美现代性的分期法（这类分期法时间跨度大并且笼统），以上大家在左翼文艺和左联历史分期上普遍使用了运动观察法，基本是依据左翼文艺主体运动状态的方针政策变化、运动轨迹的兴衰、文艺运动是不是社会主潮、运动组织领导权和人事变化、左联成立和消散等外部特征来分期。这种分期固然能够在形态上描述左翼文艺的运动轨迹和整体态势，但也存在着很大的不足，那就是无法在内部理路上描述左翼文艺运动在理论上的发展轨迹。二是在不同的分期法中，“1932年”是大家共同接受的一个分期节点（除了隋华臣的二分法较为特殊之外）。夏衍的观点自不用另说，茅盾的分期节点在1931年底，和夏衍最早的一个分期点——1932年的“一·二八”也就相差两个月，实际上没什么大区别。而孔海珠、张小红等学者虽然使用了三分法，但可以看出，他们只是对1932年之后的左联历史做了次一级的细分，实际上保留1932年作为重要节点的意义。王锡荣的四期分期法，在1932年时间节点的基础上做了一定程度的位移，前后再做了细分，但仍旧以1932年为重点是无疑的。而张大明的分期法则是“1932年”分期节点的绝对化，将1932年的分期意义凸显到了极点。

四、“1932 年”作为左翼文艺运动历史分期的时间坐标

因此，根据上面的观察，如果把“1932年”从左联的历史中凸显出来，我们会发现，“1932年”完全可以代替1930年左联成立这一历史事件而成为左翼文艺运动历史分期的一个时间节点：以“1932年”为界，我们可以把左翼文艺运动分为前后两个时期，而不是分为革命文学论争和左联两个时期。为什么这么说？一个主要原因是：1932年之前的左翼文艺运动主要以苏联的“拉普”和日本的“纳普”理论作为指导思想，这些包含着大量庸俗社会学和机械唯物论、关门主义和宗派主义倾向的“二手”指导思想在理论和实践

上给左翼文艺运动造成了很大的失误；反过来，这些失误促成论争双方在理论上溯本清源，左翼文艺理论家们通过大量翻译和传播经典马克思主义即马克思主义创始人的著作和理论，从而大致在1932年底这个时段，真正实现了以马克思主义指导中国革命文艺实践的开始，虽然宗派主义还在一定时期内存在，但庸俗社会学、机械唯物论和关门主义基本上得到了克服，左翼文艺运动因此发生了质的变化。前面所述不同的左联分期法都不约而同地强调了“1932年”的转变意义，也在客观上反映了这种变化。

而要将“1932年”确立为左翼文艺运动历史分期点，我们需要对旧有事件分期法的不足和新分期法——我们姑且称之为“理论分期法”的合理性做进一步的说明。

（一）以左联成立事件作为革命文学论争结束的标志，并以此作为左翼文艺运动前后阶段划分的依据是一个认识上的陷阱。

学界一般认为，左联的成立标志着革命文学论争的结束和革命文艺统一战线的形成。但这是一种形式上的理解。一方面，原有的革命文学论争直到左联成立也没有完全停止。1930年2月，钱杏邨发表文章《鲁迅》，肯定鲁迅在五四时期的贡献，但认为鲁迅“在革命的现阶段已经是销蚀了他的尖端的力量”；4月，阳翰笙在《文艺讲座》上发表《中国新文艺运动》批评鲁迅、茅盾等人；5月，郭沫若发表《“眼中钉”》反刺鲁迅《我和“语丝”的始终》中对创造社的批评；1931年7月，鲁迅在《上海文艺之一瞥》中也还刺了创造社几下。[①]因此，王锡荣将这种认识称之为“左联”研究的六个陷阱之一。而且，现在的研究和史料也表明，革命文学论争对手之间（甚至包括阶级对手之间）的关系并不像论争文字那样表现得极其尖锐或者壁垒森严，其实论争双方一些人私底下还保持着很好的朋友关系。另一方面，革命文学阵营内部新的论争在左联成立之后又延续到1932年底，比如对于“第三种人”的论战

① 参见王锡荣：《“左联”研究的六个陷阱》，《文汇报》2016年3月7日第DS2版。

就是在歌特文章发表后才从根本上克服关门主义。因此，强调革命文学论争结束、左联成立就意味着左联成立前后左翼文艺运动有着质的不同，无疑是一种主观看法，并不具备太大的理论和现实的合理性。正如后来的左翼文艺研究者舍弃李何林等前辈学者以“五卅”“九一八”“一·二八”“八一三”等历史事件为分期点，我们也可以考虑舍弃以左联成立事件为左翼文艺运动前后历史分期的依据，而尝试寻找新的分期逻辑和标志。

（二）依据理论发展脉络，到1932年底，虽然宗派主义还在一定时期内存在，但庸俗社会学、机械唯物论和关门主义基本上得到了克服，左翼文艺运动真正实现了以马克思主义指导中国革命文艺实践的开始，因此发生了质的变化。

在1932—1933年之前，被当作马克思主义文艺理论而在中国传播的并不是真正的马克思主义文艺理论。革命文学论争之前，中国左翼文艺界受到了苏联无产阶级文化派及庸俗社会学理论的影响，苏联无产阶级文化派代表人物波格丹诺夫的文艺观点在革命文学论争之前就由蒋光慈等人介绍到中国。1928年革命文学论争开始后，中国左翼文艺理论界虽然开始有意识地提出建设马克思主义文艺批评体系的问题，如创造社从1928年初起，明确提出提倡无产阶级革命文学和宣传马克思主义为两大任务，《文化批判》发刊时引用了列宁的名言：“没有革命的理论，也就不可能有革命的运动”（现译），并把介绍和阐述马克思主义称为“一种伟大的启蒙”；太阳社成员钱杏邨在其《力的文艺·自序》中也力倡“应用Marxism的社会学的分析方法”。但事实上，革命文学论争初期创造社、太阳社宣传的所谓“马克思主义文艺理论的基本观点”实际上有不少是错误的观点，它们并非直接来自马克思主义创始人的论述——用个形象的说法就是：吸的是“二手烟”。

这种情况的产生和国际上马克思主义文艺理论的整理、传播过程有着紧密联系。在20世纪20年代之前，马克思主义奠基人关于文学艺术的一些论述还没有得到完整的整理，马克思、恩格斯一些重要的手迹资料不仅被考茨基和伯恩斯坦所领导的第二国际有意封存，而且在已出版的相关著作中，一些极其重要的内容或观点被随意删减或篡改。因此在20世纪30年代以前的苏联文艺理论界甚至流行着这样一种观点："马克思和恩格斯不仅没有创立马克思主义美学，而且根本没有专门研究过艺术问题；除了经典作家可以用作'例证'的某些片言只语，或者至多只是某些粗略的评语之外，他们没有留下任何同美学问题有关的论述；他们关于某些艺术作品、文艺活动家的评论也纯属'个人爱好'的性质。"①因此在20世纪20年代，苏联文艺理论界被奉为马克思主义文艺理论奠基人和重要成员的名单非常复杂，有普列汉诺夫、弗里契、梅林、拉法格、考茨基等等。情况到了中国就更为复杂。1932年以前被看作是马克思主义文艺理论家的除了苏俄的普列汉诺夫、卢那察尔斯基、沃隆斯基、托洛茨基、弗里契、波格丹诺夫之外，还包括日本的平林初之辅、青野季吉、藏原惟人等人，以及美国的一大批马克思主义和非马克思主义学者；与此同时，被作为马克思主义思想引进的文艺理论也非常复杂，它们来自马克思主义发展中的不同阶段以及论争的不同派别，良莠不齐、真伪难辨，对我国马克思主义文艺理论的发展有过非常消极的影响。

到了20世纪30年代，由于《马克思恩格斯全集》的出版和一系列新材料的发现，在苏联形成了广泛学习和宣传马克思主义美学和文艺理论的高潮，中国革命文学理论的发展迫切需要马克思主义的指导和借鉴苏俄创作经验。因此以1932年为界，中国马克思主义文艺理论的接受和传播受其影响也发生了相应变化，在经过一段曲折过程后，逐渐回到马克思主义创始人的文艺思想上。这个变化的标志性事件就是1932年瞿秋白根据苏联公谟学院（苏联共产主义学院）的《文学遗产》第1—2期材料编译出版的论文集《现实——马克斯主义文艺论文集》。②瞿秋白在论文集中着重介绍了

① [苏]阿普列相：《三十年代对马克思恩格斯美学遗产的研究》，《文艺理论译丛》第1辑，转引自艾晓明：《中国左翼文学思潮探源》，湖南文艺出版社1991年版，第167－168页。

② 参见瞿秋白：《"现实"——马克斯主义文艺论文集》，《瞿秋白文集》（文学编）第四卷，人民文学出版社1986年版，第1、225页。

马克思和恩格斯关于现实主义创作方法的论述，第一次向左翼文坛介绍了恩格斯关于现实主义的基本原理，论述了关于现实主义文学的倾向性、作家世界观和创作方法的关系，要莎士比亚化不要席勒化，关于“典型环境中的典型性格”，关于作家和阶级的关系等重要问题。这全是当时困惑左翼文艺理论界的一些重要问题。这些文章和观点的译介，给当时左翼作家文艺创作中较流行的肤浅的革命浪漫主义倾向敲响了警钟，对纠正片面地、过度地强调世界观对创作方法的决定作用，甚至把世界观和创作方法机械等同起来的“左”倾错误提供了极有说服力的理论依据，从而确立了马克思主义文艺理论对中国革命文学运动的理论指导地位。因此，艾晓明说：“由于瞿秋白的努力使中国文学界对马列主义文艺思想了解与苏联同步开始了。”[①]与此同时，周扬也开始不遗余力地宣传现实主义理论，并最早介绍苏联“社会主义现实主义”创作方法到国内（1933年11月1日周扬在《现代》杂志上发表《关于“社会主义现实主义与革命的浪漫主义”——“唯物辩证法的创作方法”之否定》）。这种转向对于左翼文艺而言是整体性的。

除了理论上的正本清源之外，组织上克服关门主义也是在1932年底基本完成的。任中央宣传部门负责人的张闻天在1932年底和1933年初两度发表《文艺战线上的关门主义》，主要针对的就是“文化运动中一些做领导工作同志”，谈的第一个问题就是在对待“第三种人”与“第三种文学”时“我们的同志中间所存在着的非常严重的‘左’的关门主义”[②]。党内高层的批评和建议引起了鲁迅、瞿秋白、冯雪峰等人的注意和贯彻。冯雪峰立即连续写了两篇文章阐发张闻天的观点，第一篇是与瞿秋白商量由瞿秋白代为起草的《并非浪费的争论》；第二篇是《关于“第三种文学”的倾向与理论》。后同时发

① 艾晓明：《中国左翼文学思潮探源》，湖南文艺出版社1991年版，第173页。

② 歌特：《文艺战线上的关门主义》，《斗争》1932年第30期。

表在1933年1月《现代》第2卷第3期上。这些文章完全改变了半年前（1932年6月）《“阿狗文艺”论者的丑脸谱》发表时的那种措辞激烈的调子，对瞿秋白、周扬、冯雪峰等人的观点做了“自我批评”。与此同时，鲁迅对“第三种人”的批评语气已经较两年前批评新月派温和了许多。可以说，到1932年底，左翼文艺运动第二个比较大的历史局限即关门主义错误得到了克服。

因此，综上分析，笔者认为，1932年（可以理解成1932年底）在左翼文艺运动和中国马克思主义文艺理论发展史上的意义是非常特殊的，它是中国马克思主义文艺理论发展史上从庸俗社会学、机械唯物论转向经典马克思主义文艺理论，并在组织上克服关门主义错误的一个时间坐标。

五、结语

就笔者所见，最早以“1932年”为左翼文艺运动分期点的是前辈学者刘柏青。刘柏青通过中日无产阶级文学思潮的比较研究，早在1981年就提出以1932年为界来为左翼文艺运动分期：“中国的左翼文艺运动，大体上以一九三二年为界，在这之前，所受的日本无产阶级文艺思潮的影响，不只是福本主义，而且也包括青野季吉和藏原惟人等人。而这种影响，又和普列汉诺夫、弗里契的影响，波格达诺夫、德波林的影响，拉普的影响，紧紧地交错在一起。到了一九三二年以后，逐渐减弱。在与‘自由人’、‘第三种人’进行论战时，有更多的人能够独立地运用马克思主义的理论观点，得出正确的结论。当然，这一场论战也暴露了左翼理论家的弱点；但总的说来，是把马克思主义的文艺理论水平提高了一大步。”①

当然，每一种分期法都有其合理性，各有历史意义和学术意义，并不存在着唯一的历史分期原则和方法。在这里，我们在坚持“左翼十年”整体表

① 刘柏青：《三十年代左翼文艺所受日本无产阶级文艺思潮的影响》，《文学评论》1981年第6期。

述的基础上，依据左翼文艺运动指导思想的变化，主张以“1932年”为左翼文艺运动前后期分界点，为左翼文艺运动（乃至中国马克思主义文艺理论发展史）历史分期问题提供一种新的理据和时间逻辑，而且这种分期法还可能会对左联内部分期问题造成进一步的挤压，产生新的认识问题。

（原载《中国文学研究》2020年第2期）

20世纪30年代我国现实主义文艺理论发展的三种理路

——冯雪峰、周扬、胡风早期现实主义理论之比较

20世纪30年代从苏联发展到世界各地革命文学运动中的社会主义现实主义理论得到了世界各国马克思主义文艺理论家、批评家的广泛讨论，并且在东欧和中国出现了系统的现实主义理论体系。

在中国，1933年前后，左翼文艺界开始摆脱庸俗社会学的影响，在输入马克思主义现实主义理论的同时，对现实主义的认识取得了重大突破。这些突破主要体现在三个方面：第一，鲁迅的现实主义作为中国革命现实主义的传统和方向，得到了确立和发扬。瞿秋白、冯雪峰、胡风都有专门的鲁迅论；瞿秋白称鲁迅的现实主义是“最清醒的现实主义”[①]。第二，以鲁迅、茅盾的现实主义创作为基础，恢复了左翼文学与五四新文学现实主义的历史联系；茅盾的《子夜》为现实主义文学提供了新的经验。第三，批判了各种反现实主义创作倾向；1932年关于《地泉》的文艺批评重点批判了“脸谱主义”（茅盾语）和“革命的浪漫谛克”倾向。[②]在这三大突破的基础上，瞿秋白、

① 瞿秋白：《〈鲁迅杂感选集〉序言》，《瞿秋白文集》（文学编）第三卷，人民文学出版社1989年版，第117页。

② 参见艾晓明：《中国左翼文学思潮探源》，湖南文艺出版社1991年版，第339—340页。

冯雪峰、周扬、胡风等人顺应时代与文学的要求，肩负起了建立现实主义理论体系的历史使命，对现实主义问题进行了深入、系统的研究。也正是有了鲁迅、瞿秋白、冯雪峰、周扬、胡风等中国第一代马克思主义文艺理论家的努力，中国马克思主义文艺理论体系才得以创立、发展起来。而1933年周扬发表《关于“社会主义的现实主义与革命的浪漫主义”——“唯物辩证法的创作方法”之否定》标志着社会主义现实主义成为中国革命文艺理论的主潮。

在第一代中国马克思主义文艺理论家中，鲁迅、瞿秋白偏重马克思主义文艺理论的译介和批评，而冯雪峰、周扬、胡风偏重于对马克思主义文艺理论尤其是现实主义理论的阐释，他们三人被喻为“革命现实主义理论的三驾马车”[①]。但由于理论来源、所处环境、思考问题的角度、中心问题关注的不同，冯雪峰、周扬、胡风的现实主义理论体系之间存在着明显差异，由此形成了三种不同的发展理路和传统。

一

冯雪峰（1903—1976）、周扬（1908—1989）、胡风（1902—1985）三人年岁差不多，他们有着许多相似的地方：几乎在同一时期开始文学活动和理论研究；理论的核心都是现实主义；理论的主要来源是苏、日无产阶级文学理论；他们都曾是“左联”的主要领导人；等等。此外，在与鲁迅的关系方面，冯雪峰、胡风经历类似，与鲁迅的关系都比较密切，都是鲁迅最忠实的学生；胡风被称为是鲁迅精神的传人，而冯雪峰则被许广平称为鲁迅文学遗产的“通人”。在与毛泽东的关系方面，冯雪峰原是鲁迅和毛泽东两位巨人之间沟通的桥梁，但后来疏远了；周扬后来成了毛泽东文艺思想的主要阐释者和宣传者、毛泽东文艺政策的执行者；而胡风和毛泽东的关系一直不是太密

① 盛夏：《革命现实主义理论的三驾马车：周扬胡风冯雪峰论》，《理论与创作》2003年第4期。

切。在宣传党的文艺思想、执行党的文艺政策方面，冯雪峰、周扬有许多共同之处，两人都兼具革命家这一身份；冯雪峰病逝之前曾喻称自己和周扬是两只“锦鸡”。周扬和冯雪峰、胡风之间长期存在着宗派上和理论上的矛盾与斗争。在理论上，冯雪峰和胡风比较接近，重庆时期的冯雪峰、胡风、舒芜和延安毛泽东、周扬的文艺思想已经存在着明显分歧，当时就被认为是“反对毛主席的”、反对整风、反对《讲话》（指《在延安文艺座谈会上的讲话》）。茅盾后来回忆重庆大后方文艺运动时说：“当时胡风是理论权威，而在他背后支持他的观点的还有另一位理论权威冯雪峰。”①这种种复杂关系，无疑是后来他们十分戏剧性的悲剧命运的根源。

在第一代中国马克思主义文艺理论家中，瞿秋白由于牺牲过早，他的现实主义理论没有发展起来，这不能不说是左翼文艺运动的一个遗憾。毛泽东后来在延安考虑文艺问题时也为文艺界缺少瞿秋白这样既懂政治又懂文艺的理论家感到遗憾。而冯雪峰是和瞿秋白几乎同期离开上海到苏区的，后来参加长征，成为唯一一位参加过红军长征的诗人、作家和文艺理论家，②而且他还是最早一位计划创作长征史诗的革命作家。③冯雪峰现实主义理论的发展有点曲折。1936年冯雪峰受党中央派遣，到上海从事抗日统战工作；全面抗战爆发后冯雪峰因不满党内一些人的投降主义倾向，主动和党组织失去联系两年，后又被捕两年，生活一直处于动荡之中。重庆时期冯雪峰和胡风的思想比较接近，也为舒芜的《论主观》辩护过，但他的这一倾向受到了周恩来的批评。1945年返回上海，1946年起到1949年6月在苏联塔斯社上海所属时代出

① 转自王培元：《冯雪峰：一只独栖的受伤的豹子》，《美文》（上半月）2007年第5期。

② 参见王培元：《冯雪峰：一只独栖的受伤的豹子》，《美文》（上半月）2007年第5期。

③ 冯雪峰1937年回延安向党中央汇报工作，后向潘汉年请假，准备写作以长征为题材的长篇小说。此后近两年间失去党的组织关系。1938年写有关长征的小说，得5万字。1940年基本完成关于长征的小说初稿《卢代之死》，约50万字，后失落。1951年任人民文学出版社社长兼总编辑。重新写作关于长征的长篇小说。1961年摘去“右派分子”帽子。后来因为曾是“右派”而被剥夺关于长征长篇小说的创作资格，故愤而焚稿。

版社任编辑，冯雪峰成了自己后来诗笔下的“一个独栖的豹”，离开了现实主义理论讨论的中心，其现实主义理论的发展受到了一定的影响。而周扬与胡风不同，一个在延安，一个在大后方和国统区，两人的现实主义理论得到了不间断的发展，故此在形态上也就较为系统和完整。

后来的文艺理论研究者较为重视胡风和周扬的理论体系，这可能和这两大体系比较完整、影响大，彼此之间长期存在着矛盾和斗争有关。对于这两个理论体系，有的把胡风的现实主义理论体系看作是20世纪30—40年代与卢卡契现实主义理论并列的具有世界性的理论体系，[①]也有的把胡风和周扬这两个体系并列，把他们在20世纪30—40年代发生的论战和卢卡契与布莱希特的论战看成是世界范围内关于现实主义的两大著名论战之一。[②]

二

冯雪峰、周扬、胡风现实主义理论著作主要是在20世纪40年代完成的。冯雪峰的《论典型的创造》（1940年）、《论形象》（1940年）、《论民主革命的文艺运动》（1946年），胡风的《论民族形式问题》（1940年）、《论现实主义的路》（1948年）都是在20世纪40年代完成的，而周扬的《〈马克思主义与文艺〉序言》和《表现新的群众的时代》是在延安时期完成的。但从左翼文艺运动这个范畴来看，冯雪峰、周扬、胡风的现实主义理论其实在20世纪30年代就基本成型，他们在这个时期的一些著作也很有影响，比如胡风的《文学与生活》、周扬的《现实主义试论》等。而且早在1933年胡风就是“雪峰

① 参见艾晓明：《中国左翼文学思潮探源》第七章，湖南文艺出版社1991年版。（编者注：卢卡契，现通译为“卢卡奇”。）

② 参见《关于现实主义的两场论战——卢卡契对布莱希特与胡风对周扬》，乐黛云：《跨文化之桥》，北京大学出版社2002年版。

派”[1]，后来到“两个口号”论争时有了“胡风派”和“周扬派”的说法。

在左翼文艺运动时期，他们的理论有一个共同点，那就是关于现实主义及其背后的文艺与政治关系问题，这是他们理论的基本面。在这个问题上，三人都主张文学要参与社会变革和历史的进化过程，并由此出发评价文学的价值。这是构成他们文学理论实践性和阶级性的根源。再进一步，在如何把文学与社会、历史变革（政治革命）结合起来的问题上，亦即提倡什么样的文学、形成什么样的文学运动这个问题上，他们都选择了现实主义道路，认为现实主义是实现文学与社会历史、现实政治相结合的最好方式。换句话说，在文艺反映生活、文艺的阶级性、文艺与革命的关系、独尊现实主义等方面，三人是基本一致的。但是接下来，在怎样才是真正的现实主义、现实主义应该被如何界定这个层面，三人出现了分歧。分歧主要表现在他们选择了不同的理论轴心。如果从文艺与政治、社会生活、作者三者关系这个角度划分，冯雪峰比较关注文艺和现实生活的关系，周扬比较强调文艺对政治的服从关系，胡风则更为强调创作主体的精神状态——这就形成了他们各自关心或感兴趣的理论轴心。围绕着各自的理论轴心，他们对现实主义的理解必然出现不同甚至对立的解释，从而形成了不同的现实主义理论体系。当然，周扬、胡风现实主义理论的分歧与社会主义现实主义本身的理论张力有关。“社会主义现实主义”这个概念本身隐含着两种倾向或规定性：一是“社会主义—革命性”，二是“现实主义—真实性”。周扬比较关注这个概念中的“社会主义—革命性”规定性，并由此出发形成了强调革命性和政党政治色彩的现实主义理论体系。而胡风较为关注“现实主义—真实性”这个规定性，形成了自己强调真实性和主观战斗精神的现实主义理论体系。胡风现实主义理论的精神实质是反“左”的，它反对主观公式主义和奴从生活的客观主义。胡风认为革命文艺追求进步的启蒙意义大于革命的目标本身，即不局限于

① 胡风：《胡风评论集》下册，人民文学出版社1985年版，第376页。

革命。

文艺与生活的关系是冯雪峰现实主义理论的核心。“冯雪峰称得上是中国优秀的马克思主义批评家。他并不富于理论创造性，既不如茅盾那样拥有独特的批评风格，也不像胡风那样勇于构设有理论个性的体系，但他有一种务实的理论品格，这在教条主义与‘左’倾机械论风行时期显得难能可贵。”[①]在革命文学运动初期，影响左翼文坛最巨的是苏联“无产阶级文化派”及其后起的“拉普”，其中波格丹诺夫“组织生活”论影响最大。和创造社、太阳社的激进态度不同，冯雪峰的理性、务实的态度使得他一开始就和激进的左翼文艺批评家保持了一段距离，并且具有一种宽容的特性。因此，在“革命文学”论争中，冯雪峰站在了鲁迅和茅盾一边，“既不以教条主义的最革命的姿态出现，也不意气用事，他所发表的文章并无什么高论，不过比较切合实际，他是结合实际生活感受去理解和运用马克思主义批评的”[②]。比如，作为“湖畔”诗人，冯雪峰一贯认为革命文学同样肩负着反封建的任务，在这点上，冯雪峰认为革命文学和五四新文学是一致的，都是“民主革命文学”。这种带有启蒙倾向的革命现实主义后来被作为“修正主义”理论在20世纪50年代受到批判，冯雪峰也被打成“右派”。正因为如此，冯雪峰较同时代其他人对作家和创作的“政治要求”比较宽容。这反映到冯雪峰的现实主义理论上，较大程度上保持了与传统现实主义理论的联系（包括五四为人生的现实主义传统）。冯雪峰对现实主义概念的理解非常宽泛，有时候是将现实主义和现实主义精神等同起来，有时候是将现实主义和现实等同起来的。冯雪峰说，“本来我们执着现实主义，就因为我们执着现实的缘故”，他认为，现实

① 温儒敏：《历史选择中的卓识与困扰——论冯雪峰与马克思主义批评》，《学术学刊》1994年第5期。

② 温儒敏：《历史选择中的卓识与困扰——论冯雪峰与马克思主义批评》，《学术学刊》1994年第5期。

主义的首要态度是“使艺术及其方法不离现实及现实的发展”。[①]从这里可以看出，冯雪峰把一切具有正视并揭露现实的或具有现实精神的作品，不论题材、表现方法如何，都视作是现实主义的。由于现实主义精神和现实都是非常宽泛的概念，根据这个理解，他把世界文学史上的一切进步的、优秀的诗人和杰作都归在现实主义名下，甚至像李白这样公认的浪漫主义诗人也被冯雪峰划入现实主义的范围。显然，冯雪峰的理解主要是对现实主义做的一种性质上的论述，强调现实主义在精神上的共性，并没有涉及现实主义本身的特殊的规定性。但冯雪峰的这种认识在“左”倾机械论和关门主义泛滥的革命文学运动初期，又无疑具有鲜明的反“左”意义和作用，它对于解除狭义的现实主义理论对于创作的束缚，使得更多的作家都站到现实主义旗下，具有非常重要的意义。

文艺与政治的关系是周扬现实主义理论的核心。周扬是个具有职业革命家思维的马克思主义文艺理论家。对他前期文艺理论影响比较大的是列宁主义的文学党性原则。虽然周扬也探讨、关注现实主义的典型化、真实性、形象思维、作家的主观作用等具体问题，也重视浪漫主义，但从根本上来讲，周扬现实主义理论强调文艺为政治服务。从这里出发，他把瞿秋白“文学家始终是某一阶级的意识形态的代表”思想加以发展，由主张阶级文学发展到主张党派文学。这一思想特点在1932年与“自由人”“第三种人”的论战中就已经形成。1932年周扬说：“我们承认客观真理的存在，但我们反对超党派的客观主义。无产阶级的阶级性，党派性不但不妨碍无产阶级对于客观真理的认识，而且可以加强它对于客观真理的认识的可能性……我们对于现实愈取无产阶级的，党派的态度，则我们愈近于客观的真理”，“百分之百地发挥阶级性，党派性，这样，你不但会接近真理，而且只有你才是真理的唯一的具

① 冯雪峰：《冯雪峰论文集》（中），人民文学出版社1981年版，第80、81页。

现者”。[①]这就是周扬“文学应该是党的文学”的立场。从这种立场出发，周扬有两个重要观点：一是“一切的艺术是宣传”。早在1929年，周扬在他的第一篇评论文章《辛克来的杰作：〈林莽〉》（辛克来，现通译为“辛克莱”）中就十分推崇美国左翼作家辛克来的“一切的艺术是宣传，普遍地不可避免地是宣传；有时是无意的，而大底是故意的宣传”[②]的观点。很长一段时间内周扬都坚持和赞扬这个观点。1943年周扬在《中苏英美文化交流》一文中赞扬“一切艺术是宣传”这句名言“虽然朴素，却在艺术服从政治这个正确意义上帮助我们建立了革命文学理论之初步基础”[③]。这就构成周扬文艺理论体系的一个基本点，周扬讲政治优先、讲文艺为政治和政策服务，要求写重大国防题材，都是从这个认识出发的。二是强化创作主体的阶级性和党派性，以理性化和党派标准要求作家思想统一，要求作家进行思想改造。这实质是个世界观的问题。在这个问题上，周扬一方面反对客观主义和“镜子反映论”，反对自然主义；另一方面强调创作主体构成中的思想性因素，强调思想对直觉、感情的决定性作用。他认为，“直觉在创作活动中的作用是不能抹杀的。但是如果对这作用作一面的夸张，那就会消解创作中的思想的决定的作用”。他强调“创作是一个感情和思想都参与的意识的过程”，但起“决定的作用”的是思想。[④]因此，无论在创作方法问题上还是文艺批评方面，周扬都非常强调世界观的重要，把许多文艺问题都归结为世界观的问题。如在1936年典型问题争论中，周扬认为，“新的现实主义的方法必须以现代正确的世界观为基础”，“确保和阐扬这个世界观却是诱导作家走向正确的方向去的最大的保证”，“批评家应当把世界观放在第一等重要的位置”；甚至将直觉、感情和思

① 周扬：《到底是谁不要真理，不要文艺？》，《现代》1932年第1卷第6期。

② 《辛克来的杰作：〈林莽〉》，周扬：《周扬文集》第一卷，人民文学出版社1984年版，第1页。

③ 周扬：《中苏英美文化交流》，《解放日报》1943年2月6日第4版。

④ 周扬：《我们需要新的美学——对于梁实秋和朱光潜两先生关于“文学的美”的论辩的一个看法和感想》，《认识月刊》1937年第1卷第1期。

想、世界观对立起来，认为重视世界观之外的因素，“就很容易忽视世界观在艺术创作上的重要作用，对它给予过低的估价”。①可以看出，周扬非常强调现实主义理论的合法性，这是其理论“左”倾错误尤其是教条主义和关门主义错误的根源所在。

创作主体、创作过程问题是胡风现实主义理论的核心。这是基于胡风整个文艺思想而得出的结论，并不是说胡风现实主义理论中最关键的一些概念、思想如“形象思维”“主观战斗精神”“精神奴役的创伤”在左翼文艺运动期间就已经形成。胡风在日本加入了“左联”东京支部，1933年回国后8月进入左联，年底接替茅盾任左联党团书记。虽然胡风现实主义理论主要是在20世纪40年代形成，但它的基础却是左翼文艺运动所奠定的现实主义理论基础。胡风曾经接受过唯美主义的熏陶，在参加无产阶级文艺运动的过程中，又接受了马克思主义文艺理论和鲁迅文艺思想的影响，左翼文艺运动后期还受到卢卡奇现实主义理论的影响。从其主张“主观战斗精神”和“精神奴役创伤”这两个主要思想来看，鲁迅和五四精神对胡风的影响最大；而从强调世界观和创作方法的复杂性来看，卢卡奇现实主义理论对胡风有着很大的影响。但不管怎样，胡风现实主义理论最直接的来源还是中国左翼文艺运动已经奠定的革命现实主义理论基础。胡风后来说：“从我开始评论工作以来，我追求的中心问题是现实主义（社会主义现实主义）的原则、实践道路和发展过程。”②显然胡风的现实主义理论是建立在瞿秋白、冯雪峰、周扬等人的现实主义理论基础上的。——也正因为如此，胡风的现实主义理论研究才会走得更深、更远。在“左联”后期，胡风已经表现出了自己对现实主义理解的独特之处，这包括：在“左联”后期批判主观公式主义与客观主义；在关于创作自由问题讨论上支持创作自由论，反对题材决定论；从文学的真实性

① 周扬：《现实主义试论》，《文学》1936年第6卷第1期。

② 胡风：《胡风评论集》下册，人民文学出版社1985年版，第407页。

出发肯定现实主义的批判、暴露意义；反对取消文学特性等。这些观点决定了胡风的现实主义理论具有鲜明的反主观主义和公式化的理论取向。而这些观点都是和后来毛泽东《在延安文艺座谈会上的讲话》有着分歧的地方。比如，在反对题材决定论、强调革命现实主义的批判性上，胡风在《文学与生活》第五章“民族革命战争与文艺”中指出，民族革命战争时期的文学“主题底视野是无限地广大，它底内容是无限地丰富。当然，最英勇的事实，最新的生活特征，运动发展底最尖端的表现，这些是具有最强的推动生活的力量的，我们特别要求在创作上得到反映，但这只有从通过各种各样的道路的，作家和生活的接近或结合中去实现，不能机械地定为一切作家底规范，而且，无论写的是什么英勇的故事，但如果没有真实的生活真实的感情和印象，那依然不是我们所要求的最理想的作品。这是对于公式主义的克服，……”①同年，在纪念鲁迅逝世的《悲痛的告别》中，胡风认为鲁迅现实主义的意义在于“启示了黑暗底真相，底残酷，养成了对于那黑暗的无比的憎恨和战斗的热意”②。胡风强调现实主义的批判意义毫无疑问是其现实主义理论的一个重要内容。这一方面和鲁迅精神的影响有关，另一方面也和他主要生活在大后方和国统区有关。如1948年胡风在《给为人民而歌的歌手们》中再次强调革命现实主义的批判性：“哪里有生活，哪里就有斗争，有生活有斗争的地方，就应该也能够有诗。”③同时，在参加左翼文艺运动之前胡风文艺思想中已有的托尔斯泰和厨川白村因素开始发生影响，胡风开始将艺术追求和作家的心灵欲求结合起来。他在1935年10月写的《为初执笔者的创作谈》中指出：“伟大的作品都是为了满足某种欲求而被创造的。失去了欲求，失去了爱，作品就不能够有真的生命。”④艾晓明认为，这个时期“胡风把文艺根源与创作动

① 胡风：《文学与生活》，《胡风评论集》上册，人民文学出版社1984年版，第322页。
② 胡风：《悲痛的告别》，《胡风评论集》上册，人民文学出版社1984年版，第338页。
③ 胡风：《给为人民而歌的歌手们》，《胡风评论集》下册，人民文学出版社1985年版，第237页。
④ 胡风：《为初执笔者的创作谈》，《胡风评论集》上册，人民文学出版社1984年版，第224页。

力分别作为两个层面的问题，前者涉及文艺与生活的关系，用反映论解释；后者涉及作品与作家的关系，胡风较多地采纳了表现论的观点”[①]。在第一个层面上，胡风和冯雪峰、周扬等没有什么太大的区别；主要区别就在于胡风把作者的精神状态也看作是文艺根源和创作动力之一。这是胡风所独有的。正是在这种理论取向下，从“左联”后期开始，胡风做了大量的作家作品研究，比如《张天翼论》《林语堂论》等，许多成果直至今日仍是该研究领域不可逾越的典范之作。《张天翼论》(《文学季刊》1935年9月16日第2卷第3期)中胡风已经把作家主体的主观精神状态作为文艺批评的一个重要内容，他在文章末尾引用苏联梭波列夫的话告诫读者：“没有大的感情就不能有艺术。”[②]也就是在这个时期（1935—1936年间），胡风开始注意到“主观”以及“主观力”这一类概念，胡风现实主义理论体系中一个非常重要的概念——“主体”，也在这个时期出现。在胡风著译的作品中，“主体”这个概念最早出现在他1934年翻译的日本的一篇文章《历史上主观条件之意义》中，这是一篇强调主观能动性的理论文章。在《为初执笔者的创作谈》(1935年10月)中，胡风对“主观”与“客观”的结合问题论述得非常详细：“作家在创作过程中和他的人物一起苦恼、悲伤、快乐、斗争，固然是作家把他的精神活动紧张到了最高度的‘主观’的‘自由’的工作，但这个‘主观’这个‘自由’却有‘客观’的基础，‘客观’的目的，它本身就是‘客观’底成分之一，是决定怎样地对待‘客观’的主体。这样的‘主观’愈强，这样的‘自由’愈大，作品底艺术价值就愈高，和和尚主义所宣传的‘主观’和‘自由’也就愈加风马牛不相及了。同时，由这样的‘主观’把握到的‘客观’，当然有推动生活的伟力，那不是客观主义者底‘客观’所能够想象的。”他认为，“真正的艺术上的认识境界只有认识底主体（作者自己）用整个的精神活动和对象物发生交

① 艾晓明：《中国左翼文学思潮探源》，湖南文艺出版社1991年版，第348页。
② 胡风：《张天翼论》，《文学季刊》1935年第2卷第3期。

涉的时候才能够达到”[①]。至此，胡风现实主义理论的轴心——关注创作主体的取向已经基本形成，其20世纪40年代“主观战斗精神”等理论自然也就在这个基础上符合逻辑地发展起来了。

20世纪20年代起马克思主义文艺理论呈现国际化发展趋势。但随着马克思主义文艺理论和各国具体革命文艺运动实践相结合，马克思主义文艺理论的发展在世界范围内出现了同源多流的现象。在苏联、东欧是这样，在美国、中国也是这样。因此说，20世纪30年代左翼文艺运动后期，冯雪峰、周扬、胡风现实主义理论不同理路的发展正是马克思主义文艺理论与中国文艺实际相结合之后的必然现象，也是理论家主体间性（特指理论家主体之间的关系）趋于复杂化和矛盾化的必然反映。这种发展形态的形成，既是中国革命文艺理论内部逻辑运动的一种必然结果，也是中国马克思主义文艺理论开始出现系统理论体系、走上民族化发展之路并渐渐成熟的标志。

（原载《赣南师范学院学报》2014年第2期）

① 胡风：《为初执笔者的创作谈》，《胡风评论集》上册，人民文学出版社1984年版，第223—224页。

第三编　艺术人学与艺术人民性

人民性：一种艺术共同体的想象与建构

在逻辑学上，范畴在本质上是一种概念；相比具体概念，范畴是一般概念（有的也称之为“概念群”）。范畴具有类的属性和认知功能，因此范畴往往具有普遍性和概括性，也就是说，范畴在内涵上比具体概念体现了更多的人类对客观现象或事物的基本性质和规律的认识，具有高度的稳定性；同时范畴还体现了一个时代或一个时期人类理论思维的某种特点和成果，代表了人类在某个问题上的一种认知新高度或者新水平。

在马克思主义艺术理论体系中，人民性就是这样一个非常重要的范畴。人民性是马克思主义艺术理论关于阶级社会艺术的根本原则和本质属性的基本观点之一，它除了具有认知意义外（比如关于艺术和人民的关系问题），还具有马克思主义艺术理论质的规定性。因为艺术人民性能够非常准确地体现马克思主义艺术理论的伦理本质、实践品格和艺术特性，因此它与民族性、阶级性、党性等概念一样，在马克思主义艺术理论体系中具有非常重要和特殊的地位。

作为一个理性知识的范畴，人民性虽然也是从具体事物或现象中提炼出来的一种“普遍性质”[①]，但人民性又不是一个自明性的概念，而且在其理论发展史上，理论确定性和合理性也一直模糊不清，甚至前后自相矛盾。这直

① 费孝通：《乡土中国》，北京出版社2005年版，第4页。

接影响到人民性在今日被广泛赋予的合法性的确立。这里指称的“合法性”是一种道德哲学意义上的广义合法性（区别于政治学意义上的狭义的合法性），泛指一种具有权威性的、被高度接受与认可的特性。艺术人民性理论的确定性和合理性是其合法性的基础和前提。因此，我们力图在揭示人民性理论确定性的同时，将艺术人民性的合理性建立在艺术伦理和对一种艺术共同体的想象的基础之上，为艺术人民性的合法性来源提供一个学理性的描述。

一、人民概念及其质的规定性

（一）“前恭后倨”的“人民”概念

无论是中国古代民本主义、西方近代启蒙主义，还是马克思主义早期，“人民”这个概念在原初意义上并不是一个格调很高的概念，也就是说“人民”概念的理论出身并没有今天这么“显贵”——在今天，无论东西方，以“人民的名义”是可以干任何事情的，既“正确”又“崇高”，在它的名义下包括了真正的人民民主，也包括“多数人的暴政”和各种极权主义。因此，在“××，多少罪恶假汝之名以行”这个句式的长长名单中，“人民”这个词也已是赫然在列：它本来应该代表权利，但更多的时候代表的是权力。

在中国古代，“人”这个概念主要是指个体、自然人。在甲骨文和金文中，商、周王经常自称为“一人”或“余一人”，如《国语·周语上·内史过论晋惠公必无后》：“余一人有罪”，韦昭注：“天子自称曰余一人。”“民”则不同，有集体属性，比较接近我们今天理解的“人民”概念。从古代文献来看，“民”主要是指自由民，也就是庶民或者地位更高一点的士，再或者是中小奴隶主，并不指奴隶。春秋时期出现了“四民”（士农工商）的说法。虽然中国古代很早就提出了“民贵君轻”的思想，但孔子也说“民可使由之，不可使知之”，对“民”是防备的。整体而言，无论诸子哪家，中国古代的思想学说都是精英主义的，“上风下”是个普遍的模式，都强调自上而下地对人民进行教育、管理。孔子《论语·颜渊》说：“君子之德风，小人之德草。草上之风，必偃。”邢昺疏：“在上君子，为政之德若风；在下小人，从化之德如草。”在上的是君子，在下的是小人。“草民”一词可以说是源自孔子的。因此，在这种理论模式即中国传统文化中，“人民”是不可能有什么主体性地位的。

而现代意义的人民概念产生于欧洲启蒙运动。所谓现代意义的人民概念主要是指以“天赋人权”（这是中国人的译法，“天赋人权”的西方文字本意为“自然权利”）和“社会契约论”为理论基础的人民概念。18世纪，卢梭、伏尔泰等人在17世纪斯宾诺莎以来思想的基础上，在论述人民主权学说和社会契约论中完成了“人民”理论的建构。卢梭称人民是全体个人的结合者：“至于结合者，他们集体地就称为人民。”[①]“人民”是国家主权唯一的所有者，是政府一切权力的来源。但在这里，启蒙主义者和资产阶级革命完成了两种“人民”概念的建构，一种是只存在于抽象政治概念中的“人民”，即“人民”不但是革命最强大的道义后盾，也是任何政权最终极的合法性来源；另外一种是自然属性的“人民”观，即实体“人民”。对于后者，卢梭基本上是在贬低色彩上看待个人和人民的：“民族，像人一样只在幼年的时期适合教育，随着年龄的增长，它们就不会再接受矫正了。一旦一种风俗被确立下来，偏见固定下来后，改革就成为一件危险且徒劳的事业。一个民族甚至不能忍受看到别人为了根除缺点而触动到他们的缺点。这就像一个愚蠢又胆小的病人看到医生就颤抖一样。”[②]这样两种矛盾的人民观，到了1787年美国制宪会议时达到高潮。那时的美国开国精英们一方面在为抽象的“人民意志”“人民主权”大唱赞歌的同时，又极力鄙视、排斥那些具体的、实实在在的民众。在弗吉尼亚批准宪法大会上，埃德蒙·伦道夫甚至在一次发言中用

① ［法］卢梭：《社会契约论》（节选本），何兆武译，商务印书馆2002年版，第34页。

② ［法］卢梭：《社会契约论》，庞珊珊译，光明日报出版社2009年版，第54页。卢梭的《社会契约论》有许多汉译本，黄小彦译《社会契约论》（译林出版社2014年版）将这里引用文字中的“民族”译作“人民”。

“herd”（一群牲口）来称呼“大众”！[①]正是因为不相信具体的“人民”具备自己统治自己的素质和能力，所以美国选择了通过政治精英来治理国家的方式，并通过许多形式化的人民主权政体设计，在避免专制独裁出现的同时，也成功屏蔽了“乌合之众”被阴谋家利用的可能性。但在欧洲、亚洲却没有这么幸运，一直到20世纪末，由于“现代人对群体力量的信念”（勒庞《乌合之众——大众心理研究》，1895年），人类悲剧不断重演，典型的如两次世界大战。但与此同时，随着“大众舆论”的发展，自19世纪末以来的“政治正确”观念，到了20世纪末21世纪初，已经发展成为西方社会的主流意识形态和主要的价值观。在西方政治话语中，政客们为了选票，开始虚伪地把“人民”高高挂起，千方百计地讨好各种具体、实在的“人民”、少数群体以及弱势群体，为此甚至可以罔顾客观事实，不区分对错。由此，“人民”的地位已是“高不可攀”。

在马克思主义发展中，“人民”也有过这样一个过程。在马克思恩格斯的著作中，人民“是一个使用频率很高、内涵较为模糊、外延不断扩展变化的概念”[②]，而且它经常与“阶级”“国家”“民族”“人”，甚至与“全体人民”“男男女女”等概念交互、混淆使用。因此，马克思有时候对“人民”这个概念在内容所指上是很不满意的。在使用人民这个概念较多的《“莱茵观察家”的共产主义》（1847年）一文中，马克思说，“人民，或者（如果用个更确切的概念来代替这个过于一般的含混的概念）无产阶级”[③]。虽然马克思把“人民”看作是“一种公认的力量”，但由于其主要成分是“无产者、小农和城市贫民”，并不符合无产阶级革命和专政的思想，因此对“人民”一词保有

① 李剑鸣：《“人民”的定义与美国早期的国家构建》，《历史研究》2009年第1期。

② 周晓露：《马克思恩格斯文本中的人民与文学——兼及马克思主义文学批评中国形态的构建》，《当代文坛》2014年第3期。

③ [德] 马克思：《“莱茵观察家”的共产主义》，《马克思恩格斯全集》（第1版）第4卷，人民出版社2016年版，第210页。

一定的距离。直到马克思晚年所著的《哥达纲领批判》中，他对“人民”“人民主权”“人民国家”“人民监督”这类说法还是持负面看法更多一些，并且刻意把人民和无产阶级区分开来。比如：“第一，德国的‘劳动人民’大多数是农民而不是无产者”，“即使你把‘人民’和‘国家’这两个名词联接一千次，也丝毫不会对这个问题的解决有所帮助”等。[①]后来列宁在总结马克思恩格斯国家学说时也是持这个立场。

相比之下，在毛泽东思想中，“人民”这一概念就远比在马克思恩格斯理论中重要得多。因为在毛泽东时代，由于半殖民地半封建国家面临着比阶级解放更为重要的“民族—国家”解放使命，因此毛泽东灵活运用阶级分析方法，科学界定了中国革命语境下的“人民”的内涵，并由此建立了自己独特的一套“人民”话语体系和艺术理论上的“人民诗学”体系。在这套可以称之为“功能主义”的理论体系中，人民获得了“万岁”的地位。这是中国马克思主义的一大创造。虽然毛泽东晚年一度回到阶级话语体系，人民话语相对失落，但“文革”后，邓小平重新恢复了人民话语传统，保证了“人民”这个概念在我国整个社会话语尤其是政治话语中的崇高地位。

回顾整个20世纪的历史，我国艺术理论大致经历过“国民话语”（从世纪初的资产阶级改良运动到新文化运动）、“阶级话语”（20—30年代左翼文艺运动）、“人民话语”（40—50年代的毛泽东诗学）、重回“阶级话语”（中华人民共和国成立后，尤其是1962年到20世纪70年代末的艺术理论）和再入“人民话语”（1979年开始的新时期）五个阶段，这个过程客观上也体现了人民概念发展的起伏性或者是螺旋式上升的发展规律。

（二）“人民”概念的含义

毛泽东指出：“人民这个概念在不同的国家和各个国家的不同的历史时

---

① ［德］马克思：《哥达纲领批判》，《马克思恩格斯全集》（第1版）第19卷，人民出版社2016年版，第29、31页。

期，有着不同的内容。”[①]在本文讨论的范围内，“人”是历史概念（即哲学上把人理解成是历史发展的结果），“人民”是个政治概念。这里需要补充一句的是，“人民”这个概念在不同学科中也有不同的内容和含义，但这个不在我们这里的讨论范围内。

在西方古希腊和古罗马时代，它一般指共和国的“人民、国民”（贵族阶级），在中国古代主要是指自由民、庶民、臣民。而在近现代西方政治学中，“人民”（people）一词则有广义、狭义两种理解：广义上的“人民”是指国家主权的构成主体，与“国民”（nation，Nation）、“民族”（nation，Volk）和“国族”（nation，state-nation）同义，是组成一个国家（政权）所有自然人的集合体，是个自然属性的概念；狭义上的“人民”是指除国家统治阶级外的被统治者——以劳动群众为主体的社会基本成员，其中也包括富裕阶层，比如18世纪末法国资产阶级革命前，由有纳税义务的人构成的“第三等级”中就有富裕的资产阶级，它只是没有社会政治地位而已，因此狭义的“人民”是个政治属性的概念。二者相比，广义上的“人民”属强调包括国家统治阶层在内的国家一体性概念，受到国界约束，而狭义上的“人民”属重视被统治者的相互连带感情而共同谋求解放压迫的概念，具有超越国界限制的普遍性。[②]

马克思主义是在“狭义”方向上发展了人民概念（这里并不包括马克思主义唯物史观上的人民观）。马克思主义将人民视为具有共同政治特征的某种集合，将人民变革自身和变革现实的实践活动作为理论探讨的起点，并必然

---

① 毛泽东：《关于正确处理人民内部矛盾的问题》，《毛泽东文集》第7卷，人民出版社1999年版，第205页。

② 参见黄现璠、甘文杰、甘文豪：《试论西方“民族”术语的起源、演变和异同（一）》，《广西社会科学》2008年第1期。

由此注重艺术介入现实的作用和文化话语权的争夺。[①]而列宁继承和发展了马克思主义的人民观，强调了“人民”概念中依旧存在阶级差别；列宁还在无产阶级取得政权的情况下，提出了许多新的群众观。列宁这些思想基本上为毛泽东所继承和发扬。

在1940年《新民主主义论》和1942年《在延安文艺座谈会上的讲话》中，毛泽东的人民观主要是包括工农兵、城市小资产阶级劳动群众和知识分子。毛泽东说：“什么是人民大众呢？最广大的人民，占全人口百分之九十以上的人民，是工人、农民、兵士和城市小资产阶级。所以我们的文艺，第一是为工人的，这是领导革命的阶级。第二是为农民的，他们是革命中最广大最坚决的同盟军。第三是为武装起来了的工人农民即八路军、新四军和其他人民武装队伍的，这是革命战争的主力。第四是为城市小资产阶级劳动群众和知识分子的，他们也是革命的同盟者，他们是能够长期地和我们合作的。这四种人，就是中华民族的最大部分，就是最广大的人民大众。”[②]中华人民共和国成立后，为了出版《毛泽东选集》和总结社会主义建设经验，毛泽东通过在1952—1953年修订《新民主主义论》《在延安文艺座谈会上的讲话》和1957年发表《关于正确处理人民内部矛盾的问题》等文献，完善了自己的人民观。其主要的一点是将民族资产阶级纳入人民范畴，将农民阶级从小资产阶级中分离出来，成为一个独立的阶级成分。

在1957年《关于正确处理人民内部矛盾的问题》中，毛泽东对“人民”一词有了明确的解释和认定。他说：“人民这个概念在不同的国家和各个国家的不同的历史时期，有着不同的内容。拿我国的情况来说，在抗日战争时期，一切抗日的阶级、阶层和社会集团都属于人民的范围，日本帝国主义、

---

① 参见周晓露：《马克思恩格斯文本中的人民与文学——兼及马克思主义文学批评中国形态的构建》，《当代文坛》2014年第3期。

② 毛泽东：《在延安文艺座谈会上的讲话》，《毛泽东选集》第三卷，人民出版社1991年版，第855—856页。

汉奸、亲日派都是人民的敌人。在解放战争时期，美帝国主义和它的走狗即官僚资产阶级、地主阶级以及代表这些阶级的国民党反动派，都是人民的敌人；一切反对这些敌人的阶级、阶层和社会集团，都属于人民的范围。在现阶段，在建设社会主义的时期，一切赞成、拥护和参加社会主义建设事业的阶级、阶层和社会集团，都属于人民的范围；一切反抗社会主义革命和敌视、破坏社会主义建设的社会势力和社会集团，都是人民的敌人。”[①]邓小平后来将维护祖国统一等力量也纳入人民范畴。

中国目前是前现代社会、现代社会和后现代社会各种特征综合并存的一个时空体，以小资产阶级（主要指农民和城市小资产阶级）为数量主体的“人民”这一概念的内涵并没有发生本质变化，或者只能说是在逐渐发生形态上的变化（比如农民、产业工人比重发生变化等）。但在西方后马克思主义视野中，“人民”这一历史主体已经“被阐述为”发生了“变化”。21世纪初，自主论马克思主义的代表人物哈特与奈格里，先后出版《帝国》（*Empire*，2000）、《诸众》（*Multitude*，2004）、《大同世界》（*Commonwealth*，2009）“帝国三部曲”。在这三部著作中，他们描述了“帝国”的真实存在，并且在分析非物质劳动的基础上，提出了反对帝国统治的新的历史和革命主体的“诸众”主体理论（诸众理论最早可以追溯到17世纪斯宾诺莎、霍布斯等人的批判理论，马克思在《资本论》中也有对此类人群的描述），并论述了其规定性，在后两部著作中，形成了“诸众”解放的完整理论。“诸众”理论和传统的“人民”理论之间的复杂关系，引起了人们的广泛争议。当2011年出现始于北非中东而扩展到欧洲北美的声势浩大的“广场占领运动”时，哈特与奈格里又立即写作了《宣言》（*Declaration*，2012）一书进行总结，并在本书中提出了“共有者”（the commoner）这一新的主体概念，完成了由诸众到共有者

① 毛泽东：《关于正确处理人民内部矛盾的问题》，《毛泽东文集》第七卷，人民出版社1999年版，第205页。

的转变。从学理上来讲，“诸众”理论也是西方马克思主义批判资本主义和形塑革命主体诸多理论当中的一种，在知识谱系上它们是一致的，它是西方一直强调的“抵抗的权力”的延续。因此算不上什么新鲜东西，但它在全球化时代，非物质劳动和人工智能不断扩大的基础上，对“诸众”（我们仍旧理解成“人民”）的一些共同特征的新描述，值得我们借鉴，而且它也有可能预示着我们“人民”的某种变化，比如“阶级”（共同利益基础上）的人民正在被各种“立场”（共同价值观念基础上）、“主观性”的人民所取代。[①]也正因为有如此一系列原因，福山的“历史终结”论没有经受住时间的检验而很快被“终结”了。

值得一提的是，美国未来学家和社会学家托夫勒在《第三次浪潮》（1980）中，就提出“一种新人正在形成”的观点。他的逻辑是从“农业社会——分散，工业社会——集中，信息社会——再分散”的模式，去预测未来社会和研究未来社会新人形象的。他由此推论出：工业革命所造成的群体社会以及它对群体生产、群体交往、群体教育和群体政见的严重依赖，正在向着“非群体化”演变。

当然，我们理解的“人民”多数是历史、经济、社会、政治以及一定哲学意义和性质上的概念。但“人民”的概念还有许多其他建构路径。比如西方后现代主义哲学家德勒兹、瓜塔利从卡夫卡研究中的“小国文学”“少数文学”角度出发论述的“未来的人民”（people to come）概念等，就是一种生成

---

① 陈越在《如何思考人民？——论葛兰西“民族—人民的”概念》（《台湾文学研究》2014年第6期）注释中有这样一句话：一个相关的问题，是今天普遍存在着从为塑造民族—人民的联合体而进行的“阵地战”向后现代“诸众”（multitude）的“游击战”的蜕化。如果不把“阵地战”作为“市民社会”的前提，不以夺取领导权为目标，最终不以阶级政治和解放为目标，而仅仅以追求对立和自我认同的“身份政治”为目标，那么这种“游击战”就永远是“弱者的武器”，因为它是以“市民社会”的既定游戏规则为前提，即以“模仿统治阶级的方法”（葛兰西语）为代价的。

论意义上“人民”传统。[①]此外，当代西方哲学，比如从福柯、阿伦特到阿甘本的生命政治学，都对当代“人民”概念的发展有着许多新的贡献（阿甘本1995年《什么是人民？》）。[②]因此说，什么是“人民”，将是一个越来越复杂的问题。

（三）马克思主义艺术人民性中“人民”概念的规定性

习近平在2016年的《在中国文联十大、中国作协九大开幕式上的讲话》中说：“人民不是抽象的符号，而是一个一个具体的人的集合，每个人都有血有肉、有情感、有爱恨、有梦想，都有内心的冲突和忧伤。”人民不是一个抽象的符号，那么我们需要找到其基本内涵——“具体的人的集合”的原则。

在艺术领域，我们理解的“人民”概念是从它主要是指普通老百姓尤其是指劳动群众这个基本点出发的，在这个基础上，我们可以对“人民”这个概念再加以“数量”“类”“主体”“本质特征”四个维度上的规定性的描述，为我们后面对人民性的探讨，有个更为学理性的基础。

首先，数量上的规定性。在任何人类社会，人民指的都是作为历史活动主体的群众或大众，也就是在人口数量上占绝大多数的劳动群众，引用毛泽东《在延安文艺座谈会上的讲话》中的说法就是：“什么是人民大众呢？最广大的人民，占全人口百分之九十以上的人民……就是中华民族的最大部分，就是最广大的人民大众。”人民不指个体。也就是说，在数量上占绝大部分，是人民这个概念最基础意义上的规定性。而这个规定性，恰恰也就是人民概念民主性的体现。在这个规定性意义上，“人民”概念和“群众”概念是基本

① 卡夫卡、德勒兹认为“小国文学”（包含少数文学、小族文学）全然是政治的，“较关心人民而非文学史”。这一是因为“一般说来，少数文学没有崇高的支配性人物，如英国文学中的莎士比亚或德国文学中的歌德”，因此小国文学中艺术家之间的相互影响力有限，“互相较量的作家们便保有相对的自主性”；二是小国文学的审美趣味相对稳定甚至恒定；三是小国拥有较少写入文学史的作品，因此小国文学较为关心政治。因此说，小国文学容易成为政治而不是艺术。（《德勒兹论文学》第四章“少数文学”）

② 国内学界对阿甘本的许多理论术语的理解和翻译，目前还处于高度不稳定状态。

一致的，刚好符合“群众”这个概念的自然属性。[①]而随着现代社会理念的发展，21世纪出现了以底层性（或者民粹性）来构建人民性核心内涵的一些观点和理论，也基本是基于人民概念在数量上的这个规定性的。

其次，类的规定性。在创立现代西方人民概念的卢梭那里，“人民”是一种联合形式：“如何才能找到这样一种联合形式：它在利用集体力量保障每个成员人身和财产权利的同时，又可使每个成员在联合的过程中仍然可以保持原有的自由，并只服从于自己的意志”，“很快，这种联合的行为创造出了一个人为的集合体……它的成员拥有一个共同的名字‘人民’”。[②]中国早期的资产阶级启蒙主义思想家艺术家则基本上是在自然属性的意义上使用“国民”这个“类人民”的概念的。但在马克思、恩格斯那里，虽然马克思、恩格斯也曾经以人民指过自由民或者泛指男男女女，但人民也不是一种自然属性的集合概念，它是对具有某种共同政治特征的类存在的一种指称，这就是人民概念在类上的规定性。[③]列宁曾经指出，“马克思一向都是无情地反对那些认为‘人民’是一致的、认为人民内部没有阶级斗争的小资产阶级幻想。马克思在使用‘人民’一语时，并没有用它来抹煞各个阶级之间的差别，而是用它来概括那些能够把革命进行到底的一定的成分”[④]。所谓把“能够把革命进行到底的一定的成分”，实际上说的就是人民作为一种类存在的规定性。正因为人民这个概念作为一种类的存在，往往又具有结构性特征，当和国家、主权、民族等问题结合在一起时，它又具有其他更为丰富的内涵和意义。

---

① “群众”这个概念出现在20世纪30年代，并在40—50年代开始广泛使用。从理论上的严格意义来讲，马克思主义的人民观和群众观是有区别的。本书在后面的表述中，并没有将二者做严格的区分。

② ［法］卢梭：《社会契约论》，庞珊珊译，光明日报出版社2009年版，第17—19页。

③ 哲学上对人类“类本质”“类特性”有着不同的理解和论述。本文是在“社会关系”这个意义上使用这个概念的。

④ ［苏］列宁：《社会民主党在民主革命中的两种策略》，中共中央马克思恩格斯列宁斯大林著作编译局编译：《列宁全集》（第二版）第十一卷，人民出版社1987年版，第116—117页。

再次，主体上的规定性。正如列宁所指出的“马克思在使用‘人民’一语时，并没有用它抹杀各个阶级之间的差别”那样，人民这个概念肯定了人民内部阶级差异的客观存在。从封建社会后期开始，在资本主义上升时期，资产阶级的人民观也是以劳动人民为事实主体的，比如法国资产阶级革命时期的“第三等级”主体是劳动人民。在马克思主义看来，人民的主体是无产阶级，人民的本质是无产阶级，这是人民概念一种“质”的规定性。它不仅决定了人民这个概念和“公民”“国民”等概念的本质差别，也决定了人民（性）是以阶级（性）为构成基础的这样一种本质（关系）。反过来，它也说明了基于自然权利和社会契约理论的资产阶级人民观念的虚假性（不是虚伪性）。

马克思主义关于人民概念“类”和主体上的规定性，也直接否定了把公民视为组成人民的个体的意义。[①]在2004年的人民性和公民性讨论中，我国有些学者通过对人民概念最早意义的考察，把公民共同体或者社会权利主体作为人民概念最初、最基础、最核心的含义，主张公民性是人民性“最本真”的意义，主张公民个体（自由）性是作为整体性的人民性的基础，公民性是建构人民性的基础。如果从工具理性的角度来看，这些观点还是具有合理性的，但在学理上对理解人民性的本质还是不足的。

最后，本质特征上的规定性。也正如列宁指出的，人民包含了“能够把革命进行到底的一定的成分”，这规定了人民在本性上是革命的。但这种革命性有对内对外革命的两种基本形态，那就是对革命对象的革命和对革命主体自我的革命，二者还具有双向建构或者同构的作用和关系。而把革命进行到底的“革命性”和代表在人口数量上占绝大多数的劳动群众的“民主性”，共同构成了人民这一概念的本质特征。因此说，人民、人民性也主要是和历史进步性紧密联系在一起的。这是人民和人民性与群众性、民粹性的根本区别。

---

① 参见王晓华《我们应该怎样建构文学的人民性？》（《文艺争鸣》2005年第2期）、《人民性的两个维度与文学的方向——与方维保、张丽军先生商榷》（《文艺争鸣》2006年第1期）等文章。

但需要说明的是，以上这些规定性是限定在马克思主义艺术理论体系内的一个传统意义的说法。

二、人民性概念及其发展历程

相比“人民”概念一路“走红”，“人民性”概念的历史则有点尴尬、曲折。虽然人民性是个现代性概念，但其理论确定性、合理性一直都不明确，理论地位也一直起起伏伏。因为人民性不是一个自明的概念，[①]好像人人都“明白”它是什么意思，但谁也说不清楚它：它有点像“典型”形象，是个“熟悉的陌生人”。因为从一开始人民性概念在它的理论建构者——俄国革命民主主义者——那里，就和民族性等问题纠缠在一起，时至今日，翻译界和学术界对俄语“наРодность”一词到底指人民性还是民族性，其理论确定性一直存在争议。另外，人民性和阶级性、党性、人性人道主义之间也长期存在“学术恩怨”，在马克思主义艺术理论史上，人民性曾多次“被黜”又多次“被召唤”，其理论合法性一直没得到有力的确立。

（一）“命运多舛”的人民性

首先，自19世纪初期起，俄国革命民主主义者（列宁对它的定义是“资产阶级农民民主派”）就开始在艺术领域自觉地使用“наРодность”一词来描述理想艺术的一种属性。在俄语中，这个词同时对应法文“人民的”和“民族的”两个词。毫无疑问，在19世纪30年代以前的俄罗斯民族文学创立初期（相对于法国文学和法语写作），这个词在内涵上应该是更多指向“民族性”的。但是自19世纪20—30年代开始，经过普希金、别林斯基、车尔尼雪夫斯基、杜勃罗留波夫等人的理论阐释，人民性才最终和民族性相剥离，获得了自己的理论确定性。别林斯基对“人民”和“民族”概念的辨析是人民

① 参见王晓华：《我们应该怎样建构文学的人民性？》，《文艺争鸣》2005年第2期。

性理论确定性的基础。别林斯基认为："'人民'总是意味着民众，一个国家最低的、最基本的阶层。'民族'意味着全体人民，从最低的直到最高的、构成这个国家总体的一切阶层。"[①]俄罗斯"人民性"这种"与生俱来"的含有民族性内涵的理论传统一直影响到后来的斯大林东方理论。

其次，在较早使用人民性这一概念的《第六届莱茵省议会的辩论》（第一篇论文）中，马克思说："自由报刊的人民性（大家知道，就连艺术家也是不用水彩来画巨大的历史画卷的），以及它所具有的那种使它成为体现它那独特的人民精神的独特报刊的历史个性——这一切对诸侯等级的辩论人说来都是不合心意的。"[②]从字面意义来讲，这里的人民性可以理解成"人民精神"，而不是一种描述属性的概念。此外，胡乔木从词语构造的角度考证后认为，这里的"人民性"，"在德文里是由两个词组成的：Volkstümlich（这个词可译为：1．民间的，民族的，有民族风格的；2．大众的，通俗的，为群众所喜闻乐见的）与Charakter（这个词可译为：1．性格，品性；2．特性，性质；3．书写的笔法，字体）。在德文中'人民性'作为名词是Volkstümlichkeit，这个词除了'人民性'外，还可译为'民族性'、'大众化'、'通俗'。但在马恩著作中，没有用过这个词，也再未用过上述'人民性'的概念"。[③]胡乔木认为在马克思那里，人民性主要指民族性，而且认为马克思恩格斯著作中"再未用过"人民性概念。[④]到了列宁，由于强烈的党性原则，列宁对"人民群众"有过不少论述，也在"两种民族文化"理论中，为人民性提出了"民主

① ［俄］别林斯基：《别林斯基论文学》，梁真译，新文艺出版社1958年版，第82页。

② ［德］马克思：《第六届莱茵省议会的辩论》（第一篇论文），《马克思恩格斯全集》（第2版）第1卷，人民出版社1995年版，第153页。

③ 胡乔木：《关于新闻工作的党性和"人民性"的问题》（1982年3月11日致胡绩伟信），《胡乔木谈新闻出版》（修订版），人民出版社2015年版，第315—316页。

④ 后经学者考证，马克思、恩格斯在五篇文献中六次用过"人民性"这个概念。参见邸乘光：《马克思、恩格斯使用"党性"和"人民性"概念的考察》，《中国社会科学报》2013年10月28日第A08版。

主义和社会主义”成分的这一界定原则（这直接影响到毛泽东对历史文化遗产评价标准的看法），但对“人民性”几乎没有直接论述。到了毛泽东，关于人民性有两次事件，一是1957年在中宣部关于“报纸的党性和人民性应该如何统一？如何理解？”问题汇报时，毛泽东批注：“这个问题值得研究”；[①]另外是直接使用“人民性”概念只有一次（即1958年在审阅陆定一文章《教育必须与生产劳动相结合》时补充写道：“中国教育史有人民性的一面”[②]）。和毛泽东较少使用人民性不同，周恩来较为重视和频繁使用过“人民性”概念，这可能和他经常指导大量的、具体的艺术问题有关。可以说，在马克思主义经典作家那，“人民性”并不是一个很重要、很基础和广泛使用的概念。在我国，直到2013年8月19日，习近平在全国宣传思想工作会议上的讲话中强调“党性和人民性从来都是一致的、统一的”；2014年10月15日，他在《在文艺工作座谈会上的讲话》中强调“准确把握党性和人民性的关系、政治立场和创作自由的关系”，“人民性”才第一次出现在中国共产党与文艺有关的重要政治文化文献中。之后，“人民性”理论地位有了显著提高。

与以上历程不同的是，在马克思主义艺术理论中，自苏联社会主义现实主义理论开始，“人民性”一直受到高度重视，被视为是阶级性之外阶级社会人类艺术的一个非常重要的社会属性。我国是自1941年《中苏文化》1月1日文艺特刊中刊登《最近苏联文艺论争中底诸问题》译文时，“人民性”概念和批评观念才进入中国。虽然起步晚，但自20世纪40年代后期开始，人民性逐渐成为马克思主义文艺理论的一个重要的批评话语，受到高度重视并在20世纪50年代达到高峰。

最后，进入中国不久，“人民性”概念就与“党性”发生了遭遇战。当时国统区有人觉得重庆的《新华日报》党性色彩太浓，就把文学艺术领域的这

---

① 转引自刘海龙：《宣传：观念、话语及其正当化》，中国大百科全书出版社2013年版，第324—325页。

② 陆定一：《教育必须与生产劳动相结合》，《红旗》1958年第7期。

个口号拿过来，给《新华日报》投信，将人民性和党性对立起来，呼吁《新华日报》加强人民性。很快，1947年1月11日重庆《新华日报》发表编辑部文章《检讨与勉励》中明确指出："由于中国共产党是一个人民的政党，它代表的是中国最广大人民的利益，它的一切政策是完全从人民的利益出发的，因此，新华日报也是完全站在人民的立场，从人民的利益出发。这就是说，新华日报是一张党报，也是一张人民的报；新华日报的党性，也就是它的人民性。"①这是中国共产党在政治文化理论层面"首次公开申明党性就是人民性"②。这次遭遇战，让之前一直关注"人民性"和"党性"问题、强调二者统一的胡乔木，③对"人民性"产生了一些"看法"，到了20世纪80年代初期，胡乔木和胡绩伟发生"人民性"和"党性"之争时，胡乔木做出了彻底否定"人民性"的说法。1982年3月11日胡乔木在给胡绩伟的信中说："从来没有人把'人民性'作为马克思主义理论体系中的一个基本概念"，并建议在人民性这一个词上要慎用："……不要笼统地引用'人民性'这个含糊不清的概念来作为解决这些复杂问题适当的药方。因此，我建议，目前最好不要再用这个提法。"④

---

① 胡乔木：《关于新闻工作的党性和"人民性"的问题》（1982年3月11日致胡绩伟信），《胡乔木谈新闻出版》（修订版），人民出版社2015年版，第317—318页。

② 尹韵公：《一个经典观念的逻辑起点和历史起点——关于"党性和人民性从来都是一致的、统一的"》，《北京日报》2013年9月30日第17版。

③ 1945年12月30日出版的《新华报人》第9期刊登了胡乔木的一个题为《人民的报纸》的报告。报告中说："党报就是人民大众的报。这点不能怀疑。虽然人民并不都是共产党员，而且人民中还有其他的党，但因为我们的报纸是完全站在人民的立场上，完全从人民的利益出发，所宣传的也正是人民所需要讲的。因此，这样的党报就是人民大众的报。我们要使人民的东西能在报上反映出来，这样来加强人民报纸的党性，也就是人民性。说报纸党性太重，证明我们的报和人民还存着距离，就是人民性不够，也就是党性不够。报纸能最高限度地反映人民的生活斗争，就是报纸有最高的党性，如果表现出来的东西，使人民不感兴趣了，就是报纸有党性不够的地方。"胡乔木：《人民的报纸》，《胡乔木谈新闻出版》（修订版），人民出版社2015年版，第16页。

④ 胡乔木：《关于新闻工作的党性和"人民性"的问题》（1982年3月11日致胡绩伟信），《胡乔木谈新闻出版》（修订版），人民出版社2015年版，第320页。

（二）人民性的三次“被黜”和三次“被召唤”

除了在政治文化这个层面“命运多舛”之外，人民性虽然在艺术理论内部较受重视，但也是命运坎坷。在当代中国艺术理论发展史上，人民性曾三次被黜或者被放逐。

第一次被黜是20世纪50年代末到“文革”结束，是阶级性对人民性的驱逐。与党性对人民性的“隐忍”（强调统一性）相比，“阶级性”就来得相对粗暴一些。在阶级话语逐渐升级的历史语境下，自1957年开始，人民性竟然“躺着中枪”，先是被划入修正主义文艺路线，与人性人道主义等理论一起受到批判；等到了1962年下半年阶级斗争形势陡然升级之后，又干脆被划入资产阶级思想范畴，逐出了马克思主义艺术理论！自此很长一段时间内，人民性成为理论禁区，几乎到了销声匿迹的地步。

第二次被黜是20世纪80年代初中期，是主体论、本体论等理论——实质是自由主义知识分子话语和所谓“新启蒙运动”——对人民性的驱逐。在20世纪70年代末80年代初的人性人道主义大讨论中，人民性虽然曾经和人性人道主义一起“落难”，但由于它的集体属性，自然得不到自由主义者的人性人道主义理论认可，而正统马克思主义者在当时的理论重点是维护阶级性等基本原则，对人民性自然也无暇顾及。在当时，由于历史刚走出极左时代，人心思“右”、思变，加上反对方有大量的西方理论话语资源可使用，因此马克思主义在这场大讨论中实际上未占上风。表现在创作上，那就是新时期伊始，由《班主任》《乔厂长上任记》等为良好开端的、刚刚开始的人民性创作趋势很快就被打压下去，而那些反思历史、否定革命，张扬个性和极端人性，主张主体性、表现自我，艺术上向内转，热衷艺术实验的形式主义创作风气很快就盛行起来了。在这种情况下，人民性只好又一次“无地自容”地消失了！

第三次被黜是在20世纪90年代被商业文化驱逐，和第二次被驱逐叠加在一起。进入20世纪90年代之后，随着社会主义市场经济的兴起，权力对话语的规训功能趋弱，资本对话语的规训功能趋强，资本和市场的“权力”日益凸显。在这种历史语境下，别说人民性这种“积极道德”没人放在眼里，就是作为“消极道德”的一些艺术底线都被各种无下限地突破。一时间，身体写作和各种让人瞠目结舌的行为艺术等封建主义和资本主义艺术现象泛滥成灾。如果说人民性第二次被驱逐还有着精英主义痕迹的话，那么人民性第三次被驱逐，则完全是被商业资本控制下的“大众文化”驱逐。这次驱逐，不仅人民性无处可寻，就是整个艺术创作（包括精英主义的艺术创作）也全面崩溃。虽然这导致了20世纪90年代一场人文精神大讨论，艺术精英分子进行了一次自我救赎，但这场讨论和救赎也没起到什么作用，因此到了2000年前后，在自由主义、形式主义、审美主义、物质主义等多重力量相互作用下，形成了我国当代艺术史上的一场著名的“世纪末危机”。

但人们始终没有忘记人民性。在各种困难的环境下，人们对人民性不断发出召唤。在当代艺术理论史上，可以作为“事件”看待的人民性回归有三次。

第一次人民性被召唤对应第一次人民性被黜。“文革”一结束，一切进入拨乱反正时期。1978年10月17日，《光明日报》“读者来信”发表杨树茂《为什么不可以有“人民性”》，质问：“为什么政治术语可以有‘人民’而文艺评论领域就不可以有‘人民性’呢？”这封信发出了对人民性的第一次召唤。而在之前两月，管林在1978年8月出版的《学术研究》第4期上发表《谈谈文艺作品的“人民性”》，也开启了新时期艺术人民性理论研究的先声。这种召唤是应运于时代形势的，很快引起广泛关注。同年12月，在山东大学召开的文科理论讨论会上，人们热烈讨论文学中的人民性问题。随后1979年王缵叔《关于我国古代文学人民性的几个问题》①、吴元迈《略论文艺的人民性》②、邓家

① 王缵叔：《关于我国古代文学人民性的几个问题》，《宝鸡师院学报》（哲学社会科学版）1979年第1期。

② 吴元迈：《略论文艺的人民性》，《文学批评》1979年第2期。

琪《略谈古典文学的人民性》[①]、王明居《论文艺的人民性》[②]等，共同开启了新时期艺术人民性研究的先河。这种先声和先河，在1979年邓小平《在中国文学艺术工作者第四次代表大会上的祝词》中得到了政治文化的呼应。但遗憾的是，这一召唤没有产生多久的艺术和历史效力，很快就淹没在20世纪80年代各种新潮的艺术观念和创作方法论中。

第二次人民性被召唤对应着第二次人民性被黜。到了20世纪80年代末期，远离社会和人民，强调主体性和自我表现成了创作风气，艺术家们津津乐道于表现个人的杯水风波、个人恩怨、瞬间印象、白日梦幻、病态心理和各种性冲动、性变态等，艺术品成了艺术家个人发脾气、闹情绪、说梦话、性发泄的载体，艺术家也成了当时“高级流氓”的代名词。这种现象的发生，既有否定过去极左历史而“矫枉过正”的情形，也有着当时主体论、本体论以及其他大量西方艺术思潮影响和作用的结果。面对这种态势，游焜炳在《作品》1990年第4期上发表《回来吧，人民性》，对人民性回归发出了深情的召唤！这一召唤，从新时期20年人民性理论的发展史来看，可谓空谷足音，前后十年都少有同道唱和。遗憾的是，在当时的历史条件下，这篇文章可以发挥的历史作用是很有限的。但在艺术人民性理论史上，这篇文章的历史价值应该被肯定。

第三次人民性被召唤是在2004年前后。2004年1月欧阳友权在《文艺报》发表《人民文学，重新出发》，方维保在《文艺理论与批评》发表《人民性：危机中的重建之维》。这时的艺术形势已经完全不同于1990年游焜炳发表《回来吧，人民性》时的孤立无援的情况了：一是它有前一阶段人民美学研究潮流做思想铺垫，二是有世纪交替前后兴起的“底层文学”等艺术创作做实践支撑。因此这两篇文章在当时很快就引起了广泛关注和讨论。这些讨论都是

---

① 邓家琪：《略谈古典文学的人民性》，《星火》1979年第8期。

② 王明居：《论文艺的人民性》，《安徽师范大学学报》（哲学社会科学版）1979年第3期。

开放的、民主的、学术的，这次召唤也是取得丰硕理论成果的一次人民性召唤。在接下来的10多年间，人民性的理论确定性和合法性被逐渐确立，理论地位也趋于稳定。

与此同时，通过学术转换，在全球化时代，在构建人类命运共同体这一新时代面前，人民性与现代性等其他理论话语的对话能力得到了加强（比如人民性与文化领导权、现代性、共享发展理念、文化权利、文化多样性、生态学马克思主义、非人类中心主义、后人类主义、规训理论、诸众理论、“大众文化”等的广泛联系），“人民性”的学术价值得到了进一步的呈现。至此，经过数十年“锦服夜行”的人民性已是“王者归来”！

三、艺术人民性理论的确定性和合法性

艺术人民性的理论确定性主要是核心定义的问题。在20世纪50年代，人民性这个概念刚兴起的时候，有研究者甚至根据古代文学作品出现了多少个“民”字来判断作品的人民性，这是一种庸俗化的表现；也有学术大师对人民性这个概念不以为然，曾公开宣扬：“人民性的文章是大学生都会做的！”[①]因此，人民性发展历程出现上面这种起起伏伏也就很自然。而这种曲曲折折和人民性概念本身的理论确定性不明确有一定的关系。

（一）人民性是指艺术和人民关系中的“艺术关系”

人民性是描述艺术与人民相联系的特性及其可能程度的一个概念。英语中没有“人民性”这个词，现在官方的译法是“the affinity to the people”，用的是介词“to”，体现了和人民发生联系（the affinity）的一种倾向性。因此说，人民性主要讨论的是艺术与人民的关系问题，这个论断没错。但它不是

① 参见易润芝：《用简单庸俗方式解释古典文学中的人民性之二例》，《文学遗产》1955年第64期；袁良骏：《游国恩先生的“人民性”标签》，《文学遗产》1958年第220期。

指艺术与人民的一般关系问题，而是关于艺术与人民诸多关系问题中的“艺术关系”问题。

因为艺术和人民之间还有其他关系问题。

比如政治关系问题。广义的“政治”就是人民的公共事务，艺术有公共性，在艺术与人民的关系中，政治关系问题是艺术人民性的相关问题，但它不是核心问题，而是一个外部关系问题，是一个艺术“总体”与政治的关系问题。因此邓小平主张文艺和政治应有一定的距离，不要求文艺为直接的、具体的政治任务服务。所以笔者倾向于在公共性这个范畴去讨论艺术和政治的关系问题。

再如艺术与人民的关系中还可以有经济关系问题。经典马克思主义是在社会财富再分配上看待文化艺术的，列宁曾说：“革命已使苏维埃国家成为艺术家的保护人和赞助人。”①但当代马克思主义更倾向于从生产角度甚至是艺术生产力的角度来看待艺术。艺术和人民之间还有个通俗性问题（即艺术的娱乐和消费功能），就与艺术和人民之间的经济关系问题有关。

另外还有一个历史问题。许多人民性理论都要求作家作品刻意表现历史的本质或者顺应历史发展的潮流（前者是有意识的，后者是无意识的）。但这种要求（类似“上帝”的全能视角）是否具有合理性，这个值得怀疑。因为世界观和艺术水平之间到底是什么关系，这个在艺术理论界一直有争论。鲁迅在批判资产阶级自由主义文人不承认阶级性时说过，“人是不可能拔着自己的头发离开地球的”，这句话也适用于评价艺术人民性的这种要求，因为这是一种超历史主义的要求。当然我们不否定作家作品要具有历史意识，这和对作家作品强加某种历史主义的要求是两回事。

我们主张，人民性是关于艺术与人民之间艺术关系问题的理论。那什么是“艺术关系”？简言之，就是人民的历史生活、感情思想、意志和利益如何

① ［德］克·蔡特金：《列宁印象记》，马清槐译，生活·读书·新知三联书店1979年版，第10页。

在艺术作品中表现或体现的艺术问题，换个说法就是：作家如何通过作品中的艺术形象来反映人民的、整体性的历史生活、感情思想、意志和利益。在“艺术关系”中的人民性，其核心是艺术形象，因此很多时候，人民性是个创作实践问题，也就是“如何为”的问题。唯有如此定位，我们才能将人民性的思想性要求（民主的、革命的、历史的、启蒙的）和艺术性要求有机地统一起来，才能将艺术人民性“为了谁”与“如何为”两大问题有机地统一起来，才能屏蔽一些不属于“艺术关系”的问题（尤其是泛政治化、泛道德化、泛社会化的一些问题）对人民性理论的干扰。

因此强调人民性的艺术性内涵，是确立艺术人民性合理性、合法性的学理基础之一。

（二）人民性的基础是基本的人性人道主义

人民性、阶级性和人性人道主义都是描述艺术社会属性的基本概念。

一般而言，马克思主义艺术理论认为阶级性是阶级社会中艺术的第一社会属性。但事实上，人民性才是阶级社会艺术的第一社会属性。这是因为：首先，从艺术的发源来看，阶级社会之前原始艺术的氏族性（全体性）就早于阶级性而存在。其次，人民性和阶级性本身的理论也说明，阶级性涵盖不了阶级社会所有的艺术现象，这是“中间人物”论、“带有中间性作品”论等人民性理论产生的前提，其目的就是解决阶级性理论的局限问题。最后，从概念的内涵和外延来讲，人民性的外延大于阶级性；人民性大于或宽泛于阶级性也是中国马克思主义艺术理论发展史上的一个普遍观点。

但人民性和阶级性的基础是基本的人性人道主义，即出于人类天性的人性人道主义。这里所说的“基础”是一种前提性的或条件性的基础，并不是学理性基础，并不是说人民性理论的基础是人性人道主义。这是1957年人性人道主义大讨论中，巴人、钱谷融等人人民性理论和人性人道主义理论的基本观点。巴人、钱谷融都把基本的人情表现和描写，看作是一切艺术发挥社会功能和价值的前提和基础。巴人在《论人情》中说：“能‘通情’，才能‘达理’。通的是‘人情’，达的是‘无产阶级的道理’。划清思想界线，就是通过

‘人情’来贯彻‘阶级立场’。”[①]钱谷融认为，世界艺术史上的绝大部分作品都是先有了思想感情的艺术的表现，才能发挥其作为阶级斗争武器的作用的，因此他认为人性人道主义是划分好坏作品的一个定性标准，是对作品性质做判断的最低门槛。钱谷融认为，凡是具有人道主义的作品，就可以进入优秀作品的行列，而那些不具备人道主义的颓废派和自然主义的作品，就没必要费功力去检视其中有无人民性了，只有首先是具有人道主义的作品，才能进入好作品的范围，才能进一步根据人民性的程度，来判断其作品好的程度、可取之处有多大。由此，钱谷融建立了人道主义和人民性高低搭配的两级艺术评价标准。

1957年人性与人道主义大讨论的意义在于确定了最基本的人性人道主义是艺术人民性建构的基础，这为艺术人民性合法性的建构提供了一个自然属性的理论基础。但也正因如此，作为一种具体的人性人道主义，一旦进入社会层面，其本身的社会属性（在阶级社会主要是阶级性）就会凸显出来。因此鲁迅说：“贾府上的焦大，也不爱林妹妹的。”毛泽东《在延安文艺座谈会上的讲话》说：“只有具体的人性，没有抽象的人性”，“我们主张无产阶级的人性，人民大众的人性”。因此和反对把马克思主义人道主义化相一致，我们也反对把人民性理论完全人道主义化。

（三）人民性的本质是一种艺术伦理

人民性的伦理本质是艺术人民性理论合法性的根源。中国古代“伦理”一词最早就是出现在《乐记·乐本》关于音乐特性和功能的描述中：“凡音者，生于人心者也。乐者，通伦理者也。”因此“伦理”是中国古代文论对艺术的基本要求和传统之一。而现代学科对于“伦理”有不同的解释，但核心指的是：从道德、责任、义务的角度，评价和指导某种行为的一系列观念或者规定性。伦理多数用在人与人的关系之间，但它也适用于事物与人之间，

① 巴人：《论人情》，《新港》1957年第1期。

因为事物的背后也是人的因素。因此按照这个定义，毫无疑问，艺术人民性本质上就是一种评价和指导艺术创作、评论作家作品的一系列规范性伦理观念。当然艺术的人性人道主义、阶级性、革命性也在不同程度上具有这种本质，只是强烈程度不同而已。由于“人民”是最广义的社会主体和艺术客体，因此这种伦理本质也就具备最大的合法性，二律统一，人民性理论的社会合法性也就建立起来了。

（四）人民性与知识分子话语

人民性是一种艺术伦理规范，那么这种伦理的作用力在哪里？或者说，由谁来实践这种艺术伦理呢？那只能是作为知识分子的作家和艺术家。因为艺术是一种专业性很强的创造性劳动，知识分子是创造艺术人民性的主体。

纵观艺术人民性历史，人民性理论大致可以区分两种传统，一种是别林斯基传统，一种是毛泽东传统。别林斯基传统是一种精英主义的、资产阶级革命民主主义的人民性传统，而毛泽东传统则是一种平民主义的、统战性质的人民性传统。毛泽东传统中对自由主义知识分子话语的抑制和对小资产阶级知识分子的思想改造是一个主要内容和特征。这两种传统都离不开知识分子的艺术话语实践，这两种传统都没有否定知识分子话语，但否定的是知识分子话语立场，因为后者，知识分子是目的和价值本身。因此，人民性本身就是知识分子——作家艺术家——自我追求的一种艺术伦理。而这种艺术伦理，无论是高级形态的革命的、民主的艺术伦理，还是基础性的、个体性的人性人道主义艺术伦理，反过来又对知识分子话语具有立法和规训功能。

在当代艺术理论家中，方维保一直关注和研究人民性理论中的艺术伦理和知识分子问题。2005年，方维保在《人民·人民性与文学良知》中指出，俄国革命民主主义者的艺术人民性，“其本质在于，人民性从来都是知识分子制造出来的所谓人民共同体的想象的德性”[①]。2011年，在《论左翼文学的人

① 方维保：《人民·人民性与文学良知——对王晓华先生批评的回复》，《文艺争鸣》2005年第5期。

民伦理秩序及其道德情感的形成》中，他认为，“人民性”是一种文学艺术形式的道德化情怀；“人民性”建构起的是对于它的道德崇高感和知识主体的精神皈依感；“人民性”还是一种艺术的良知机制；革命时代，“人民性”还具有艺术立法功能和规训功能：“人民性作为一种想象共同体的德性，由知识分子实现自我救赎和投射安慰情绪的精神象征物，而转化为革命政党实现文化和政治目标的道德戒律。”①

但我们也要看到，毛泽东人民性传统中“提高”成分的理论地位并不高。人民大众同样需要自己的“高级文化”（在葛兰西那里，资产阶级的“高级文化”对“人民大众文化”有着侵蚀作用）和“有机知识分子”。“有机性”是知识分子与人民大众的辩证法。启蒙性、理性在人民性中应该占有重要地位。但遗憾的是，人民性话语中这方面的理论资源并不多。唯其如此，我们可以考虑把葛兰西理论传统视为马克思主义艺术人民性理论的第三种传统。

因此，在《马克思主义与艺术人民性》书稿中，笔者将以上“艺术伦理、最基本的人性人道主义、知识分子话语、艺术性”四点作为艺术人民性的理论确定性，它们是艺术人民性理论合理性进而具有合法性的基础。

一是坚持人民立场上的艺术功利主义即艺术伦理。只有坚持以人民为中心的创作和理论导向，艺术的价值和功能才能真正实现。当然，这一规定性是自然形成的，它经历了由自发到自觉的这样一个漫长历史过程。

二是坚持最基本的人性人道主义立场。人民性，首先是“人”性（个体性、自然性），其次才是“民”性（类属性、社会性）。艺术的基础就是人性和人道主义，因此在艺术人民性的发展历史上，人性和人道主义这个传统总是很顽强地存在着。我们坚持马克思主义的人性和人道主义立场，也只有在这个基础上，人类才能创造出高级形态的艺术和文化。

---

① 方维保：《论左翼文学的人民伦理秩序及其道德情感的形成》，《文史哲》2011年第2期。

三是坚持知识分子话语立场。自觉的艺术人民性离不开艺术知识分子的创作（我们不否认自发的、民间状态的艺术人民性还将长期存在，我们甚至可以称之为一种“前艺术人民性”），因此，无论是俄国民粹主义知识分子到“民间去”、毛泽东诗学中的知识分子思想改造问题，还是葛兰西的“有机知识分子”理论，都离不开知识分子问题。我们强调艺术家在世界观、思想感情和艺术感受上与人民一致，但也坚持一定的精英主义立场，坚持普及和提高并重，否则人民性的启蒙性和革命性（前面我们把批判性归纳在革命性里）意义就无法体现，无产阶级的文化领导权也无法实现或得到长效保证。

四是坚持艺术性。各门类艺术都有自己独特的艺术语言，因此有着各自不同的“艺术性”要求，比如文学的艺术性被称为“文学性”。艺术性的高低也直接决定着人民性的价值高下。

因为以上四点，艺术人民性理论在今天才有着非常自信的表现。

四、一种艺术共同体的想象与建构

作为一种学术话语，“共同体”多数是指社会实体，也就是传统的“团体”“社群”这类概念，我国目前也有艺术机构共同体（实即“机构联合体”）等概念。后来的共同体概念突破了社会实体的限制。德国社会学家马克斯·韦伯认为，在个别场合、平均状况下或者在纯粹模式里，如果而且只要社会行为取向的基础是参与者主观感受到的（情感的或者传统的）共同属于一个整体的感觉，这时的社会关系，就应当称为“共同体”。[①]

如果把马克斯·韦伯的“社会行为”和“社会关系”置换为“艺术行为”和“艺术关系”的话，艺术共同体就是基于主观上和客观上的共同特征而形成的一种社会艺术关系，它具有共同的内在价值尺度和共同的情感感受。在这个

① ［德］马克斯·韦伯：《社会学的基本概念》，胡景北译，上海人民出版社2000年版，第65页。

艺术共同体中，艺术家们创造和分享具有共同价值和意义的情感、文化传统和艺术符号。而共同的目标、一致的行动、分享与反思成为艺术共同体的主要特征："共同体其实就是一种真正的共同生活，一种归属精神，一种可以信赖的权威结构，一种来自大家的互惠互利的意识，一种作为共有、共享的精神指引。"①因此说，艺术人民性给了我们共同的和可共享的情感和价值，承载着我们对艺术共同体的某种想象和理论建构功能，并同时具有一种修辞功能。

在近现代西方社会，艺术一直有着"乌托邦"的色彩（强调艺术无利害性和审美超越，认为艺术中存在着某种永恒的东西），它承担着审美救赎或者逃离的功能，这种艺术理论本身就是西方对自身艺术共同体的一种想象。而人民性理论想象的艺术共同体和对这种想象的理论建构，是本质上区别于西方艺术观的，它为人民的艺术共同体提供了共同的价值观——以人民为本位和共享理念；为艺术共同体提供了历史意识和精神指引；强调社会效果论，为艺术家提供了艺术伦理规范；强调思想性和艺术性的统一，确立了人民性的艺术批评标准和以人民为中心的创作导向；等等。因此说，艺术人民性既是人民对于艺术共同体的一种想象，又同时完成了对这种想象的理论建构。为此我们理解的艺术人民性是功能性的。

在当代艺术理论上，虽然共同体理论正面临着存在主义、解构主义意义上的共通体理论对其非本源、神话意义的诘难，但正因为对人民性的如上认识，我们并不放弃人民性理论的建构意义与伦理价值。

综上所述，我们分析了人民和人民性概念的历史发展和主要内涵，确立了艺术人民性的理论确定性和合法性，并且视艺术人民性为一种艺术共同体的想象并具有建构功能。进而，我们结合艺术学的一般原理，给艺术人民性一个相对传统的、工具书（词条）似的定义，那就是：

① 苌光锤、李福华：《学术共同体的概念及其特征辨析》，《煤炭高等教育》2010年第5期。

艺术人民性是描述艺术与人民相联系的特性及其可能程度的一个范畴，也是文学艺术作品在思想和艺术方面所表现出来的社会属性之一，它具有思想性、艺术性、效果性多个方面的规定性。艺术人民性体现在作家艺术家、作品文本、批评和效果等各个环节，而集中的物质载体（类似“符号”）是艺术形象。艺术人民性在具体内容和要求上，要求各类艺术形象，能够再现或表现人民群众的真实生活、思想和情感，能够反映广大人民群众的利益、价值观、愿望，能够满足人民群众的审美和娱乐需求，一定程度上能够揭示历史前进的方向和社会本质，又能够通过艺术形象对人民群众起到教育或组织动员作用。艺术人民性在表现或存在形态上是多种多样的，并且所能达到的程度也是不一样的。

马克思主义艺术人民性是马克思主义关于艺术社会属性和伦理特性的一种科学描述，其根本特征是艺术的民主性（大众性）、革命性（含批判性）、启蒙性（知识分子话语）以及一定程度上的艺术性要求。[①]人民性是我们正确理解和评价一切古典文学艺术和文化遗产历史价值和艺术价值的重要标准之一，也是社会主义时代文学艺术的基本美学原则和评价标准之一，它与阶级性、党性原则不可分割地联系在一起。

〔原载《美与时代》（下）2018年第3期〕

① 一般的人民性研究文章都会对人民性的本质属性（即根本特征）进行归纳，不同研究者会有不同的表述。

论《在延安文艺座谈会上的讲话》后艺术人民性理论的建构与发展

对于20世纪40年代《在延安文艺座谈会上的讲话》（以下简称《讲话》）在解放区、国统区、沦陷区的宣传和传播、争议和接受情况，学界已有许多很好的史料整理和论述。[①]应该说，理论家们对《讲话》的宣传和传播方式，以及后来研究者的阐释和研究范式，合力形成了关于《讲话》的一些经典阐释模式，比如在文艺与人民群众、文艺与知识分子、文艺与政治关系、艺术批评的标准等问题上。这些经典和权威性的阐释模式，对于深入宣传《讲话》内容和扩大《讲话》影响力，发挥了很大的作用。与此同时，在这种宏观、纲要性的阐释过程中，“人民文艺”“人民艺术”“人民性”观念也在发育，客观上也存在着一个“新的人民的文艺”观的阐释和推广过程。这个过程也

---

① 参见纪桂平、贾玉民《〈在延安文艺座谈会上的讲话〉在40年代的传播与接受》（《河南社会科学》1997年第2期），刘忠《〈讲话〉在解放区和国统区的传播与接受》（《文艺理论与批评》2012年第2期），蔡清富《〈在延安文艺座谈会上的讲话〉在国民党统治区的传播》（《中国现代文学研究丛刊》1980年第1期），集体撰写的《〈讲话〉在四十年代国统区的传播——纪念毛主席〈在延安文艺座谈会上的讲话〉发表三十六周年》〔《西南师范大学学报》（人文社会科学版）1978年第1期〕，庞虎《中共南方局引领国统区文艺整风的运行机制研究》（《厦门特区党校学报》2012年第3期），王大明《周恩来同志与“重庆文艺座谈会”》（《文谭》1983年第5期），刘忠《〈讲话〉在解放区和国统区的传播与接受》（《文艺理论与批评》2012年第2期），孟远《四十年代〈讲话〉精神在解放区的传播方式》［《甘肃联合大学》（社会科学版）2004年第3期］，杨立川《〈在延安文艺座谈会上的讲话〉之传播关系观解析》［《西北大学学报》（哲学社会科学版）2012年第2期］等研究成果。

就是艺术人民性理论的建构与发展过程。

一、《讲话》后马克思主义艺术理论家对人民文艺、艺术人民性的阐述

《讲话》发表后，以郭沫若、周扬、林默涵、艾思奇、柯仲平、成仿吾、艾青、刘白羽、何其芳等为代表的一批马克思主义艺术理论家对《讲话》和毛泽东艺术思想进行了宣传解释和传播，如周扬的《〈马克思主义与文艺〉序言》，并且将其影响力扩大到国统区、沦陷区和香港等地。在传播的过程中，马克思主义艺术理论家们也在发展毛泽东艺术思想。其中郭沫若、蔡仪、林默涵都是有着特殊贡献的理论家：郭沫若是最早倡导"人民文艺"的理论家之一；蔡仪则从艺术史和美学理论出发纯学理性地论述了"人民的世纪"和"人民的文艺"问题；而林默涵则是最早倡导艺术人民性的马克思主义文艺理论家。

（一）郭沫若的人民艺术思想

有学者以"人的文学"—"工具文学"—"民族主义文学"—"人民文学"这个轨迹来描绘郭沫若文艺思想的发展过程。[①]这个归纳有待商榷。但郭沫若是较早阐述人民文艺观的马克思主义艺术理论家则是事实。郭沫若在抗日战争后期和解放战争中，在反对国民党反动派独裁统治的社会政治背景下，多次发表演说和文章，大力倡导人民文艺，提倡文艺为人民服务的发展方向。[②]

---

① 王俊虎：《从"人的文学"到"人民的文学"——郭沫若文学观嬗变新论》，《海南大学学报》（人文社会科学版）2007年第4期。

② 体现这方面内容的文章有：《序〈不朽的人民〉》（1944年5月）、《文艺与民主》（1945年1月）、《向人民大众学习》（1945年4月）、《人民的文艺》（1945年4月）、《文艺工作展望》（1946年4月）、《纪念第二届"五四"文艺节告全国文艺工作书》（1946年5月）、《学术工作展望》（1946年5月）、《从诗人节说到屈原是否弄臣》（1946年5月）、《走向人民文艺》（1946年6月）、《鲁迅和我们同在》（1946年10月）、《春天的信号》（1947年2月）、《人民至上主义的文艺》（1947年3月），等等。参见张剑平：《论郭沫若的"人民本位"思想》，《中国社会科学论坛文集——郭沫若与文化中国》，中国社会科学出版社2013年版，第160页。

郭沫若的艺术人民性思想主要是人民本位思想。郭沫若在20世纪40年代后期有大量的“人民本位”的论述，如在《走向人民文艺》一文中，他说：“一切应该以人民为本位，合乎这个本位的便是善，便是美，便是真，不合乎这个本位的便是恶，便是丑，便是伪。我们要制造真善美的东西，也就是要制造人民本位的东西。这是文艺创作的今天的原则。”[①]中华人民共和国成立后，由于意识到“人民本位”有一定的局限性（因为“人民本位”表述的艺术人民性不能涵盖那些非主观、间接的艺术人民性），因此郭沫若后期较少使用“人民本位”这个概念。

概括而言，郭沫若是倾向于主动、主观、自觉、直接这类艺术人民性的。他的艺术人民性思想包括：

首先是人民主体论（主人论或本位论）、文艺为人民服务论。郭沫若在《人民至上主义的文艺》中说：“人民是社会的主人，是文化生活的创造者。本质的文艺本来就是人民文艺，这在任何民族都是文艺的本流，而且站着极高的地位。脱离了人民本位的文艺，虽然借政治的力量可以博得一时性的月桂冠，但其实那是堕落”，“我们的理想是：尽可能做成一部人民的打字机”，“我们是应该以人民至上的意识为意识的。这是我们共通的核仁，从这儿分道扬镳地作出新的展开”，“我们的《新文艺》本质上应该是人民的文艺——人民至上主义的文艺。这是我们的至高无上的水准”。[②]在《春天的信号》一文中，郭沫若说：“人民是主人。……合乎人民本位的便是善，便是进步，事虽小亦必为之。反乎人民本位的便是恶，便是反动，力虽大亦必拒之。“为人民服务，为进化服务，这是我们的信条，我们要抓紧当前的现实，做思想文化上的策进。”凡是反人民、反进化的一切封建思想，买办意识，法西斯主

① 郭沫若：《走向人民文艺》，《沫若文集》第13卷，人民文学出版社1961年版，第317页。

② 郭沫若：《人民至上主义的文艺》，《沫若文集》第13卷，人民文学出版社1961年版，第460—461、464页。

义，假民主、假自由，假科学，都是我们的对头。”[①]在《向人民大众学习》一文中，郭沫若指出：“在目前民主运动的大潮中，‘人民的世纪’更加把它自己的面貌显豁起来了。人民大众是一切的主体，一切都要享于人民，属于人民，作于人民。文艺断不能成为例外”，“一切脱离民众的倾向，反民众、非民众的想念，都应该即（及）早地改正过来。……一定要弄清楚自己就是人民的一体，而不是人民以上或以外的任何东西。这样把自己的观点和生活改造过来，然后才能有真正的文艺作品出现”。[②]

其次是文艺为人民服务，就要维护和平、民主。郭沫若指出：“文艺是始于人民，终于人民的。人民既需要和平，文艺便应当歌颂和平而诅咒一切反和平的障碍。人民既需要民主，文艺便应当表扬民主而排击一切反民主的存在”，“为人民大众服务，实现和平民主的要求，这应该是我们的基本原则”，“作为个人：我们应该严密地保守着人民的立场，努力向人民大众学习，使自己的意识彻底大众化”。[③]

最后是以艺术人民性思想，评价历史人物（不只是文学艺术家）和当代作家艺术家。郭沫若对于鲁迅、闻一多等具有人民意识的作家热情赞美。郭沫若还具体结合人民观念在闻一多思想意识转变中的作用做了具体分析。“闻一多由庄子礼赞变而为屈原颂扬，而他自己也就由极端个人主义的玄学思想蜕变出来，确切地获得了人民意识。这人民意识的获得也就保证了新月诗人的闻一多成为了人民诗人的闻一多”，“在今天我读着一多的全部遗著，在惊叹他的成绩的卓越之余，仍不能不为中国的人民，不能不为人民本位的中国文化的批判工作，怀着无穷的隐痛。‘一个人倒下去，千百万个人起来’！在革命工作上我虔诚地希望能够这样，在为人民服务的学术工作上我也虔诚地

---

① 郭沫若：《春天的信号》，《沫若文集》第13卷，人民文学出版社1961年版，第458页。

② 郭沫若：《向人民大众学习》，《沫若文集》第13卷，人民文学出版社1961年版，第216、218页。

③ 郭沫若：《纪念第二届“五四”文艺节告全国文艺工作书》，《沫若文集》第13卷，人民文学出版社1961年版，第292—293页。

希望能够这样”。[①]郭沫若还以客观上对人民是否有利，来评价先秦诸子（尤其是墨子研究）和历代一些重要的政治家（如王安石），并为秦始皇、曹操、武则天等人物翻案，对他们的肯定甚至超出了戏曲小说说书艺术中老百姓的态度，超出了一些传统的观念（比如后来对杜甫的否定），获得了许多新的卓越的见解和研究成果。

郭沫若20世纪40年代的艺术人民性思想——主要是人民本位思想——有着左翼文艺运动功利主义的一些特点，此外，由于限定在“人民本位”这个逻辑范围内，郭沫若的艺术人民性思想就有了自身的局限性，对真正艺术人民性的丰富性和复杂性就难以有正确的认识和全面的反映。这不能不说是郭沫若的一个认识局限。但即便如此，从逻辑上来讲，郭沫若的艺术人民性思想本可以有很大发展的，但政治过于敏锐的他，在中华人民共和国成立后紧跟阶级斗争形势，后来较少提人民本位艺术观了，仅在史学研究等领域提及。但作为文化领袖，郭沫若还是有过人之处的，他甚至在这个领域较早提出了“二为”方向——1959年4月在《新建设》上发表《关于目前历史研究中的几个问题》，郭沫若说：“在今天，作为学术研究总的方向来说，应该是为人民服务，为社会主义建设服务。史学研究的任务自然也不能例外。”[②]这不能不说是一个很大的成就。

另外，当时在重庆郭沫若手下工作的年轻人蔡仪，1945年即在《论人民的艺术》一文中纯学理性地系统论述了“人民的世纪”和“人民的文艺”问题。他从艺术史和美学原理出发，提出“现在正是临界线，这临界线的标志，就是人民的世纪，人民的文化，人民的艺术”。“什么是人民的艺术？”“所谓人民的艺术，主要包含着三个要素：第一是以人民为对象创造

① 郭沫若：《论闻一多做学问的态度》，《沫若文集》第12卷，人民文学出版社1959年版，第566、567页。

② 郭沫若：《文史论集》，人民出版社1961年版，第1页。

的艺术，第二是以人民的观点创造的艺术，第三是以人民的表现创造的艺术。”[①]该论文表面上没有结合《讲话》，却从学理上对《讲话》的“人民的艺术”观阐释得淋漓尽致，提高了阐释《讲话》思想的学术水平。

（二）林默涵的艺术人民性思想

林默涵1947年6月5日在香港《群众》周刊第19期上发表了《关于人民文艺的几个问题》、1948年在与邵荃麟等合著的《论主观问题》中发表《论文艺的人民性和大众化》。

《关于人民文艺的几个问题》主要是谈艺术创作问题。“愿意使文艺为人民服务和怎样使文艺为人民服务，这中间，有着一个实践的过程。写什么？怎么写？是在这个实践的过程中首先遇到的问题。”[②]论文主要讨论了“为人民服务的文艺”应该如何对待工农群众的缺点和弱点、如何表现和教育小市民、对待不同读者要有不同程度的艺术作品、应该给予与作家艺术家走向人民的时间，批评了文艺要创作读者、写工农就要百分之百地用工农的思想和语言等两种“阻碍文艺和人民结合的”高调而错误的观点。

《论文艺的人民性和大众化》是我国马克思主义艺术理论史上最早的一篇讨论艺术人民性、艺术人民性和大众化关系的论文。

论文第一部分首先提出，在文艺大众化的问题上，存在着两种相反的理解。一是否定五四以来的革命新文艺，认为欧化的形式是今天劳动人民不能接受的；二是认为新文艺的战斗传统，在内容上反映了人民的历史要求，为大众的要求而斗争，它就是大众化的。作者认为，“这两种意见，都同样犯了片面性的毛病，主要是对于文艺的人民性和大众化的关系与区别，没有正确的了解”[③]。林默涵对艺术人民性的理解依据于苏联顾尔希坦的人民性思想。

---

① 蔡仪：《论人民的艺术》，《蔡仪美学文选》，河南文艺出版社2009年版，第407、410页。

② 林默涵：《关于人民文艺的几个问题》，《延安文艺丛书》（文艺理论卷），湖南文艺出版社1987年版，第229页。

③ 默涵：《论文艺的人民性和大众化》，荃麟等：《论主观问题》，《大众文艺丛刊》1948年第5辑，第39页。

顾尔希坦以列宁关于每个民族中都有两种民族文化的理论为基础，认为文艺里面的民主主义和社会主义成分就是艺术人民性。林默涵认为：“人民性并不就等于大众化。人民性的文艺，虽然有时以直接的人民形式表现出来，但也常常以间接的形式表现出来，所以具有人民性的作品，可能并不一定立刻为工农大众所直接接受。”林默涵接受顾尔希坦将人民性区分为“内容的人民性”和“形式的人民性”的观点，看到二者发展的不平衡关系：“实际上，内容的人民性，并不时常和形式的人民性相并行的”。因此，林默涵参照列宁对托尔斯泰、赫尔岑等作家作品人民性“播种—收获”延时的理论，反对轻易否定欧化文艺。作者指出，“我们提出大众化的任务，也不是排斥或拒绝那种播种而在长期以后可以有所收获的工作，这工作是有它的重要意义的。但是，今天客观情形不容许我们专门去等待那‘一段长时间’以后的‘收获’”，他指出，在残酷的战争环境和民众普遍缺乏文化知识的情况下，“普及”肯定是第一位的，大众化肯定是第一位的；而大众化的文艺，“它不仅应该具有高度的人民性的内容，而且必须具有能为工农大众所直接接受的大众的形式”。林默涵认为，大众化不能受制于内容上的人民性这个要求。“我们不能把内容的‘人民性’的要求，看作就是大众化的要求，不能把前者单纯地去代替后者。”林默涵在大众化的形式上还区分了与民俗文学的形式（即旧形式）的关系问题，批判了“民间文学是民族形式创造的中心源泉”的民粹主义的错误和对旧形式深恶痛绝的机械主义的错误，赞同了毛泽东、鲁迅在这个问题上的立场。林默涵在文章中批判了在对待五四新文艺态度上“把人民性和大众化混淆起来”的错误，以辩证的方法分析了五四革命文艺的优缺点。但他的观点中又隐含着把大众化当作评论当下革命文艺的第一要求、把人民性当作评论过往优秀文艺（存在“播种—收获”时差的文艺）标准的倾向性。这个和后来“十七年”时期普遍以人民性标准来评价古典文学艺术、以阶级性（大众化）来评价当代文学艺术的倾向之间，可能存在着某种理论联系。

论文第二部分批判了小资产阶级的堂吉诃德式的“为大众去进行斗争”

的大众化，阐述了毛泽东“文艺为人民大众”思想中“使得大众去进行斗争”的真正内涵，揭示了大众化这个概念本身就具有的启蒙和教育功能，并再一次强调了大众化要求进步思想和通俗形式两个方面的完美结合。

论文第三部分批判了不管群众接受能力和觉悟程度，从自己主观上“觉得需要”出发的大众化。作者引用毛泽东的话指出：“如果群众在客观上虽有此种需要，但在他们的主观上尚无此种觉悟，则领导者与工作人员应该耐心地等待，直到经过自己的工作使群众有了觉悟，因而自愿实行之时，才去实行，决不应该强迫命令。凡是需要群众参加的工作，没有群众的自觉自愿，就只会流于形式主义而失败，一切工作都是如此，对于改造群众思想的文教工作，尤其是如此。”作者接下来还批评了一些理论家把觉悟提高和艺术提高混淆起来的观点，主张普及是为了觉悟的提高，而不是艺术的提高。

论文第四部分讨论形式问题，反对国粹主义和全盘西化、欧化，鼓励在旧有形式和民族形式上“创造新文艺的民族形式”，而创造的标准就是新旧形式服从于新内容。

《论文艺的人民性和大众化》第二、三、四部分实质是对毛泽东《讲话》“普及与提高”“动机和效果”“新旧形式”等观点的阐述。这些阐述都针对当时流行的错误观点，而且具有很高的理论水平，其深度是一般人从《讲话》字面上读不出来的。这也可以看出，《讲话》后马克思主义艺术理论家对毛泽东艺术思想的阐释、宣传、传播是具有较高水平的。

二、人民美学在国统区的宣传推广和与胡风文艺思想的争论

《讲话》发表以后在延安形成了一个人民美学体系。这个美学体系在政治权力、军事权力和文化权力的作用下，尤其是在大量艺术成就的证明下，其理论的合理性、合法性和权威性得到不断增强。在延安开展了整风运动和抢救运动之后，作为文化战线的生力军，以《讲话》为代表的人民美学开始了对包括国统区（先重庆后上海）、沦陷区文艺在内的各个领域的影响与渗

透。在20世纪40年代中后期，以服务人民政治和表现工农兵为核心的延安工农兵文学理念已表现出对全国文艺界混乱局面的清肃趋势。1943年3月13日我党领导的《新华日报》发表《中共中央召开文艺工作者会议》，正式报道了会议情况和“毛泽东同志指示，文艺应为工农兵服务，是此次会议的指针，也是文艺运动的总方向”；半年后，针对国民党发起的“民族文化建设运动”，11月11日《新华日报》以毛泽东《新民主主义论》和《讲话》为指导，发表了《文化建设的先决问题》的社论，论述了文化大众化对于争取民族的自由解放的道路意义。此外，中共中央南方局甚至形成了一套行之有效的文艺整风机制。

（一）以《讲话》思想和精神检讨、指导国统区的文艺工作

抗战胜利以后，国统区不少进步文艺理论工作者，努力用《讲话》和解放区文艺的成就，检讨抗战时期国统区的文艺工作，并对国统区未来文艺的发展提出指导。在这些检讨和指导中，文艺和人民的关系是关注的第一重点，而艺术人民性无疑是大后方、国统区进步文艺的发展方向。

茅盾在《八年来文艺工作的成果及倾向》中，在肯定抗战时期国统区进步文艺的成绩后，指出八年来国统区的创作很少“反映广大人民的民主要求”①。不久，茅盾又在广州发表《和平·民主·建设阶段的文艺工作》演讲中，更明确地运用《讲话》的思想，向国统区文艺工作者提出了在新阶段的努力方向，“要求作家们改造自己，——生活和写作的方式……真正生活在老百姓中间，然后能熟悉他们的生活，了解他们的思想感情，并进而把自己与他们打成一片”②。此外，茅盾还在《新民主运动与新文化》中特别谈到文艺的普及与提高问题，指出：“与其急于提高，毋宁先求普及，然后在普及之基

① 茅盾：《八年来文艺工作的成果及倾向》，《茅盾全集》第23卷，黄山书社2012年版，第257页。
② 茅盾：《和平·民主·建设阶段的文艺工作》，《茅盾全集》第23卷，黄山书社2012年版，第289页。

础上提高。”①

客观来讲，茅盾的这些文章，试图运用《讲话》的思想，分析和解决国统区的文艺问题，但其中不少意见在国统区的条件下是难以实行的。茅盾之外，叶以群、林默涵、何其芳等也都发表过文章，尝试运用《讲话》指导国统区的文艺运动。参加过延安文艺座谈会的何其芳，1946年5月5日在《新华日报》著文《大后方文艺与人民结合问题》，从国统区的实际出发，提出“大后方文艺的神圣任务”，“就是推动大后方广泛的人民群众觉醒起来，组织起来，参加民主运动”，文章最后引用《讲话》的教导，号召作家到群众中去，“尽可能地比较扩大我们的生活圈子”，“加强对于生活的认识”。②叶以群在《新民主运动中的文艺工作》中认为，全面抗战八年间国统区文艺的种种问题，“可以归结为一个问题，那就是文艺和人民大众的结合”，并指出“政治的民主化，实在是文艺和大众结合的前提条件”，他应该是看到了在国统区的环境里还不具备完全地贯彻《讲话》的客观可能性。③林默涵《关于人民文艺的几个问题》在阐述“我们的文艺既然是为人民服务的，就应当以工农为描写和表现的主要对象”的同时，也认识到“这需要不断的（地）和客观的阻碍做斗争”，“道路崎岖，荆棘满途”。④

（二）以香港《大众文艺丛刊》为主要阵地宣传毛泽东艺术思想

随着人民解放军南下的脚步声，国统区的部分革命文艺工作者离开上海、重庆、桂林等大城市来到香港，1948年3月1日在中国共产党领导下创办

① 茅盾：《新民主运动与新文化》，《文联》1946年第1卷第7期。

② 何其芳：《大后方文艺与人民结合问题》，《新华日报》1946年5月5日。

③ 叶以群：《新民主运动中的文艺工作》，《文联》1946年第1卷第3期。

④ 默涵：《关于人民文艺的几个问题》，香港《群众》周刊1947年6月5日第19期。

了《大众文艺丛刊》[①]，开展革命的文艺活动。

《大众文艺丛刊》的办刊宗旨就是宣传毛泽东《讲话》、宣传毛泽东文艺思想、宣传延安文艺座谈会的理论成果、宣传解放区文艺创作的成就。《大众文艺丛刊》同人讨论、荃麟执笔的《对于当前文艺运动的意见》，检讨了过去10年间国统区文艺存在的主要问题，认为延安文艺座谈会的成果“在后方没有得到应有的普遍和热烈的讨论，倒毋宁说是一般的被冷淡了”。因此，《大众文艺丛刊》集中发表了一批学习和宣传《讲话》的文章，力图根据毛泽东《讲话》的基本思想推动国民党统治区的文艺运动，以配合解放战争夺取新民主主义革命的胜利。

《大众文艺丛刊》的内容主要有以下四个方面：第一，遵照马列主义的文艺理论原则，特别是毛泽东的文艺思想，总结文艺运动的经验教训，提出开展文艺运动的建议。如《对于当前文艺运动的意见》（署名本刊同人，荃麟执笔）、《文艺统一战线的几个问题》（萧恺）、《新形势下文艺运动上的几个问题》（荃麟）、《文艺运动的现状及趋势》（史笃）等。第二，研讨作家主观在文艺创作中的地位与作用，对胡风强调主观战斗精神的观点展开讨论和批评，如《论主观问题》（荃麟）、《文艺创作与主观》（乔木）等。第三，批判资产阶级自由主义文艺思想，如《斥反动文艺》（郭沫若）、《略论沈从文的〈熊公馆〉》（乃超）等。第四，探讨文艺的大众化问题，如《略论文艺大众化》（穆文）、《再谈方言文学》（茅盾）、《方言文学的创作》（静闻）等。另外，该刊发表了一些颇有价值和影响的研究论文和书评，如胡绳的《鲁迅思

① 《大众文艺丛刊》由邵荃麟等编辑，初期两个月出1辑。自第4辑起为避免国民党政府的邮件检查，改为书籍的形式，3个月出1辑。前后共出版6辑，至1949年3月停刊。第1辑《文艺的新方向》，第2辑《人民与文艺》，第3辑《论文艺统一战线》，第4辑《鲁迅的道路》，第5辑《论主观问题》（又名《怎样写诗》），第6辑《新形势与文艺》（又名《论电影》）。主要撰稿人有郭沫若、茅盾、丁玲、夏衍、邵荃麟、冯乃超、林默涵、乔木（乔冠华）、胡绳、叶以群、聂绀弩、吕荧、于伶、周立波、王若望等。刊物除以文艺理论批评为主外，也刊载文学作品。

想发展的道路》《评路翎的短篇小说》、冯乃超的《从白毛女的演出看中国新歌剧的方向》等。《大众文艺丛刊》还特别刊载了一些解放区作家如赵树理、田间、马烽等人反映群众实际斗争生活的作品，给香港和国民党统治区的广大读者输送了新鲜的精神食粮。

但在对某些问题的分析及对错误文艺思想的批评上，《大众文艺丛刊》也存在着“左”的简单化缺点。有的人将这种“左”的简单化缺点归之为一种倾向，视为一种批评话语体系的形成或转换，代表了中华人民共和国成立后官方文艺观念在中华人民共和国成立前的试验。比如：一、用“我们的模式”代表政党发言，这使文学评论失去了民主色彩，与权力联系起来带有话语霸权色彩。中华人民共和国成立后，这种模式愈演愈烈。二、评论语调居高临下，失去了文学评论平等交流的基本素质。三、对作品的分析开了政治定位的先河，审美批判相对少了。四、开创了一个新的美学原则——阶级论的美学原则：对解放区文艺绝对肯定与颂扬。五、作家队伍要求从工农兵中培养，改造原有的作家队伍。六、战时思维模式移植到文艺上——两极对立、非此即彼，出现敌我、革命反动等概念。[①]

（三）与胡风文艺思想的争论

在人民美学体系“南下”的这个过程中，与同为马克思主义艺术理论体系、同属革命文艺阵营的胡风文艺思想发生了冲突。

胡风的文艺思想属于马克思主义艺术理论范畴，是五四新文艺传统、左翼文艺传统和鲁迅精神的传承和发展形态之一。胡风在左翼文艺运动时期也参与了文艺大众化和民族形式的讨论。1936年6月胡风在《文学丛报》第3期发表《人民大众向文学要求什么？》，引发“民族革命战争的大众文学”和“国防文学”两个口号之争。胡风的文艺思想以现实主义理论为主，而其中创作主体、创作过程问题又是胡风现实主义理论的核心。由于胡风关心和研

① 本段介绍主要引自百度百科“大众文艺丛刊”词条。

究的问题较为具体，又长期生活在国统区，加上理论渊源和个人性格执拗等因素，胡风的文艺思想确实存在着偏离阶级、客观和大众的倾向，这为后来胡风事件的发生埋下了伏笔。

胡风现实主义理论主要是在20世纪40年代形成，但其最关键的一些概念、思想如“形象思维”“主观战斗精神”“精神奴役的创伤”在左翼文艺运动期间就已经形成。胡风在日本加入了“左联”东京支部，1933年回国后8月进入左联，年底接替茅盾任左联党团书记。胡风曾经接受过唯美主义的熏陶，在参加无产阶级文艺运动的过程中，又接受了马克思主义文艺理论和鲁迅文艺思想的影响，左翼文艺运动后期还受到卢卡奇现实主义理论的影响。从其主张“主观战斗精神”和“精神奴役的创伤”这两个主要思想来看，鲁迅和五四精神对胡风的影响最大；而从强调世界观和创作方法的复杂性来看，卢卡奇现实主义理论对胡风有着很大的影响。但不管怎样，胡风现实主义理论最直接的来源还是中国左翼文艺运动已经奠定的革命现实主义理论基础。胡风后来说：“从我开始评论以来，我追求的中心问题是现实主义（社会主义现实主义）的原则、实践道路和发展过程。”①显然胡风的现实主义理论是建立在左翼文艺运动现实主义理论基础上的。也正因为如此，胡风的现实主义理论研究才会走得更深、更远。

在“左联”后期，胡风已经表现出了自己对现实主义理解的独特之处（见《民族革命战争与文艺》等著作），这包括：在“左联”后期批判主观公式主义与客观主义；在关于创作自由问题讨论上支持创作自由论，反对题材决定论；从文学的真实性出发肯定现实主义的批判、暴露意义；反对取消文学特性；创作方法大于世界观；等等。这些观点决定了胡风的现实主义理论具有鲜明的反客观主义和公式化的理论取向。而这些观点都是和后来毛泽东《讲话》有着分歧的地方。比如，在反对题材决定论、强调革命现实主义

① 胡风：《胡风评论集·后记》，《胡风评论集》下册，人民文学出版社1985年版，第407页。

的批判性上，胡风1936年在《文学与生活》第五章“民族革命战争与文艺”中指出，民族革命战争时期的文学“主题底视野是无限地广大，它底内容是无限地丰富。当然，最英勇的事实，最新的生活特征，运动发展底最尖端的表现，这些是具有最强的推动生活的力量的，我们特别要求在创作上得到反映，但这只有从通过各种各样的道路的，作家和生活的接近或结合中去实现，不能机械地定为一切作家底规范，而且，无论写的是什么英勇的故事，但如果没有真实的生活真实的感情和印象，那依然不是我们所要求的最理想的作品。这是对于公式主义的克服，……”①。同年，在纪念鲁迅逝世的《悲痛的告别》中，胡风认为鲁迅现实主义的意义在于“启示了黑暗底真相，底残酷，养成了对于那黑暗的无比的憎恨和战斗的热意”②。胡风强调现实主义的批判意义毫无疑问是其现实主义理论的一个重要内容。这一方面和鲁迅精神的影响有关，另一方面也和他主要生活在大后方和国统区有关。如1948年胡风在《给为人民而歌的歌手们》中再次强调革命现实主义的批判性：“哪里有生活，哪里就有斗争，有生活有斗争的地方，就应该也能够有诗。”③同时，在参加左翼文艺运动之前就已有的托尔斯泰和厨川白村因素开始发生影响，胡风开始将艺术追求和作家的心灵欲求结合起来。他在1935年10月写的《为初执笔者的创作谈》中指出，“伟大的作品都是为了满足某种欲求而被创造的。失去了欲求，失去了爱，作品不能有新的生命”④。胡风把作者的精神状态也看作是文艺根源和创作动力之一。这是胡风所独有的。正是在这种理论取向下，从“左联”后期开始，胡风做了大量的作家作品研究，比如《张天翼论》《林语堂论》等，许多成果直至今日仍是该研究领域不可逾越的典范之作。《张天翼论》中胡风已经把作家主体的主观精神状态作为文艺批

① 胡风：《文学与生活》，《胡风评论集》上册，人民文学出版社1984年版，第322页。

② 胡风：《悲痛的告别》，《胡风评论集》上册，人民文学出版社1984年版，第338页。

③ 胡风：《给为人民而歌的歌手们》，《胡风评论集》下册，人民文学出版社1985年版，第237页。

④ 胡风：《为初执笔者的创作谈》，《胡风评论集》上册，人民文学出版社1984年版，第224页。

评的一个重要内容，他在文章末尾引用苏联梭波列夫的话告诫读者："没有大的感情就不能有艺术。"[①]也就是在这个时期（1935—1936年间），胡风开始注意到"主观"以及"主观力"这一类概念，胡风现实主义理论体系中一个非常重要的概念——"主体"，也在这个时期出现。在胡风著译的作品中，"主体"这个概念最早出现在他1934年翻译的日本的一篇文章《历史上主观条件之意义》中，这是一篇强调主观能动性的理论文章。在《为初执笔者的创作谈》中，胡风对"主观"与"客观"的结合问题论述得非常详细："作家在创作过程中和他的人物一起苦恼、悲伤、快乐、斗争，固然是作家把他的精神活动紧张到了最高度的'主观'的'自由'的工作，但这个'主观'这个'自由'却有'客观'的基础，'客观'的目的，它本身就是'客观'底成分之一，是决定怎样地对待'客观'的主体。这样的'主观'愈强，这样的'自由'愈大，作品底艺术价值就愈高，和和尚主义所宣传的'主观'和'自由'也就愈加风马牛不相及了。同时，由这样的'主观'把握到的'客观'，当然有推动生活的伟力，那不是客观主义者底'客观'所能够想象的。"他认为，"真正的艺术上的认识境界只有认识底主体（作者自己）用整个的精神活动和对象物发生交涉的时候才能够达到"[②]。至此，胡风现实主义理论的轴心——关注创作主体的取向已经基本形成，其20世纪40年代"主观战斗精神"等理论自然也就在这个基础上符合逻辑地发展起来了。从马克思主义艺术理论的科学性来讲，胡风文艺思想是很有价值的，既是对左翼文艺许多错误理论的"辩证否定"，也是对马克思主义艺术主体性理论一个很大的补充。

但非常有趣的是，20世纪40年代胡风这些理论的建设"似乎"有意和毛泽东《讲话》精神拧着来——在胡风主观战斗精神理论看来，《讲话》的许多思想就是所谓的"客观主义"或"机械—教条主义"。当国统区也开始大力进

① 胡风：《张天翼论》，《胡风评论集》上册，人民文学出版社1984年版，第54页。

② 胡风：《为初执笔者的创作谈》，《胡风评论集》上册，人民文学出版社1984年版，第223—224页。

行文艺整风的时候，1945年1月，胡风在《七月》杂志上发表了《置身在为民主的斗争里面》，宣传他的以发扬作家的“人格力量”为特色的现实主义理论。同月，胡风主编的《希望》创刊号在重庆出版并发表了舒芜的长文《论主观》。胡风在《编后记》中说：“这篇文章提出了‘一个使中华民族求新生的斗争会受到影响的问题’。”舒芜的文章是为胡风的“主观战斗精神”论提供理论基础的。[①]

舒芜的《论主观》和胡风的《置身在为民主的斗争里面》的主要思想、《希望》杂志的办刊思想与《讲话》的基本思想是不一致的，因而引起国统区其他革命文艺工作者黄药眠、林默涵、邵荃麟、乔木等人的批评。何其芳还先后发表了“关于现实主义”和“关于客观主义”的通信，与拥护胡风观点的王戎、吕荧进行了争论。中华人民共和国成立前，中国共产党领导下的文艺界在重庆、香港对胡风文艺思想进行了两次批评。

批评工作发挥了一定的作用。胡风虽然在讨论中一以贯之地坚持自己的理论主张，但也有意学习《讲话》的思想。胡风在1948年写的《论现实主义的路》中，多处援引《讲话》《论持久战》《毛泽东论鲁迅》中的文字，指出毛泽东同志的教导，“对于从人民的解放要求诞生出来的、发展了的现实主义，这是在具体的（是的，具体的！）历史条件下面的战斗的实践道路”。文章并联系国统区（“灰色的战场”）的实际，对于如何贯彻《讲话》——“迎接这个思想革命的大潮”，详细地阐述了自己的现实主义主张。[②]

（四）冯雪峰的人民性理论——人民力

冯雪峰是我国著名的马克思主义艺术理论家，鲁迅精神的重要传人之一，左翼文艺运动的重要领导者。冯雪峰与周扬、胡风并列为中国革命现实主义理论的“三驾马车”。

1942年胡风作为中华全国文艺家协会理事、研究部负责人，曾为文协理

① 林默涵：《胡风事件的前前后后（林默涵问答录之一）》，《新文学史料》1989年第3期。

② 胡风：《论现实主义的路》，《胡风全集》第3卷，湖北人民出版社1999年版，第493页。

事会第六届年会起草了《文艺工作底发展及其努力方向》的报告，提出了“主观战斗精神”这个概念。这个报告在当时就引发了黄药眠（《读了〈文艺工作底发展及其努力方向〉以后》）、茅盾等人的异议。虽然与胡风思想较为接近，但与延安文艺有着紧密联系、曾是鲁迅与中共联系人的冯雪峰，很清楚胡风理论的短板或者不适宜之处，因此从1944年开始，冯雪峰为了纠正胡风主观战斗精神等理论的偏颇之处，在《论艺术力及其它》和《论民主革命的文艺运动》等著作中提出了艺术力、主观（战斗）力、人民力等概念，以调和艺术主客观立场的对立。

冯雪峰《论艺术力及其它》正面界定了“艺术力”的概念：“艺术力——艺术的战斗力”。在冯雪峰的理论中，所有艺术的功能都称之为“艺术力”，而艺术力的组成来自两个方面：主观力和人民力。

> 追求客观真实和表现真实的力量；追击和深掘现实生活的意志；对于社会矛盾的认识与判决力，肯定与否定力；对于黑暗和一切压迫势力的憎恶；对于人民和一切光明力量的火一般的猛烈的爱，等等。从这里，反映着客观的真理，反映着人民的新生，伟大的战斗的姿态和英雄主义，反映着人类历史的伟大的理想力和向上发展力。这就叫做艺术力。解释地说，就是必须从艺术里表现出来的人民与作者的主观战斗力。①

强调艺术的战斗功能和社会功能是革命文艺理论的一个重要规定性，也是冯雪峰文艺从属于政治文艺思想体系下的一个必然命题。冯雪峰认为，艺术力或艺术战斗力源自主观力和人民力两个方面。

冯雪峰论述了主观力是艺术力的关键。和胡风一样，冯雪峰的理论建构

---

① 冯雪峰：《论艺术力及其它——文艺风貌偶瞥之三》，《雪峰文集》第3卷，人民文学出版社1983年版，第237—238页。

也有着国统区甚至沦陷区历史语境的特点。他的理论的主要批判对象是以“市侩主义”为核心的“客观主义”。冯雪峰非常反感“市侩主义”。他指出“市侩主义”是“用市侩的虚伪的态度和手段，应付着现实情势的一切真实的需要”，“市侩主义者”所追求的“不是现实的深掘与艰苦而坚实的战斗，却是商人似的自私的目的和遮去了真实情况的欺蒙”。“市侩主义”的本质是充满商业算计的自私自利，而缺乏任何“深掘”的艰苦战斗意志；表现在文艺创作上作者就会满足于现有的“成功”，“不必再提高向现实斗争肉搏的意志和对艺术的更高追求”。从根本上说，“市侩主义”是反现实主义的。因此，对“市侩主义”的“客观主义”，冯雪峰主张用主观战斗力来改造作家艺术家的思想，而决定作家艺术家主观战斗力的是他的认识力或思想力：“要测验一个作家能力的高低，就看他的思想力的高低，而构思首先就是作家思想力的表现”①，而要获得思想力，“在现在则只有站在无产阶级的阶级立场上才能做到”②，因为“马克思主义的科学的唯物的历史观及唯物辩证法的宇宙观”，“决定着我们实践的方向，同时也为我们实践的任务所决定。我们的人生态度及历史观和宇宙观之现实性，是与人民的进步性或革命性相一致的，这一致就带来我们文艺创作之求真的要求和战斗的要求的一致”。③在强调作家艺术家世界观和阶级立场的同时，冯雪峰的主观战斗力理论体现了对创作主体的一种理论观照和尊重，这对反对庸俗的、机械的客观主义产生了积极的意义。

冯雪峰还论述了表现或者反映人民力是艺术力创作的本质和中心任务。将人民力论述成一个艺术批评术语，这是冯雪峰在历史唯物主义把人民看作

① 冯雪峰：《创作随感录》，《雪峰文集》第2卷，人民文学出版社1983年版，第399页。

② 冯雪峰：《关于“第三种文学”的倾向与理论》，《雪峰文集》第2卷，人民文学出版社1983年版，第198页。

③ 冯雪峰：《论民主革命的文艺运动》，《雪峰文集》第2卷，人民文学出版社1983年版，第171页。

是主宰历史的决定性力量这一信念支配下提出来的概念。[①]冯雪峰认为："谁都认为反映全民族的人民的生活和现实的斗争，特别反映在飞跃地发展着的人民的新生的力量，是我们革命现实主义文艺现在所追求的唯一根本的目标。"[②]冯雪峰在《论民主革命的文艺运动》中指出："人民的力量，对历史和社会的客观本身及其变动上的其他的客观条件说，是人民的主观的力量；但对作家或文艺的主观说，它是客观。人民的力量又是怎样来的呢？来自历史的现实的矛盾斗争中。正惟这客观的人民的斗争和力量，才是文艺的思想力，艺术力，作品或作者的一切主观战斗力的源泉。"冯雪峰更进一步指出："因此，大家对文艺要求着思想力，艺术力，主观的战斗热力，归根结蒂，无非是要求文艺取得在历史的现实的矛盾斗争中的人民的力量，无非是要求文艺应该真实地在现实斗争中而将人民力变成文艺的主观的力量，于是文艺能在人民中起着强大的作用。这种主观与客观的关系以及具体的解决方向，是很明确的。"[③]因此冯雪峰对于文艺与人民关系的理解，并不仅仅停留在对"人民性"只是作"被动"或者"静态"反映的层面——真实的层面，而是增加了有力量和"有力度"的新要求。

此外，冯雪峰对"人民"复杂性的认识和鲁迅是一致的，是有批判性内涵的，在这一点上和毛泽东有区别。冯雪峰指出："人民就是复杂的矛盾统一体，有进步的一面，也有落后的一面；有光明的一面，也有灰色的一面；有要求解放的一面，也有依然被封建意识束缚的一面。"[④]"人民的觉醒的程度和范围，及其趋于组织性的力量"[⑤]，远未达到理论设想的要求。而"这落后的最为本质的严重意义，是它不仅为过去的历史和反动统治的压迫的结果，

① 参见温儒敏：《中国现代文学批评史》，北京大学出版社1993年版，第129页。

② 冯雪峰：《论民主革命的文艺运动》，《雪峰文集》第2卷，人民文学出版社1983年版，第165页。

③ 冯雪峰：《论民主革命的文艺运动》，《雪峰文集》第2卷，人民文学出版社1983年版，第166页。

④ 冯雪峰：《论民主革命的文艺运动》，《雪峰文集》第2卷，人民文学出版社1983年版，第169页。

⑤ 冯雪峰：《论民主革命的文艺运动》，《雪峰文集》第2卷，人民文学出版社1983年版，第156页。

并且它自身还成为旧的压迫势力和反动统治之群众的消极的基础；因为所谓落后，就是不自觉地屈服在被压迫被剥削的旧生活之下，消极地接受反动统治的支配，也麻木地疲乏地保守着旧的生活观念。”①

艺术力、主观力、人民力的统一，构成了冯雪峰20世纪40年代功利主义革命现实主义理论体系的核心。按照我们现在的理论共识来理解，冯雪峰的各种“力”的概念已经具有现代哲学“间性”理论的诸多特点，它试图以一种力的相互作用场（或模型理论）来讨论艺术问题，来克服延安文艺和胡风文艺思想之间主客体二分的先天缺陷，以求得理论的突破。遗憾的是冯雪峰的这个理论架构中，少了审美力这一要素，因此同样存在着先天缺陷。

综合起来，冯雪峰的人民力概念仍旧突出要求了文艺反映历史的本质和人民的力量，其基本内核和人民性是一致的。因此我们将人民力视为一种特殊的人民性思想。将人民性力量化，这是冯雪峰艺术人民性的独特贡献，也是冯雪峰革命现实主义理论的独特之处。

（五）关于人民美学体系和现实主义争论的意义

客观来讲，在缺乏政治和军事保障的前提下，在大后方和国统区，作家艺术家还没办法完全走与人民大众结合之路；文艺为政治服务、为工农兵服务的关系也不是那么迫切和现实。大后方、国统区的革命文艺工作者的主要使命和任务还是以对敌揭露和批判为主，小资产阶级作家艺术家还是以表现自己熟悉的生活、情感和思想为主，自然对人民群众的普及工作、对旧形式和民间形式重视不够。这是有其历史原因的。因此根据《讲话》而提出的指导思想和意见在当时国统区条件下是难以实现的。但在20世纪40年代中后期宣传《讲话》和现实主义理论的讨论中，人民原则即艺术人民性原则得到了宣传，这为后来国统区和解放区两支文艺队伍胜利会师、为中华人民共和国成立后社会主义文艺建设做好了理论准备工作。

① 冯雪峰：《论民主革命的文艺运动》，《雪峰文集》第2卷，人民文学出版社1983年版，第157页。

三、“新的人民的文艺”“人民文艺”被确定为社会主义文艺的性质和方向

1949年7月2日至19日在北平举行中华全国文学艺术工作者代表大会，即第一次全国文代会。这是来自解放区和国统区的两支革命文艺队伍大会师的盛会，标志着我国新民主主义革命时期文学艺术历史的结束和社会主义时期文学艺术历史的开始。会议最初拟邀请753人，后增加到842人，但实际参会代表为650人。会议由郭沫若提议召开，毛泽东到会讲话，朱德致贺词，周恩来做政治报告。

会议由郭沫若做《为建设新中国的人民文艺而奋斗》的总报告，报告立足于五四以来新文艺的发展历史，对三十年来文艺统一战线所获得的成绩和胜利做了简略叙述，总结经验教训，梳理出人民文艺——无产阶级文艺思想领导的为人民服务的文学艺术——这样一条主线，并且号召在这个主线下建立文艺统一战线。郭沫若明确地把五四以来的文艺发展概括为两条路线之间的斗争：“一条是代表软弱的自由资产阶级的所谓为艺术而艺术的路线，一条是代表无产阶级和其他革命人民的为人民而艺术的路线。”斗争的结果证明：“任何文艺工作者如果不接受无产阶级的领导，他的努力就毫无结果。”周扬总结解放区文艺运动，做了题为《新的人民的文艺》的报告。报告中周扬有这样两点重要的意思：第一，真正的新的人民的文艺是从1942年延安文艺座谈会以后就开始的；第二，《讲话》所规定的文艺方向也就是新中国文艺的方向。周扬报告依据大量艺术事实，得出“解放区的文艺是真正新的人民的文艺”这一结论，并且确认：“毛主席的《在延安文艺座谈会上的讲话》规定了新中国文艺的方向，解放区文艺工作者自觉地坚决地实践了这个方向，并以自己的全部经验证明了这个方向的完全正确性，深信除此之外再没有第二个方向了，如果有，那就一定是错误的方向。”茅盾总结国统区文艺运动，做题为《在反动派压迫下斗争和发展的革命文艺》的报告。茅盾的报告用《讲话》精神对国统区文学进行了重新叙述，检讨国统区文学的问题，其根本的

原因是“未经改造的小资产阶级知识分子在生活思想各方面和劳动人民是有距离的”，并把“争取进步、改造自己”作为国统区作家的努力目标。傅钟做了《关于部队文艺工作》的报告。

会议的重要意义在于，根据毛泽东文艺思想总结了五四以来新文艺工作的成绩与经验，传承五四新文艺、30年代左翼文艺、40年代延安和解放区工农兵文艺等三大革命文艺传统与资源，确定了以《讲话》为新中国文艺事业的总方针，指出了中华人民共和国成立后文艺必须为人民服务，首先为工农兵服务的总方向，提出了社会主义时期文艺的新任务。“新的人民的文艺”“人民文艺”被明确命名。在政治权力和文化权力的配合下，人民美学的合法性得到了完全的确立和完整的建构，“人民文艺”由主要为工农兵服务，扩大到为人民服务，体现了延安文艺正统化的博大气象和自信气质，以及对国统区文艺的整合、统战理路。

第一次全国文代会确实有意创建中华人民共和国成立后全国文艺的新格局、新规范、新秩序，这些新格局、新规范、新秩序，又带有统一的规定性，而政治权力和文化权力又赋予这种规定性以合法性，这为后来“十七年”时期以运动方式解决文艺问题埋下了伏笔。

至此，中国化的马克思主义艺术人民性理论完成了初步的理论建构。

〔原载《美与时代》（下）2017年第10期〕

中国古代民本主义艺术人民性研究

发展当代中国的马克思主义艺术理论，构建有中国底蕴、中国特色的思想体系、学术体系和话语体系，就离不开传承和弘扬中华美学精神，离不开深入阐发中华传统文化精髓。“人民性”是个现代性概念，也是马克思主义艺术理论体系中的一个特殊而重要的范畴。但我国自古就有丰富的艺术人民性思想，这是我们发展当代中国马克思主义的丰厚滋养。挖掘作为中华优秀传统文化的这一重要组成部分的理论和话语价值，对于建构当代马克思主义文艺理论学科学术话语体系，具有特殊的意义。

一、中国古代的人民、群众、百姓观念

在甲骨文、金文和小篆中，“人”字多数都是下俯、弯腰、屈膝劳作的姿态（甲骨文  ），由身和手两部分组成（一般分一长一短），姿态朝向有左有右，而跪膝趴着的象形“人”字（  ）则很少。有的人把金文“人”字（  ）以及一些跪膝趴着的象形“人”字，解释为男人做爱姿势，认为“人”专指男人，这有点牵强附会。因此说，最初的“人”字主要指的是体力劳作者，至于是否就是专指奴、隶，并不好确定。但在古代，“人”的含义较为复杂，一般是指自然人，如甲骨文“伐十人”表示砍杀十个人，《矢（读cè）令簋》中说“臣十家鬲百人”均是指自然人。但如果“人”字和数词“一”组成“一人”或“余一人”时，则多数时候又专指“天子”。如甲

骨文中殷王自称“余一人”，金文大盂鼎“（辟）一人”指周王。而《诗·大雅·下武》中“媚兹一人”，毛亨训传曰：“一人，天子也。”因此不少人也认为“人”是指社会地位较高阶层的人。

而早期的“民”字（甲骨文  ）非常像草木的形状，由于草木不能迁徙，加上“民”字是个会意字，从尸从氏，尸也是不能动弹的，因此“民”最早主要是指某一氏族、部落、国家范围内的固定居民。从古代文献来看，“民”主要是指自由民，也就是庶民或者地位更高一点的士，再或者是中小奴隶主，并不指奴隶。《书·盘庚下》说“朕及笃敬，恭承民命，用永地于新邑”，最高统治者迁都都得先做通“民”的工作才行，可见“民”似乎还有点惹不起。春秋时期出现了“四民”（士农工商）的说法。孔子也说“民可使由之，不可使知之”，对“民”是防备的。①正因为“民”是有固定居所的，与之相对的就是失去固定住所的流民，也就是“氓”了。因此把“民”简单归之为奴隶也是不能确信的。至于郭沫若《古代研究的自我批判》一文根据甲骨文字形（），把被故意戳瞎了一只眼的奴隶称为“‘民’的说法”②，因为不具现实性，所以一直不被学界认可。

在这里，我们认为，“人”“民”主要是指相对于统治者的一般劳动者和自由民，既不是奴隶，也不是统治者。只有在用作“一人”时含义较为特殊。

“人民”“群众”“百姓”这些词最早都是出现在先秦典籍中。如《周礼·地官司徒第二》中有“大司徒之职，掌建邦之土地之图与其人民之数”，《诗经·大雅·抑》中有“质尔人民，谨尔侯度，用戒不虞”。“人民”有时候也称作“民人”，《论语·先进》中有“有民人焉，有社稷焉”。“群众”一

---

① 关于孔子的这句话。第一，有可能不是原始的说法，因为1993年10月出土的“郭店楚墓竹简”记载版本为：“民可使道之，而不可使智之；民可道也，而不可强也。”这句话有可能被有意无意修改过，更符合封建专制社会思想。第二，现在的人对这句话有五六种“断句”，由此产生了意义悬殊或完全对立的理解。

② 郭沫若：《古代研究的自我批判》，《郭沫若全集》历史编第2卷，人民出版社1982年版，第41—42页。

词最早出现在《荀子》中，如："是故权利不能倾也，群众不能移也，天下不能荡也"（《劝学》篇），"如是，则知者未得治也；知者未得治，则功名未成也；功名未成，则群众未县也；群众未县，则君臣未立也"（《富国》篇）。"百姓"一词较为特殊。由于古代只有贵族才有姓，因此战国以前"百姓"一词主要指贵族，比如"平章百姓"（《尚书·尧典》）、"群黎百姓"（《诗经·雅·天保》），战国末期和战国以后才泛指平民，如《荀子》："天不言而人推其高焉，地不言而人推其厚焉，四时不言而百姓期焉"（《不苟》篇），这和我们今天理解的意思差不多。《荀子》中提到"百姓"一词达20多次。

通过如上语义和词义分析，我们认为，相比"群众""百姓"概念的自然属性，"民""人民"这个概念自古就含有更多社会关系的内容，并且具有类的属性，也就更为接近我们今天理解的人民概念。

二、我国古代有着丰富的民本思想

我国从《尚书》的"哀民""保民"，《国语》的"庇民""恤民"，《左传》的"亲民""重民"，《论语》的"安民""济民"，《老子》的"圣人无常心，以百姓心为心"，《墨子》的"利民"，《荀子》的"爱民"，《孟子》的"民贵君轻"，贾谊的"民为万世之本"，乃至宋明清儒学的"民吾同胞"，康有为的"下哀生民"等等，有一整套民本学说。①

为什么说是民本思想而不是人本思想？一般情况下，人本思想和民本思想在内涵上有很大的交集，有的还主张人本思想包含了民本思想。尤其是唐太宗李世民之后，为避其"民"讳，大量谈"民"的问题转化为谈"人"的问题。但细分起来，民本和人本还是有着很大的不同。因为我国传统的民

① 傅正义：《中国古、近代文学的怨刺性、人民性——兼与西方古、近代文学比较》，《社会科学研究》2000年第3期。

本观念是相对于君本（国本）、官本而言的，所以“民本”思想中所提及的“民”实际上是属于“类的群体”概念，是个集体观念。而人本思想尤其是现代人本主义更多的是从个体出发（原初意义的人本学甚至是生物学意义的），是以个体为中心的思想。当然二者之间有着紧密的关系，一定程度上，古代的人本思想是民本思想的基础，二者并不存在相互否定的问题。

从中国古代思想史的角度看，我国古代儒道释法四家中，道释两家和宋明以后的儒家“理学三派”（气学、理学和心学）基本上是人本主义的（个体/人性）实践哲学思想，这与早期儒家思想（以孔子、孟子、荀子为代表）以及近代民主主义儒家思想（以明末清初王夫之、顾炎武、黄宗羲三大思想家为代表）和法家的民本思想（以管子等为代表）还是有很大区别的，因为后三者讨论“民”的问题的时候，多数是和国家治理这个问题紧密联系在一起的，他们概念中的“民”其实质都是一种国家治理关系中的特定人群概念。

首先，古代民本思想的核心是民贵君轻，君是为民服务的。

在先秦儒家思想以及儒家整理的上古文献中，关于“天、民、君”三者的关系，有着许多论述，其核心的一点是民为三者关系的核心，民贵君轻、君为民服务，甚至天也是为民服务的。

民之所欲，天必从之。（《尚书·泰誓上》）

天视自我民视，天听自我民听。（《尚书·泰誓中》）

予小臣敢以王之仇民百君子越友民，保受王威命明德。（《尚书·召诰》）

天亦哀于四方民，其眷命用懋。王其疾敬德。（《尚书·召诰》）

欲至于万年，惟王子子孙孙永保民。（《尚书·周书·梓材》）

天之爱民甚矣！岂其使一人肆于民上，以从其淫，而弃天地之性？必不然矣。（《左传·襄公十四年》）

国将兴，听于民；将亡，听于神。（《左传·庄公三十二年》）

天生民而树之君，以利之也；民既利矣，孤必与焉。（《左传·文公

十三年》）

民为贵，社稷次之，君为轻。（《孟子·尽心下》）

天之生民，非为君也；天之立君，以为民也。（《荀子·大略》）

以上大多出自儒家经典。这种发端于古代氏族社会的人道主义和人本思想（民贵君轻、君为民服务）一直延续到封建社会后期。《吕氏春秋·孟春纪·贵公》说："天下，非一人之天下也，天下之天下也。"隋炀帝杨广在诏书中写道："是知非天下以奉一人，乃一人以主天下也。"后来雍正皇帝略加改动后并手书一联，悬挂在养心殿内："惟以一人治天下，岂为天下奉一人。"明末清初，随着启蒙主义思想的发展，古代民本思想逐渐向民主主义过渡，往均天下、限制君权、反对封建专制、发展资本主义的方向发展，革命色彩越来越浓了。比如黄宗羲《明夷待访录·原君》就认为"为天下之大害者，君而已矣"，已经迫不及待地要求资本主义性质的革命了。

到了清末，资产阶级维新派通过以子之矛攻子之盾的方式，利用中国古代的民本思想来抨击封建主义专制思想，作为制度变革和思想解放的工具。其代表性人物就是"以经论政"的康有为。其《新学伪经考》《孔子改制考》等著作，把孔子包装成立志变革、"行民主太平"的"改制教主"和重视大众教育的民主政治家，把议会民主制度说成是孔子之道的真义。虽然从学理上来讲，康有为的观点完全是出于宣传需要而有意牵强附会，但不能否定他还是抓住了中国古代文化中所具有的原始民本思想和民主风气。因此，李泽厚在《中国古代思想史论》中指出，"孔子所维护的周礼，本是周公所建立的氏族贵族的规范化制度，其中包含着原始人道和民主遗风"，"但历史向来是在悲剧性的二律背反中行进，文明进步要付出道德的代价。必将消失的氏族社会中的人道意识却构成了孔学的中心"。[①]

① 李泽厚：《中国古代思想史论》，人民出版社1986年版，第1页。

其次，古代民本思想认为民事就是国事，无论儒家还是法家，都积累了大量的管理经验。

“民本”一词最早出自《尚书·五子之歌》。原句是：“皇祖有训，民可近，不可下。民惟邦本，本固邦宁。”这是夏康之弟劝诫夏康而作的诗歌，内容是告诫夏康，民众是国家的根本，作为统治者要敬民、重民、爱民，慎重处理民事、国事，国家才能长治久安。《尚书》是孔子整理的，因此可以把这看作是孔子的思想。孔子的政治理想是希望建立一个大同世界，这就需要统治者“为政以德”、老百姓“有耻且格”（《论语·为政》），而要建立这样的一个理想国家，孔子提出了一个定义最高道德、伦理、人格、为政的概念，那就是“仁”，其实质就是“爱人”（《论语·颜渊》载“樊迟问仁。子曰：‘爱人’”）。“仁”是善和美集于一体的概念，其外在表现形式就是“礼”。“仁”和“礼”是所有人都应该追求和遵守的，是所有关系都应该体现的。这就是孔子思想的仁学本体论。到了孟子，则明确把“人民”列为国家的基础之一：“诸侯之宝三：土地、人民、政事。宝珠玉者，殃必及身”（《孟子·尽心下》）。当然其中也有许多糟粕，比如儒家的愚民思想（如孔子的“民可使由之，不可使知之”）和法家的严刑酷法等。

最后，中国古代民本思想有着积极的革命意识。

中国古代民本思想对君王（也就是君本、国本，甚至包括官本位）的权力有很多限制。它要求君王在伦理上要爱民、重民，政治上要安民、救民，经济上要富民、利民，文化上要教民、乐民，等等。如果君王干得不好，还可以随时被废掉。《周易·革卦》说：“汤武革命，顺乎天而应乎人。”《孟子》说：“贼仁者为之贼，贼义者为之残。残贼之人，谓之一夫，闻诛一夫纣矣，未闻弑君也!”到最后甚至说：“君之视臣如草芥，则臣视君如寇仇。”①

① 对孟子这些学说，明太祖朱元璋非常恼火。他先是剥去孟子孔庙配享的资格（后恢复），又下令“删孟”，将孟子富有民主主义思想的原文删掉85条，只剩下100多条，编成了一本《孟子节文》，又专门规定科举考试不得以被删的条文命题。

此外，陈胜吴广大声质问："王侯将相宁有种乎？"老百姓也戏谑："皇帝轮流做，明年到我家。"这都体现了中国古代民本思想中革命性的一面。

从中国历史来看，中国古代朝代更替频繁，皇帝竟然也是一个高危职业，不能不说和这种积极的革命的民本思想有关。司马迁在《史记·太史公自序》中说："《春秋》之中，弑君三十六，亡国五十二，诸侯奔走不得保其社稷者不可胜数。"据不完全统计，中国封建社会直接被弑的皇帝达60多位（不包括被杀、被废黜的太子和被逼逊位的皇帝），因各种原因逊位的皇帝达30多位（这里当然不包括禅位的三皇五帝）。所以南朝刘宋昇明三年（479年），萧道成要求刘準禅位时，刘準说"愿生生世世，永不生帝王家"，一语道尽统治者的悲哀和凄凉。以史为鉴，处于封建社会中期的唐太宗反复引用"君者，舟也；庶人者，水也。水则载舟，水则覆舟"（《荀子·王制》）警诫自己，并自觉地认识到，"天子者，有道则人推而为主；无道则人弃而不用，诚可畏也"（《贞观政要》卷一）。这不能不说是古代人民性思想的巨大力量。

由上我们也可以看出，中国古代的民本思想不仅有其民主性的一面，还有其革命性的一面。这和现代意义上的艺术人民性在本质上是相同的。关于这点，我们以前重视得不多。

三、中国古代艺术理论和实践中的艺术人民性

总的来看，中国古代艺术理论和实践不可能在思想上直接做到表现人民在政治上的根本地位和决定作用（"民权"），也不可能直接要求统治者在国家治理和经济生活中以服务民众为目的（"民生"），更不可能直接要求反对君主专制，提出建设民主政治的任务（"革命"）。但中国古代的艺术理论和实践，都非常重视艺术的认识和教育功能，非常重视通过丰富多彩的具有艺术人民性的艺术形象和典型，来反映人民大众的现实生活，体现了古代艺术家和艺术理论家关注人民疾苦、期盼人民幸福、天下大同的民本思想。

第一，以采风制度为代表，中国历代统治者都重视通过民间艺术来观察

民风，以掌握民情。相传西周即设有采诗之官，每年春天摇着木铎深入民间收集民间歌谣，把能够反映人民欢乐疾苦的作品，整理后交给太师（负责音乐之官）谱曲，演唱给周天子听，作为施政的参考。《汉书·艺文志》载："古有采诗之官，王者所以观风俗，知得失，自考正也。"《汉书·食货志》记载："孟春三月，群居者将散，行人振木铎徇于路以采诗，献之太师，比其音律，以闻于天子。"到了春秋时期，改为雇请年老无子嗣者，在冬季到民间采录民间诗歌。《春秋公羊传》说："从十月尽正月止，……男年六十，女年五十无子者，官衣食之，使民间求诗"，是"故王者不出户牖，尽知天下所苦"。据说到春秋后期（孔子之前）收集的民间诗歌达3000多首。其中优秀的那部分成为孔子整理的《诗经》中十五国风的主要来源。十五国风包括：《周南》《召南》《邶风》《鄘风》《卫风》《王风》《郑风》《齐风》《魏风》《唐风》《秦风》《陈风》《郐风》《曹风》《豳风》，共160篇，国风反映了周代劳动人民的真实生活，表达了他们对受剥削、受压迫处境的控诉和对美好生活的向往。国风是中国现实主义诗歌的源头。

后来的统治者把采风制度化，一直延续到封建社会晚期。比如公元前112年，汉武帝延续秦的做法，正式设立了分管歌舞乐诗的官署"乐府"，其任务是收集各地民间音乐诗歌，进行整理、改编、创作、表演、人才培养等。和由上而下的"采风"制度相对，中国古代社会还有自下而上的"贡诗"的制度（隋朝王通《中说·问易》）。这种制度理性，其影响一直延续到五四新文化运动、中华人民共和国成立后民族民间文化收集整理保护和研究工作，乃至21世纪的非物质文化遗产保护工作。

这种制度下保留下来的先秦民歌、汉乐府和后来历代搜集整理的民歌、山歌（明代也是山歌艺术史上的一个高峰），以及诗人创作的仿乐府诗（如白居易、元稹的新题乐府），正是由于其真实地记录、反映或者表现了下层人民的苦难生活和美好情感，才为我们今天留下了大量富有人民性的艺术作品。因此我们认为这种艺术制度，不管其主观愿望是什么，但在客观上它是符合人民利益的，可视为中国古代艺术人民性的一个重要表现形式，也是我国艺术人民性的一大民族传统或特色。

第二，“怨、讽、刺、骚”美学理想说明古代艺术理论有着明确的艺术人民性意识。

中国古代以儒家为代表的艺术理论是一种社会本体论。“风”作为一种文体分类和诗经六艺之一，体现了艺术的社会属性，包括人民性。从孔子开创中国艺术批评史之始，中国古代关于艺术功能和价值的认识，都是紧密结合艺术的社会作用来谈。《论语·阳货》：“子曰：‘小子何莫学夫《诗》？《诗》可以兴，可以观，可以群，可以怨。迩之事父，远之事君。多识于鸟兽草木之名。’”孔子在这里提出的“兴观群怨”诗学原则，既揭示了艺术创作和欣赏的心理学特征，又强调了艺术的社会作用。“兴”包括了思想和情感上的“情志”共鸣，这说明了艺术创作和欣赏的基础是心理，心理（审美）作用是艺术其他作用和价值的前提和基础。这奠定了儒家艺术学说的科学性。“观”则说明了艺术的认识和教育功能，“观”既指对自然风物的认识，也包括“观风俗之盛衰”、帮助统治者“考见得失”的功能。“群”说明了艺术具有社会交往、组织动员和风化功能，这吻合了儒家“礼乐刑政”的国家治理“王道”思想。儒家经典《乐记》说“礼节民心，乐和民声，政以行之，刑以防之，礼乐刑政四达而不悖，则王道备矣”。按说，有了“兴观群”这三点，就足以概括艺术的审美、认识和教育三大功能了，但有特色的是，孔子还特意提出了“怨”这个艺术社会功能。“怨”，孔子后人孔安国注：“怨刺上政”。而清代黄宗羲说“怨亦不必专指上政”（《南雷文定》四集卷一《汪扶晨诗序》）。但我们从孔子周游列国推销自己理想和学说来看，“怨刺上政”的理解较为确切，其主要含义就是批评指责执政者为政之失，抒发对苛政、乱政的怨情。笔者认为，孔子的“怨”就是典型的民本主义立场和观点，它这里被用在艺术理论领域，就是一种典型的民族化的艺术人民性思想。

“怨”后来发展成为“讽”，其人民性就更为明确了。在古代，“风”和“讽”基本同义，“风”更多的是指一种客观存在，而“讽”则是一个非常主观的概念。除了背、念等意思之外，“讽”主要有“谏言”和“讽刺”两个意思。《广雅》说“讽，谏也”。但相比于“谏”的理性，在艺术领域，“讽”更多的是指一种“讽刺”。《毛诗序》说“以风刺上”[①]，指的就是用老百姓的东西来批评统治者。带刺的“风”，那就是一种艺术作品，就是“讽”。刘勰《文心雕龙·情采》说“盖风雅之兴，志思蓄愤，而吟咏情性，以讽其上，此为情而造文也”，也说明“讽”是出自心中愤懑，目的在于讽劝上位者。

后来一部分文人可能觉得“讽”还不过瘾，就直接提倡更有力度、更有目的性的“刺”了。到了汉代，以美刺论诗成为一种普遍的风尚。清人程廷祚指出：“汉儒言诗，不过美刺二端”（《诗论十三·再论刺诗》）。“美”指歌颂赞美类的艺术作品，“刺”主要指批判类艺术作品。到了唐代诗歌革新运动（新乐府运动）时，杜甫、白居易、元稹等倡导“美刺比兴”“刺美见事”。元稹《乐府古题序》：“沿袭古题，唱和重复，于文或有短长，于义咸为赘剩。尚不如寓意古题，刺美见事，犹有诗人引古以讽之义焉。”而“美刺”其实就是毛泽东《在延安文艺座谈会上的讲话》以来马克思主义艺术理论经常讨论的“歌颂”与“暴露”两个范畴。

但在主张中庸和伦理道德（“礼”“仁”）的古代社会，“讽”“刺”由于具有鲜明的对立特性，其实是不符合古人“发乎情，止乎礼义”“怨而不怒”“哀而不伤”“温柔敦厚”“主文而谲谏”美学理想的[②]，在这种情况下，屈原“骚”体所特有的人民性和艺术性就为后人推崇，成为历代文人墨客的理想追求。

屈原生活的时代处于战国后期，这是中国古代艺术逐渐走出集体创作，

① 全句是：“上以风化下，下以风刺上，主文而谲谏，言之者无罪，闻之者足以戒，故曰风。”笔者认为，《毛诗序》理解的“风”和《诗经》的“风”有很大的不同，偏向于风化、教化的理解。

② 中国古代文论也有“不平则鸣”的阳刚一面（唐·韩愈《送孟东野序》：“大凡物不得其平则鸣。……有不得已者而后言。其歌也有思，其哭也有怀”）。但其实这不是主流。纪昀说：“要当以不涉怨尤之怀，不伤忠孝之旨为诗之正轨。昌黎送孟东野序称‘不得其平则鸣’，乃一时有激之言，非笃论也。”（纪昀《月山诗集序》）

进入个人吟唱的时代。屈原的出现是这个时代转变的标志。屈原是我国第一个诗人，而且是第一个伟大的爱国诗人，是我国浪漫主义尤其是积极浪漫主义艺术的源头（开创者）和代表作家。（梁启超称屈原是中国文学家的老祖宗。[①]）由于受到宵小的排挤陷害，励志图强变法、提倡“美政”的屈原失去了楚怀王的信任，被数次流放；楚襄王当政后更为昏庸，对爱国人士政治迫害，朝政日益腐败。这使得关心国家兴亡、人民疾苦的屈原报国无门，精神上非常痛苦。这种情况下，诗人的才华在正直的性格、高洁的人格、爱国爱民的信念作用下，屈原将自己满腔激愤的情绪发而为诗，在楚地民歌的基础上，创立了以激楚为基调、以《离骚》为代表的文体“骚体”即“楚辞”（楚辞这个概念较骚体这个概念出现得晚）。“离骚”，东汉王逸释为：“离，别也；骚，愁也。”骚体词采瑰丽，意象最为丰富，能够以高超的艺术性完美地表现出作家艺术家爱国忧民的愁苦情绪。梁代钟嵘《诗品》说楚辞“文多凄怆，怨者之流”很好地归纳了骚体的特点，那就是“怨而不怒”“哀而不伤”的美学特征。骚体“衣被词人，非一代也”，从第一个模仿者宋玉开始，“骚体”和楚辞的思想性、品格性、人民性和艺术性就为历代文人所推崇，不仅直接影响了汉赋和后代格律诗歌的发展，也直接影响了后代优秀艺术家“精神—艺术”心理结构的形成。杜甫在《戏为六绝句》中说：“不薄今人爱古人，清词丽句必为邻。窃攀屈宋宜方驾，恐与齐梁作后尘。”说的就是要在精神和艺术上学习骚体，不仅要学习屈原作品的文采，而且要学习屈原作品的思想内容和屈原的伟大品格。在社会动荡或者外族入侵、国破家亡的时代，骚体的人民性和艺术性更是为艺术家所推崇。如南宋词人刘克庄在《屈原》一诗中说：“芈姓且为虏，累臣安所逃。不能抱祭器，聊复著《离骚》。”后人把屈原，并进而把所有诗人、艺术家称之为“骚客”。有把骚客专指屈原的，如清

① 参见《屈原研究》，梁启超著，汤志钧、汤仕泽编：《梁启超全集》第15集，中国人民大学出版社2018年版，第461页。

纳兰性德《满庭芳·题元人芦洲聚雁图》词："楚天秋欲尽，荻花吹处，竟日冥蒙。近黄陵祠庙，莫采芙蓉。我欲行吟去也，应难问，骚客遗踪。湘灵杳，一尊遥酹，还欲认青峰。"也有把诗人艺术家称为骚客的，如唐刘知几《史通·叙事》："昔文章既作，比兴由生，鸟兽以媲贤愚，草木以方男女。诗人骚客，言之备矣。"另明张居正《翰林院读书说》："故操觚染翰，骚客之所用心也。"

此外，后人根据作品内容（风、雅不同），又区分了两种不同的"骚"："风骚"和"骚雅"。前者指内容上较为浪漫、自然的"骚"，比如李白的诗歌；后者指严肃、理性的"骚"，一般涉及时政、重大话题。风骚往往指的是浪漫主义的作家作品，骚雅一般指的是现实主义的作家作品。唐杜甫《陈拾遗故宅》诗："有才继骚雅，哲匠不比肩。"宋胡仔《苕溪渔隐丛话前集·六一居士下》："余尝谓二李之诗，词格骚雅，真可压倒元白。"清张锡祚《寒食日龙友于旦招集归愚书屋感旧述怀用昌黎寒食出游韵》："忆昔横山有遗老，海内独司骚雅柄。"

骚体的艺术人民性还得到了毛泽东的肯定和推崇。首先是从1915年起，毛泽东一生非常推崇屈原和《离骚》，多次谈论和推荐屈原及《离骚》。1958年1月中旬，毛泽东在广西南宁召开中央工作会议期间，批示印发《离骚》给与会者。1961年秋，毛泽东专门写了一首《七绝·屈原》："屈子当年赋楚骚，手中握有杀人刀。艾萧太盛椒兰少，一跃冲向万里涛。"他对骚体艺术的人民性和战斗性非常推崇。其次是1959年8月毛泽东在中共中央八届八中全会上印发的《关于枚乘〈七发〉》一文中说，《七发》是"骚体流裔，而又有所创发"，并且认为"骚体是有民主色彩的，属于浪漫主义流派，对腐败的统治者投以批判的匕首。屈原高据上游。宋玉、景差、贾谊、枚乘略逊一筹，然亦甚有可喜之处"。[①]可以说，这一时期毛泽东对骚体人民性（主要是其民主

① 毛泽东：《关于枚乘〈七发〉》，《建国以来毛泽东文稿》第八册，中央文献出版社1987年版，第456页。

性的一面）、艺术性的认识，成为他提出革命现实主义和革命浪漫主义“两结合”创作方法的重要的民族理论资源。

第三，“风骚”并重的艺术体系发展观，也深刻地反映了古代艺术人民性观念。

这里的“风骚”（并列结构）不同于上面的“风骚”（偏正结构）。这里的“风骚”是《诗经·国风》和《楚辞·离骚》的并称。“风”和“骚”分别代表了我国古代艺术现实主义和浪漫主义两大发展体系。我们前面说了，风、骚的本质是人民性和艺术性，这是中国古代艺术的两大基因。因此在风骚并列体系下的创作方法、形象和典型、艺术形式、艺术发展、艺术鉴赏和批评、艺术史等问题的探讨，必然不会失去其对人民性和艺术性的要求。

第四，为人民怨刺讽喻、为自己悲愤鸣不平，一直是中国古代、近代文论作家作品评价的主要标准。

如“国风”160首，“伤人伦之变，哀刑政之苛”（《诗大序》），“为刺者多”（程廷祚《诗论十三·再论刺诗》）；“小雅”74首，也“怨刺相寻”（郑玄《诗谱序》），“不平之诗占三分之二”（青木正儿《中国文学概说》）；“大雅”31首，也不乏“刺过讥失，所以匡救其恶”（程廷祚《诗论十三·再论刺诗》）之作。所以李纲《湖海集序》谓“三百六篇，变风、变雅居其大半，皆有箴规、戒悔、美刺、伤闵、哀思之言”。陆游《读唐人愁诗戏作》也称“三百篇中半是愁”。

其他如屈原“怨灵修之浩荡兮”“哀民生之多艰”；汉乐府“感于哀乐，缘事而发，亦可以观风俗，知薄厚”；建安诗“慷慨悲凉”，蒿目时艰，肠断民瘼；陶渊明“念此怀悲凄，终晓不能静”；鲍照“长叹至天晓，愁苦穷日夕”；庾信“不无危苦之词，惟以悲哀为主”；陈子昂“悠悠念群生”“忧济在元元”；李白“中夜四五叹，常为大国忧”；杜甫“穷年忧黎元，叹息肠内热”；白居易“惟歌生民病，愿得天子知”；范仲淹“先天下之忧而忧，后天下之乐而乐”；王安石“特愁吏之为，十室灾八九”；苏东坡“我愿天公怜赤子”“民不饥寒为上瑞”；黄庭坚“民病我亦病，呻吟达五更”；陆游“死去元知万事空，但悲不见九州同”；康有为“上感国变，中伤种族，下哀生民”。诗文家如此，史书、小说、戏剧也如此。《史记》“须是太史公一肚皮宿怨发挥出来”（金圣叹《第五才子书施耐庵水浒传》）；《金瓶梅》“乃作者满肚皮猖狂之泪没处洒落，故以《金瓶梅》为大哭地也”（张竹坡《金瓶梅读法》）；《水浒》“愤书也”（陈忱《水浒后传论略》）；《聊斋志异》“孤愤之书”（蒲松龄《聊斋志异自序》）；《红楼梦》“泄恨书愤”（哈斯宝《新译〈红楼梦〉回批》）。戏剧也多为“药人寿世之方，救苦弭灾之具”（李渔《闲情偶寄》）。[①]

四、比较研究说明，中国古代近代有着更为鲜明、突出的艺术人民性

学者傅正义在其《中国古、近代文学的怨刺性、人民性——兼与西方古、近代文学比较》中指出，中国古代悲剧（如《窦娥冤》和四大传说等）中的艺术形象基本上以平民百姓为主，而喜剧中的丑角多是贵族官僚、地主老财等；相反，西方的悲剧（比如莎士比亚的四大悲剧）“主人翁仍然是帝王将相、僧侣教士等上层人物和教会人士”（《欧洲近代文学思潮简编》），而喜剧中讽刺的对象多数是市井老百姓。欧洲古代的英雄史诗和中世纪的骑士文学也都是歌颂帝王将相和英雄美女。因此屠格涅夫说，在西方古代近代艺术中“人民的踪形，一点也没有”[②]。西方文论传统也一样，从柏拉图、贺拉斯到奥古斯丁、马基雅维利，都是主张歌颂高贵者、神圣者和强者，很少对穷苦百姓正眼相看。因此，傅正义认为，相较西方古代、近代，中国古代、近代有着更为鲜明、突出的艺术人民性。作者甚至认为，正是部分地因为这种

① 傅正义：《中国古、近代文学的怨刺性、人民性——兼与西方古、近代文学比较》，《社会科学研究》2000年第3期。

② 傅正义：《中国古、近代文学的怨刺性、人民性——兼与西方古、近代文学比较》，《社会科学研究》2000年第3期。

人民性传统，对我国资本主义萌芽产生了一定的抑制作用（如对弱肉强食生存哲学的批判），使得中国在明代以后日渐衰落；另一方面，也正因为这种人民性传统（尤其是“造反有理”的革命传统），使得中国近现代革命不断，激进主义盛行，社会主义革命合理地“提前”到来。傅正义的研究，客观上为艺术人民性的阐释能力开辟了一片广阔的新天地。

五、古代民本主义艺术人民性和马克思主义艺术人民性的本质不同

中国古代民本主义艺术人民性有其思想和历史上的局限性。以杜甫为例，被奉为“人民诗人”的杜甫在《自京赴奉先县咏怀五百字》中既有“穷年忧黎元，叹息肠内热”“朱门酒肉臭，路有冻死骨”的诗句，也有“非无江海志，潇洒送日月；生逢尧舜君，不忍便永诀。当今廊庙具，构厦岂云缺？葵藿倾太阳，物性固莫夺”等充满个人意愿的思想；另如在《奉赠韦左丞丈二十二韵》中，杜甫用“自谓颇挺出，立登要路津。致君尧舜上，再使风俗淳”等诗句表现出了对统治阶级的强烈向往和忠诚。可以说，中国古代这类艺术人民性更多的是一种客观上体现出的、自发的艺术人民性。

而这也是郭沫若、童庆炳等历代学者对杜甫艺术人民性持保留态度的原因所在。郭沫若在《李白与杜甫》一文中彻底否定了杜甫的人民性。他认为杜甫是站在地主阶级立场、统治阶级的立场，而为地主阶级、统治阶级服务的；杜甫较之李白具有更固执的门阀观念；杜甫是功名心很强的人；杜甫过着地主的生活；杜甫对于道教和佛教的信仰很深，他是禅宗的信徒；杜甫终身嗜酒。对此，童庆炳也说：“按我的看法，从严格的意义上说，连杜甫、白居易的作品也难称有人民性的作品，因为从他们的思想看，他们并不是以民为本的，而是以君为本，他们只是站在君王的立场，从如何完善封建统治的立场，来同情庶民，把庶民的疾苦反映出来，供君王统治作参考。杜甫有‘致君尧舜上，再使风俗淳’的诗句，文学史都认为这是他的思想局限，其

实不然。老杜这个思想与他的从‘左拾遗’的角度同情庶民，并不矛盾。而且这样看杜甫正还杜甫以本来面目，同时也不损害杜甫作为伟大诗人的形象。”①

因此说，中国古代民本主义艺术人民性和马克思主义艺术人民性存在着本质的不同。中国古代民本主义的艺术人民性是一种自发的人民性，其主观本质上是一种“君本位”或者“自我本位”（这和我们称之为“民本主义艺术人民性”并不冲突），并不是完全以人民为本位的人民性，因为在这种人民性中，“人民”“为人民”往往是一种艺术手段，而不是艺术目的和价值本身。而马克思主义艺术人民性则是一种主观上自觉的、创作上自由的、完全以人民为本位的艺术人民性；在这种艺术人民性中，“人民”“为人民”既是艺术的目的和价值，也是艺术手段，二者是统一的。

总之，上面我们对中国古代艺术人民性问题做了一个简单的、开放性的探讨，这个探讨更多地是从艺术理论角度做的整体性归纳，而不是针对艺术人民性的具体，比如具体的作家作品。尽管中国古代民本主义艺术人民性有其历史和思想局限，但它作为中华优秀传统文化的一个重要组成部分，对于我们发展当代中国马克思主义，对于建构当代马克思主义艺术理论学科、学术、话语体系，还是具有特殊意义和价值的。

〔原载《美与时代》（下）2017年第11期〕

① 童庆炳：《文学史理论二题》，《吉林师范学院学报》1995年第12期。

从民、人到阶级：新文化运动时期艺术人学的发展

1840年之后，中国社会危机和民族危机逐渐加剧，与之相伴的是近代中国思想的不断解放。这个解放的过程就是中国向西方资本主义学习的过程，其解放的程度与学习的力度、深度是成正比的。这一过程，在内容上存在着从技术器物到政治制度，再到新民、新文化这样一个由表及里、逐渐深入的过程，在形式上存在着经由中体西用到托古改制，再到全盘西化这样一个日趋激进的过程。

在这个理论脉络上，1915年发生了新文化运动。新文化运动经1919年五四运动和“问题与主义”之争后逐渐分化，到1925—1927年前后新文化运动统一战线终结和革命文学阵营建立之前，存在着具体可以分为三个时期的十余年时间。

一、概述

新文化运动对清末民初的艺术人学思想有继承，[1]也有内部充满张力的自我发展。

① 但鲁迅清末在日本时期的“文艺救民”“立人”艺术人学思想却是特例，有别于当时国内流行的国民主义艺术人学。

晚清到民初，虽然经历过洋务运动、维新变法和辛亥革命三种变革形态，先后以器物、制度、国民为核心内容，使用过维新和革命两种手段，但到第一次世界大战爆发时，整个中国还是积贫积弱，看不到希望。相反的是，一方面军阀割据造成了全国市场不统一，阻碍了民族资产阶级要求民主政治的道路，另一方面复古尊孔的思想逆流乃至封建专制复辟思想还有着很大的能量，这给资产阶级民主革命取得的有限成果造成了很大的威胁。

在这种社会背景下，进步的资产阶级知识分子普遍认识到，如果没有一个适应新的政治制度的普遍的“新人”环境，那么任何完美的社会理想都不可能实现，甚至连思想解放都不能施行。他们知道，传统的理想人格和完全依靠自觉的为学方式，不仅在内容上不适应发展资本主义的现实要求，在形式上也无法满足快速、大规模地解放国人思想、培育新国民的迫切需要。

因此，辛亥革命前后，面向全民，通过文化和教育的途径，培养新国民的任务就成了资产阶级思想界和文学艺术界最大的历史任务。但“在中国辛亥革命时期凌风飘动的‘自由’旗帜下，文学作者们却没有发现‘人’，只发现了‘国民’”，并且这一时期的“‘国民’并不属于自己，他属于‘国’，属于‘群’”。[①]而新文化运动一代的思想家发动新文化运动，就是希望通过思想、教育和文学艺术甚至语言文字的革命，来进一步实现对国民精神的全面改造，以完成“吾人最后之觉悟”。

新文化运动将“思想、制度、新民”资产阶级三大革命目标整合在一起，体现了资产阶级革命和思想启蒙的整体性、总体性原则和特征。

具体到新文化运动开创之初，主要是要在思想文化和文学艺术等具体层面，解决维新运动和辛亥革命提出的“新民”理论这一总问题。但前后二者在解决这一总问题的理路上有很大的差别。维新变法和辛亥革命时期的“新

① 刘纳：《嬗变——辛亥革命时期至五四时期的中国文学》（修订本），中国人民大学出版社2009年版，第214、215页。

民”思想是以救亡图存为目标，以国家、民族为本位，强调中西调和、古今调和，通过培养新民德的方式（包括美育）来培养现代国民，其总体目的是救国；这种“利群”思想甚至反过来压制了个性解放，“在这一方面，他甚至比龚自珍向后倒退了”[①]。而新文化运动的“新民”思想深受后期卢梭、尼采、易卜生、弗洛伊德、托尔斯泰等人的影响，它以人本主义和自由主义的个人为本位，高举科学民主、人道主义和世界主义大旗，重视个体启蒙和民智开启，主张通过全盘西化的方式来培养现代个人，其主要目的是救人。这是二者之间的不同。

随着新文化运动的发展，作为旧邦“新人”的小资产阶级知识分子，虽然都有着共同的爱国主义、理想主义和审美主义的思想倾向，但作为他们思想出发点的，却有着现实主义、保守主义和自由主义等的区别。因此，“十月革命”之后，更为激进的现实主义者选择以社会主义为目标，走无产阶级革命的道路，导致了新文化运动“新民”工程由培养现代个人到塑造“无产阶级新人”的急剧过渡。所以，五四运动之后出现了资产阶级自由主义新人和无产阶级革命新人两种类型“新人”观。

二、新文化运动早、中期的艺术人学

新文化运动之前，民主主义者一直在哲学、文学、教育、法律、伦理、社会、性别甚至体育等广阔领域向封建意识形态发起猛烈的进攻，但破坏性有余，建设性不足。虽然启蒙主义思想家一直在倡导改造国民性，但如何改、改成什么样，大家也没有一个统一的认识。“新民”“新青年”还都是一个口号，只有特征没有内涵，还不能称之为“人的发现”。因此，到了新文化运动之初，

① 刘纳：《嬗变——辛亥革命时期至五四时期的中国文学》（修订本），中国社会科学出版社2010年版，第216页。

首先是新文化运动理论家对“人”本体的重新阐释，其本质是之前新民理论和改造国民性理论的继续，是资产阶级人学理论的进一步发展。

新文化运动前期是自1915年《青年杂志》创刊至1916年底。这一时期的艺术人学思想存在着从“新民”到“新人”过渡的特征。

对于为什么要搞新文化运动，作为新文化运动开创者、主将和五四运动“总司令”的陈独秀，1916年2月在《青年杂志》发表的《吾人最后之觉悟》一文中有详细说明。在这篇文章中，陈独秀把中西文明冲突和国人思想之觉悟的过程，自明代中叶以来分为七个时期，并自认为处于第六个时期，也就是“共和政体”建立但不得以施行的时期，即“共和立宪之大业，少数人可主张，而未可实现”。而“此等政治根本解决问题，不得不待诸第七期吾人最后之觉悟”。第七期也就是“民国宪法实行时代”。陈独秀认为，在开创“第七期”之前，国人已经完成了“学术”觉悟、“政治”觉悟，而要开创第七期之前的“最后之觉悟”是什么呢？陈独秀认为是“伦理的觉悟”：“自西洋文明输入吾国，最初促吾人之觉悟者为学术，相形见绌，举国所知矣；其次为政治，年来政象所证明，已有不克守缺抱残之势。继今以往，国人所怀疑莫决者，当为伦理问题。此而不能觉悟，则前之所谓觉悟者，非彻底之觉悟，盖犹在惝恍迷离之境。吾敢断言曰，伦理的觉悟，为吾人最后觉悟之最后觉悟。”伦理思想者，主要是人与人、人与制度关系的认识，其实质就是与政治制度相适应的意识形态。陈独秀认为“吾人果欲于政治上采用共和立宪制，复欲于伦理上保守纲常阶级制，以收新旧调和之效，自家冲撞，此绝对不可能之事”，因此将新伦理的建设视为实现共和政体的最后条件。在这里，陈独秀阐述了一种类似“历史终结论”的唯心主义历史观，而且是一种激进主义、全盘西化的态度：“盖共和立宪制，以独立、平等、自由为原则，与纲常阶级制为绝对不可相容之物，存其一必废其一。”[①]到了1917年发表《文学革

① 陈独秀：《吾人最后之觉悟》，《青年杂志》1916年第1卷第6号。

命论》时，陈独秀就更为明确地指出，“盘踞吾人精神界根深蒂固之伦理道德文学艺术诸端”，是造成政治界三次革命“虎头蛇尾”的“其大部分”原因。[①]

因此，经历二次革命失败和流亡日本后，陈独秀1915年6月中旬从日本返回上海，他经过苦苦思索后的结论是：救中国、建共和，首先得进行思想革命。而要思想革命，首选办杂志。因此1915年9月15日陈独秀创立了《青年杂志》并撰写发刊词《敬告青年》。发刊词中，陈独秀以进化论的观点，看到了青年是社会进步的决定力量，他说：“青年之于社会，犹如新鲜活泼细胞之在人身。新陈代谢，陈腐朽败者无时不在天然淘汰之途，与新鲜活泼者以空间之位置及时间之生命。……社会遵新陈代谢之道则隆盛，陈腐朽败之分子充塞社会则社会亡。”但这个青年不是年龄意义上的青年，陈独秀号召的是能够“自觉其新鲜活泼之价值与责任”“奋其智能，力排陈腐朽败者以去”的新青年。为此，陈独秀提出了“新鲜活泼而适于今巨之争存”新青年的六项标准：自主的而非奴隶的、进步的而非保守的、进取的而非退陷的、世界的而非锁国的、实利的而非虚文的、科学的而非想象的。这六项标准的主线是科学与民主，并以此为准绳，若有违反的，则“祖宗之所遗留，圣贤之所垂教，政府之所提倡，社会之所崇尚，皆一文不值也”。在论述上，《敬告青年》一文采用了欧洲与中国、西方人与东方人对比的写法，尤其六项标准是逐条中西对比，处处赞扬近世欧洲文明，特别是法兰西文明，显示出非常激进的全盘西化、全盘否定传统文化的思想。[②]

与此同时，1916年9月1日李大钊在《新青年》第2卷第1号上发表《青春》一文，在文中揭露封建制度给中国带来的危害，并强调要寄希望于“青春中国之再生”；号召青年“冲决过去历史之网罗，破坏陈腐学说之囹圄”，“本其理性，加以

① 陈独秀：《〈独秀文存〉选》，贵州教育出版社2005年版，第80页。

② 新文化运动的这一立场和态度，除了在当时就受到新旧保守主义者的批判外，在新文化运动内部也很快开始了反思和纠正。比如陈独秀1920年在《新文化运动是什么？》这类文章中就已经开始纠正对传统文化（包括国故）的偏见，包括对西方文化也提到了“固然不能满意”的态度。

努力，进前而勿顾后，背黑暗而向光明，为世界进文明，为人类造幸福”。[①]

陈独秀、李大钊等人的“新青年”标准即是新文化运动早期人学“新人”的内涵，他们的人学观点体现了从集体国民向个体青年发展的特点。

新文化运动中期是自1917年初到1918年底及1919年初的新文学运动时期，这是新文化运动人学理论发展的主要时期。

相比十几年前，王国维对人的知情意三分和审美无功利思想所受康德哲学的影响，梁启超《少年中国说》所受进化论、自然权利论和社会契约论等的影响，新文化运动中期影响我国的西方资产阶级人学观念和流派非常多也非常复杂。一般认为，五四前后对我国人学思想影响较大的西方哲学家有：尼采（“重新估价一切”的超人学说和权力意志论）、易卜生（个人自由主义）、后期卢梭（浪漫主义和无情的自我剥析）、弗洛伊德（精神分析哲学、性和潜意识学说）、托尔斯泰（人道主义）等。

1918年6月15日胡适于《新青年》第4卷第6号发表《“易卜生主义”》，提倡个人本位主义。在文章中，胡适通过易卜生的戏剧，分析了法律、道德、宗教和社会对人性的戕害，并且指出社会“舆论”也就是大多数的“公论”和各种理所当然的习惯，扼杀了各种先知先觉的思想志士（《国民公敌》可能涉及更多的是人性和利益的问题）。在文章中，胡适指责“社会最大的罪恶莫过于摧折个人的个性，不使他自由发展”，进而发出了“须使个人有自由意志”的召唤。胡适对于这个价值理性的实现，有着自己非常完整的工具理性的想法。在文章中，胡适非常认可易卜生的自救救人的思路。易卜生说：“我所最期望于你的，是一种真正纯粹的为我主义，要使你有时觉得天下只有关于我的事最要紧，其余的都算不得什么，……你要想有益于社会，最好的法子莫如把你自己这块材料铸造成器……有的时候我真觉得全世界都像海上撞沉了船，最要紧的还是救出自己。”胡适认为这种先“救出自己”的“为我主

① 李大钊：《青春》，《新青年》1916年第2卷第1号。

义”，“其实是最有价值的利人主义”，如果自己不先把自己救出来，谈何去救别人？而要救出自己，发展个人的个性，胡适认为：“须要有两个条件。第一，须使个人有自由意志。第二，须使个人担干系、负责任。”这两个条件就相当于权利和义务的辩证关系一样，个人自由意志实现的前提是需要自己承担责任的。因此，胡适说：“自治的社会，共和的国家，只是要个人有自由选择之权，还要个人对于自己所行所为都负责任。若不如此，决不能造出自己独立的人格。”从逻辑上来讲，胡适诠释的“易卜生主义”是非常辩证的，但遗憾的是后来大家只看到了其为我主义和自由主义，狭隘接受者有之，批评者有之，都失公允。

胡适之外，这一时期对艺术人学发展贡献和影响最大的是周作人。周作人是新文化运动有影响的代表性人物之一。周作人著的文学理论文章本身不多，主要有如下四篇：《人的文学》《思想革命》《新文学的要求》《平民的文学》。但这四篇启蒙主义文艺理论著作，影响既大又远，对当时的文坛有着非常重要的指导意义，甚至形成一种文学思潮，在五四时期引起了关于“平民文学”的一场争论。其中，周作人所阐发的资本主义人本主义和人道主义人学观点对艺术人学思想的发展具有重要意义，对资产阶级艺术人学理论的建构事业起到了收官效果。尤其是《人的文学》（《新青年》1918年第5卷第6号）一文，和胡适《建设的文学革命论》（1918年4月）一起，被列为五四新文学运动的纲领性宣言，是现代资产阶级艺术人学理论的扛鼎之作。

周作人1918年底和1919年初发表《人的文学》和《平民的文学》（《每周评论》1919年第5号），提倡人本主义的艺术人学思想。

在《人的文学》中，周作人开篇即主张“我们现在应该提倡的新文学，简单地说一句，是‘人的文学’。应该排斥的，便是反对的非人的文学”。周作人认为“人的文学”就是人道的文学。周作人说人道不是他的发明，而是他的发见。他认为人道是随着人生来就有的：“却不知世上生了人，便同时生了人道。无奈世人无知，偏不肯体人类的意志，走这正路，却迷入兽道鬼道里去，旁皇（彷徨）了多年，才得出来。”根据文章内容，周作人是根据对人的自然属性的分析，得出“人道”和“非人道”两种区分，那就是“灵与肉”

是否一致："我们所信的人类正当生活，便是这灵肉一致的生活。所谓从动物进化的人，也便是指这灵肉一致的人，无非用别一说法罢了。"这是人道的。而"凡兽性的余留，与古代礼法可以阻碍人性向上的发展者，也都应该排斥改正"。这是非人道的。人道和非人道做了区分后，接下来就要区分人的文学和非人的文学。因此他提出："我们希望从文学上起首，提倡一点人道主义思想，便是这个意思。"那么什么是"人的文学"呢？周作人认为以"人道主义为本，对于人生诸问题，加以记录研究的文字，便谓之人的文学"，否则则是非人的文学。但周作人的人性、人道主义基本上是来自对自然人性的理解，因此他把"利己"放在首位："但现在还须说明，我所说的人道主义，并非世间所谓'悲天悯人'或'博施济众'的慈善主义，乃是一种个人主义的人间本位主义。"但周作人认为人际关系的理想状态是"须营一种利己而又利他，利他即是利己的生活"，因此他要求"个人主义的人间本位主义"也要"从个人做起。要讲人道，爱人类，便须先使自己有人的资格，占得人的位置"。

周作人从人性、人道主义出发，主张个性解放，反对各种强加在人身上的、非自然又不人道的文学，反对的是两千年以来的"文以载道"的传统，具有强烈的反封建性。与此同时，这一理论还间接批判了维新运动到辛亥革命以来最新形成的国民主义艺术人学（比如梁启超的"灵"克"肉"思想）。因此周作人的《人的文学》对当时的文学革命影响很大，深深影响了五四时期表现个性解放主题的创作，"人的文学"成为五四时期文学的一个中心概念。钱理群在《周作人研究二十一讲》中评价说："《人的文学》一文的最大贡献，是把五四人的发现与文学的发现统一起来，将五四思想革命精神灌输到文学革命中去，在'人'的历史焦点上，找到了思想革命与文学革命的契合点。"[①]

由于受时代、理论资源和阶级立场等的局限，周作人的艺术人学思想基本上属于资产阶级唯心主义思想范畴，比如在实现"利己"这个问题上，周

① 钱理群：《周作人研究二十一讲》，中华书局2004年版，第24页。

作人理解的利己其实是一种个体的解放，但他给的出路，一是物质，二是道德："第一，关于物质的生活，应该各尽人力所及，取人事所需。换一句话，便是各人以心力的劳作，换得适当的衣食住与医药，能保持健康的生存。第二，关于道德的生活，应该以爱智信勇四事为基本道德，革除一切人道以下或人力以上的因袭的礼法，使人人能享自由真实的幸福生活。这种'人的'理想生活，实行起来，实于世上的人无一不利。"由此可以看出周作人艺术人学的局限性：在生产力和生产关系极度落后、民族存在极大危机的民国之初，这完全是一种资产阶级空想主义的思想。

《平民的文学》是《人的文学》思想的一种具体化。在《平民的文学》中，周作人进一步阐述"人的文学"的主张，强调文学须应用于人生上，提出"普遍"与"真挚"的原则，并申明"以真为主，以美即在其中"的文学观念，这对五四后为人生派的创作影响很大。

在《平民的文学》中，周作人首先将"平民"作为一种文学精神提了出来："平民的文学正与贵族的文学相反。但这两样名词，也不可十分拘泥。我们说贵族的平民的，并非说这种文学是专做给贵族，或平民看，专讲贵族或平民的生活，或是贵族或平民自己做的；不过说文学的精神的区别，指他普遍与否，真挚与否的区别。"应该说，在理论上，周作人的这种艺术人学思想，其中有许多民主成分，比如他说："平民文学应以普通的文体，记普遍的思想与事情。我们不必记英雄豪杰的事业，才子佳人的幸福，只应记载世间普通男女的悲欢成败。因为英雄豪杰才子佳人，是世上不常见的人；普通的男女是大多数，我们也便是其中的一人，所以其事更为普遍，也更为切己。"因此说，周作人强调的文学的精神，就是文学精神的普遍性和真挚性。

但我们要看到，周作人所称"平民"并不是指普通劳苦大众，更多指的是和封建贵族相对的资产阶级和小资产阶级。因此周作人在文章中特别强调："平民文学的意义，照上文所说，大略已可明白。还有我所最怕被人误会的两件事，非加说明不可，——第一，平民文学决不单是通俗文学。白话的平民文学比古文原是更为通俗，但并非单以通俗为惟一之目的。因为平民文学不是专做给平民看的，乃是研究平民生活——人的生活——的文学。他的目的，并非想将人类的思想趣味，竭力按下，同平民一样，乃是想将平民的生活提高，得到适当的一个地位。凡是先知或引路的人的话，本非全数的人尽能懂得，所以平民的文学，现在也不必个个‘田夫野老’，都可领会。”毫无疑问，周作人的立场是资产阶级和小资产阶级的。但尽管如此，我们也肯定周作人的这些思想认识对艺术人学理论发展的贡献。

胡适、周作人在五四时期对于“人”的本质、“人道主义”精神的多种理解中，找到了以个人主义、自由意志、利己再利他为核心的人本主义思想，基本上完成了资本主义艺术人学的理论建构，从而将基于人本主义和普遍人性论的资产阶级民主主义艺术人学理论推向了一个高峰。因此，1919年5月《新潮》第1卷第5号发表傅斯年《白话文学与心理的改革》一文，把胡适的《“易卜生主义”》《建设的文学革命论》与周作人的《人的文学》、陈独秀的《文学革命论》同视为五四“文学革命的宣言书”。而胡适在20世纪30年代《〈中国新文学大系·建设理论集〉导言》里，为了剥夺左翼文艺运动的五四传统，仅把周作人的《人的文学》和他自己的《建设的文学革命论》称为五四文学革命的纲领。胡适这一说法固然招致了很多批评，但我们也应该承认胡适、周作人和陈独秀一样，他们的理论建树确实产生了很大影响。尤其是周作人的艺术人学思想，对20世纪20年代文学研究会一派产生了绝对的影响。1921年茅盾发表《文学和人的关系及中国古来对于文学者身份的误认》就持“人的文学——真的文学”的思想。

但资产阶级艺术人学有着它自身不可逾越的阶级局限和时代局限。这个时期他们所谈的“人”“平民”“国民”概念还只能是限于指城市中的小资产阶级和资产阶级的知识分子，即市民阶级的知识分子。白话文指的还是知识分子的口头语。新文学作品的读者也主要限于城市小资产阶级和资产阶级知识分子，并没有普及到工农群众中去。文学与人民大众之间仍然存在明显的隔阂和距离。而已经深入人民群众的一些艺术形式（比如电影、说书）则继续宣传着封建思想，实际上使得人民群众继续受到奴化教育。因此，苏联十月革命胜利后，先进的知识分子开始选择马克思主义，中国艺术人学的发展掀开了崭新的一幕。

三、新文化运动后期的艺术人学

新文化运动后期是指五四运动前后（可上溯到一战结束即1918年11月）到1927年革命文学阵营建立之前的这个时期。

俄国十月革命之后，马克思列宁主义和无产阶级革命的思想开始在中国广泛传播。一战结束后，蔡元培发表《劳工神圣》的演讲，李大钊发表《庶民的胜利》和《布尔什维主义的胜利》，加之一战开始后陈独秀、李大钊对人类新文明的探索，“劳工”“庶民”很快成为知识界普遍认同的社会主体、政治主体和历史主体，甚至是新文明的主体。

而五四运动之后，原先处于民主主义同一阵营的新文化运动领军人物则开始分化。1919年下半年到中国共产党成立之前，《新青年》刊登的关于马克思主义、十月革命和中国工人运动的文章达130余篇。胡适在五四运动之后不久取得了《每周评论》领导权，而后挑起了“问题与主义”之争，发表了一些反对马克思主义和宣扬实用主义的文章。由此，艺术人学和审美大众化理论在资产阶级和无产阶级、自由主义和马克思主义两种不同思想体系中分头发展。

1921年中国共产党成立以后，中国无产阶级革命运动的发展产生了发展中国无产阶级革命文学的必然要求。很快，群众革命运动的蓬勃发展产生了以文学艺术样式从事革命宣传的实际需要和现实。各地革命风暴中也先后出现了大批革命文艺作品。比如1922年2月，共产党所领导的社会主义青年团的机关刊物《先驱》增辟了“革命文艺”栏，陆续发表若干具有革命鼓动内容的诗歌。

与这种形势相适应，1922年以后，在文学领域内，人们开始思考五四之后文学向何处去的问题，并且在与群众革命运动的结合中，早期共产党人和青年共产主义知识分子开始探讨以文学样式从事革命宣传的实际需要和可能，并为此开始了革命文学的酝酿和理论建设工作。1923年6月创刊的中国共产党理论刊物《新青年》季刊，在其发表的《新宣言》中，着重对当时的社会思潮和文学思潮做了分析，即指出“现时中国文学思想——资产阶级的‘诗思’，往往有颓废派的倾向”，并且明确认为中国革命运动和文学运动“非劳动阶级为之指导，不能成就”[①]。这些表述都明确涉及五四后文学发展方向和指导思想的问题。从1923年起，一部分从事革命实际工作的早期共产党员也在这个时期，利用《新青年》季刊、《中国青年》周刊、《民国日报》副刊《觉悟》等报刊，纷纷发表文章，讨论新文学的发展方向问题，如瞿秋白的《赤俄新文艺时代的第一燕》、秋士的《告研究文学的青年》、中夏《新诗人的棒喝》《贡献于新诗人之前》、恽代英的《八股？》、泽民的《青年与文艺运动》《文学与革命的文学》、楚女的《诗的生活与方程式的生活》、代英的《文学与革命》等文。在这些文章中，他们最早提出了无产阶级本位的“革命文学”口号，批判了五四以后新文学的一些消极倾向，提出了文学和革命相结合的要求，并开始探讨文学如何为革命服务的途径。1924年8月1日蒋光慈的《无产阶级革命与文化》发表于《新青年》季刊第3期，1925年1月《现代中国社会与革命文学》发表于《民国日报》副刊《觉悟》；1925年5月沈雁冰《论无产阶级艺术》连载于《文学周报》；1925年五卅运动之后，沈雁冰等人已经试图运用马克思主义阶级论来解释文学现象；五卅运动之后，创造社的文学活动进入后期，提倡“表同情于无产阶级”的革命文学。1925年8月《苏俄的文艺论战》（任国桢编译，鲁迅作前记）由北新书局出版。1926年3月《创造月刊》创刊，5月郭沫若《革命与文学》发表于《创造月刊》第1卷第3期，浪漫主义全面转向现实主义。在这些文章中，革命文学家开始全面探讨文学和革命的关系，开始了“革命文学”大规模的理论建设和创作的最初试验，走上了将马克思主义一般原理确定为中国革命文艺理论指导思想并与中

① 瞿秋白：《〈新青年〉之新宣言》，《新青年》1923年6月季刊创刊号。

国革命文艺具体实际相结合的道路。

而以无产阶级为本位、主体的革命艺术人学理论，促成了新文化运动后期艺术人学思想发生了一系列根本性转换。一是理论家和作家艺术家主体的转换。新文化运动后期，马克思主义本身的大众化成为艺术人学新的时代内容。由于马克思主义的初步传播和十月革命的胜利，大部分先进知识分子，在进化论（实质是文明优劣论）和历史阶段论的驱动下，迅速认同和选择了共产主义理想、社会主义目标和无产阶级革命道路。五四后不久发生“问题与主义”之争，马克思主义者和资产阶级自由主义者决裂，前者成了后期新文化运动的主要倡导者和领导力量；到了1925年，以鲁迅为代表的语丝派和以胡适、陈西滢、徐志摩等为代表的现代评论派发生论战，五四新文化阵营发生进一步分化，鲁迅等民主主义者完成了马克思主义转向。二是“文学革命”迅速向“革命文学”转换。马克思主义关于艺术本质的意识形态性质和上层建筑性质的论断，迅速被革命文学家认同和接受，革命和文学的关系被重新定义，文学艺术的实用主义功能论被广泛接受。三是由抽象的国民、平民主体向无产阶级转换。在新兴起的社会阶级矛盾条件下，阶级本位赋予艺术人学或人民性更多的政治规定性，“国民”“平民”进一步无产阶级化、劳苦大众化。四是审美大众化由知识分子向普罗大众转换，或者说，由文学革命的大众化向革命文学的大众化转换。文学革命的白话文运动催生了知识分子的白话文（新文言“欧化语”），而革命文学运动的大众化进行了白话的“二次革命”，将知识分子的白话转换为底层大众的日常白话，将文字从书面语向口语拓展；而且面对民众普遍文盲的现实，革命文学将传统意义上的书面文学转向口语文学和说唱等综合表演艺术，将文学拓展为文艺，最终将文学泛化为群众的日常文化生活。[①]五是实现了由知识分子“化大众”向知识分子和普罗大众“双向教化”的转换。六是实现了批评范式的转换，阶级论和党性原则

① 方维保：《论“革命文学”扩张的大众化立场与路径选择》，《南京师范大学学报》（社会科学版）2015年第5期。

开始成为主要的批评标准。而所有这些转换，相对于旧民主主义艺术人学来讲，都是根本性的。

四、结语

郁达夫在论及五四时期的文学运动成就时曾经说道："五四运动的最大的成功，第一要算'个人'的发现。从前的人，是为君而存在，为道而存在，为父母而存在，现在的人才晓得为自我而存在了。"①新文化运动发展过程复杂多样，但从启蒙意义上来讲，我们还是可以接受五四运动（也就是新文化运动）整体上完成了两大发现——"人的发现"和"文学的发现"——这一说法。但我们这里说的"完成""发现"不是指一个一次性封闭事件，不是说这两大发现是自新文化运动开始并由新文化运动完成的，而是说他们继承了维新启蒙运动（甚至包括之前许多先进知识分子）以来的"发现"工作，在新文化运动时期基本上完成了资产阶级人学和艺术学理论的建构，并且开启了以"阶级""人民"为本位的马克思主义艺术人学的发展之旅。

因此说，新文化运动艺术人学突出了人的主体性和价值，进一步完成了自然（普遍）人性论和人道主义性质的"人"②、审美现代性意义上的"文学"和历史主体性意义上的"阶级"三大发现，为新文化运动统一战线终结后新民主主义艺术人学"人的解放"（含阶级、民族、人类的解放）、"人民"的发现和文艺大众化理论建设奠定了基础。

〔原载《美与时代》（下）2020年第7期〕

---

① 郁达夫:《中国新文学大系·散文二集导言》，上海良友图书公司1935年版，第5页。

② 这一个发现过程涵盖了维新运动、辛亥革命到五四运动时期，国民主义到世界主义的转变。五四时期的个人主义是一种世界主义的、普遍人性论意义上"人"的发现，有别于之前族群、国家意义上的国民概念。

林默涵与艺术人民性批评话语

从学术代际来讲，如果将左翼文艺运动时就已进场的瞿秋白、冯雪峰、周扬、胡风等视为中国第一代马克思主义文艺理论家的话（鲁迅、毛泽东例外），那么林默涵、何其芳、邵荃麟、刘白羽等人就是以毛泽东《在延安文艺座谈会上的讲话》为指引的中国第二代马克思主义文艺理论家的代表。

林默涵（1913—2008），福建武平人，原名林烈，著名的马克思主义文艺理论家、作家、艺术教育家和文艺工作领导者。1935年开始用笔名“默涵”撰文。1938年到延安马列学院学习。1940年参加编辑《中国文化》，后经手发表了毛泽东的《新民主主义论》；1943年调《解放日报》编辑副刊并在该报上发表短论和杂文，又经手发表了毛泽东的《在延安文艺座谈会上的讲话》；1944年冬调重庆《新华日报》；抗日战争胜利后先到上海，后赴香港参与编辑国统区出版的共产党政治刊物《群众》和文艺刊物《大众文艺丛刊》；中华人民共和国成立后，先后任中共中央宣传部文艺处处长、副部长，文化部（2018年改为“文化和旅游部”）副部长，中国文学艺术界联合会副主席等职。

林默涵是延安文艺座谈会应邀正式代表。毛泽东的《在延安文艺座谈会上的讲话》发表后，林默涵、何其芳、刘白羽等人都是南下宣传毛泽东文艺思想的重要的马克思主义文艺理论家。这批理论家在理论上的主要特点是坚持文学艺术的阶级性—党性自觉原则，即世界观和创作方法的一致（元）论。毛泽东文艺思想在“南下”的过程中，与同为马克思主义艺术理论体系，同属革命文艺阵营，但强调艺术家主体性的胡风文艺思想发生了冲突：

这一冲突不仅在中华人民共和国成立前，中国共产党领导下的文艺界在重庆、香港对胡风文艺思想进行了两次批判，而且在20世纪50年代初中期“胡风事件”发生时达到顶峰。因此，阶级性—党性原则被视为林默涵等一批马克思主义文艺理论家的理论标签，自然也就遮蔽了他们在马克思主义文艺理论其他方面的具体建树和理论贡献。

例如：林默涵关于艺术人民性的思想和批评话语就长期没有得到重视和挖掘，其理论贡献一直没有被发现。我国是自1941年《中苏文化》1月1日文艺特刊中刊登《最近苏联文艺论争中底诸问题》译文时，“人民性”概念和批评观念才进入中国。虽然起步晚，但自20世纪40年代后期开始，人民性逐渐成为中国马克思主义文艺理论的一个重要的批评话语，受到高度重视并在20世纪50年代达到高峰。在人民性批评话语的形成过程中，林默涵做出了重要的贡献。根据目前的材料来看，可以认为，林默涵是我国较早以人民性批评话语研究人民文艺、五四新文艺、文艺大众化的文艺理论家，是“人民性鲁迅”评价的开创者，也是辩证论述人民性与党性关系的文艺理论家。

一、人民性和鲁迅研究

抗战胜利之后，蒋介石很快发动了内战。在这种情况下，党组织决定把已在上海出版了七八期的《群众》周刊迁到香港出版，由林默涵夫妇先到香港进行复刊筹备工作。林默涵乘船赴港的时间正是鲁迅先生逝世十周年纪念日（1946年10月19日）。《群众》周刊的编辑工作由章汉夫和林默涵两人负责，虽然《群众》周刊版权页署章汉夫是编辑人，林默涵是发行人，但章汉夫是香港工委书记，主管统战、工商等工作，林默涵是香港工委报委书记兼《华商报》社论委员，加之编辑部人手很少，连章汉夫、林默涵夫人孙岩在内才6个人，因此，《群众》周刊的实际工作，林默涵承担得更多一些。“《群众》周刊在香港是一份公开出版的共产党的刊物，公开登载新华社的评论和党的领导人的署名文章。杂志向海内外发行，成为在（中国）香港传播党的声音、宣传党的政策、报道解放战争进度的一个窗口，在群众中享有很高的声誉。”[①]

以《群众》周刊为阵地，林默涵积极宣传毛泽东文艺思想和人民文艺论。比如，林默涵1947年6月5日在《群众》周刊第19期上发表了《关于人民文艺的几个问题》。《关于人民文艺的几个问题》主旨是宣传人民文艺思想，但内容上主要是谈艺术创作问题。“愿意使文艺为人民服务和怎样使文艺为人民服务，这中间，有着一个实践的过程。写什么？怎么写？是在这个实践的过程中首先遇到的问题。”[②]论文主要讨论了“为人民服务的文艺”应该如何对待工农群众的缺点和弱点、如何表现和教育小市民、对待不同读者要有不同程度的艺术作品、应该给予作家艺术家走向人民的时间，批评了文艺要创造读者、写工农就要百分之百地用工农的思想和语言等两种“阻碍文艺和人民结合的”高调而错误的观点。

而从人民性理论、鲁迅研究角度，特别值得一提的是林默涵发表于1948年10月19日的《怎样学习鲁迅先生》一文。[③]这是一篇将“国民性鲁迅”“民族魂鲁迅”扩展到“人民性鲁迅”的重要文章，它对于鲁迅的研究、对于后来人民性批评话语的形成都具有重要的意义。

在这篇纪念鲁迅逝世12周年的文章中，作者首先论述了鲁迅思想发展演变的过程：“鲁迅先生并不是一开始就作为无产阶级的战士而参加社会斗争的。他从单纯的‘富国强兵’的思想到相信‘进化论’，以至终于成了无产阶级的革命战士。”林默涵认为，鲁迅思想发展有两个原因。第一个是客观原因、时代原因。鲁迅思想的发展，“这一方面是由于中国社会的实际发展所决定的，鲁迅先生所走过来的长远曲折的思想道路，也正反映了近数十年来中

---

① 王晓吟：《林默涵1946年—1949年在香港》，《新文化史料》1996年第1期。

② 林默涵：《关于人民文艺的几个问题》，《延安文艺丛书》（文艺理论卷），湖南文艺出版社1987年版，第229页。

③ 默涵：《怎样学习鲁迅先生》，《群众》1948年第 41期。

国社会思想的发展，——由‘富国强兵’的思想到资产阶级的旧民主主义以至工农大众的新民主主义。离开了这个，是不能正确了解鲁迅先生的”。第二个是鲁迅个人原因、主观原因。林默涵对鲁迅思想发展的分析，与瞿秋白以来中国共产党的分析是一致的。林默涵认为：“另一方面……鲁迅先生从绅士阶级的逆子贰臣终于进到无产阶级和劳动群众的真正的友人以至于战士，显然的，也由于他本身所具有的特别优良的品质。”

对于鲁迅主观方面“优良的品质”，林默涵认为主要体现在两个方面：“第一，无论什么时候，他总是站在人民方面，总是为大多数人的利益而奋斗；第二，他从来不自满，从来不掩饰自己的缺点或过错，相反的，却是时时刻刻在进行严酷的自我解剖，自我批评。”林默涵认为，鲁迅主观品质上的这两个特点，“决定了鲁迅先生永远站在时代潮流的最前列，永远同着广大人民一起前进。这也就是鲁迅先生最值得我们学习的地方”。由此，林默涵建构了鲁迅评价的基点：鲁迅与人民的关系。以此为轴心，林默涵对这两个特点进行了分析。

关于第一个特点，林默涵非常明确地指出，“鲁迅先生的这种绝对忠实于人民利益的思想，贯串着他的所有的作品和一生的行动”。林默涵将这种特点概括为“人民性”：“他的思想所以能为中国广大青年所接受，成为我们的自我改造和对敌斗争的武器，就因为它所包含的丰富深刻的人民性：他主张文学就是宣传，革命的文艺就是人民的宣传武器，这是真正的人民的功利主义。”关于第二个特点，林默涵也认为和人民有着紧密的联系。林默涵说：“鲁迅先生的自我批评，是为了使自己更坚定地站稳人民的立场，更紧密地和人民结合；反过来，他所以能始终成为人民的真挚的朋友，成为无产阶级的勇敢的战士，又由于他掌握了自我批评的武器。这两者是不能分开的。”

从毛泽东《在延安文艺座谈会上的讲话》已经发表多年和二战之后“人民世纪”“人民至上”的时代话语环境来看，林默涵在香港，以鲁迅与人民的关系为视角来评价鲁迅，并不显得很特殊，而且文章所做的分析也很简单，毕竟这只是一篇三千来字的纪念文章。但如果从人民性话语和鲁迅批评的角度来看，林默涵以人民性来概括鲁迅思想、创作和行动上的特点却是具有一定的开创性。这是因为人民性批评话语在这之前非常鲜见。此外，林默涵的“人民性鲁迅”评价，和冯雪峰20世纪40年代尝试以自创的“人民力”理论来评价鲁迅具有异曲同工之妙，都在一定程度上深化了鲁迅研究。

二、人民性与五四新文艺和文艺大众化

虽然《怎样学习鲁迅先生》对鲁迅和人民关系的论述，观点鲜明、说理充分、论述严谨，但对“人民性”则是点到为止，并没有展开充分的学理分析。这个情况，林默涵在同年稍晚时间发表的《论文艺的人民性和大众化》中做了补充，该文以“人民性”为中心概念，对人民性进行了充分论述。

20世纪40年代末期，随着人民解放军南下的脚步声，国统区的部分革命文艺工作者（胡绳、邵荃麟等）离开上海、重庆、桂林等大城市来到香港（夏衍是从新加坡回到中国香港），1948年3月1日在中国共产党（文委）领导下创办了文艺刊物《大众文艺丛刊》，开展革命的文艺活动。《大众文艺丛刊》实际负责人是冯乃超和邵荃麟，林默涵参与了编辑、写作工作。

《大众文艺丛刊》的办刊宗旨就是宣传毛泽东《在延安文艺座谈会上的讲话》（以下简称《讲话》）和毛泽东文艺思想、宣传延安文艺座谈会的理论成果、宣传解放区文艺创作的成就。《大众文艺丛刊》同人讨论、荃麟执笔的《对于当前文艺运动的意见》，检讨了过去10年间国统区文艺存在的主要问题，认为延安文艺座谈会的成果，“在后方没有得到应有的普遍和热烈的讨论，倒毋宁说是一般的被冷淡了”。因此《大众文艺丛刊》集中发表了一批学习和宣传《讲话》的文章，力图根据毛泽东《讲话》的基本思想推动国民党统治区的文艺运动，以配合解放战争夺取新民主主义革命的胜利。《大众文艺丛刊》的内容主要有以下四个方面：第一，遵照马列主义的文艺理论原则，特别是毛泽东的文艺思想，总结文艺运动的经验教训，提出开展文艺运动的建议。如《对于当前文艺运动的意见》（署名本刊同人，荃麟执笔）、《文艺统一战线的几个问题》（萧恺）、《新形势下文艺运动上的几个问题》（荃麟）、

《文艺运动的现状及趋势》（史笃）等。第二，研讨作家主观在文艺创作中的地位与作用，对胡风强调主观战斗精神的观点展开讨论和批评，如《论主观问题》（荃麟）、《文艺创作与主观》（乔木）等。第三，批判资产阶级自由主义文艺思想，如《斥反动文艺》（郭沫若）、《略论沈从文的〈熊公馆〉》（乃超）等。第四，探讨文艺的大众化问题，如《略论文艺大众化》（穆文）、《再谈方言文学》（茅盾）、《方言文学的创作》（静闻）等。另外，该刊发表了一些颇有价值和影响的研究论文和书评，如胡绳的《鲁迅思想发展的道路》《评路翎的短篇小说》、冯乃超的《从白毛女的演出看中国新歌剧的方向》等。《大众文艺丛刊》还特别刊载了一些解放区作家如赵树理、田间、马烽等人反映群众实际斗争生活的作品，给香港和国民党统治区的广大读者输送了新鲜的精神食粮。

1948年12月，林默涵在《大众文艺丛刊》第五辑《论主观问题》中发表《论文艺的人民性和大众化》。《论文艺的人民性和大众化》是我国马克思主义艺术理论史上最早的一篇讨论艺术人民性、艺术人民性和大众化关系的论文。

论文第一部分首先提出，在文艺大众化的问题上，存在着两种相反的理解。一是否定五四以来的革命新文艺，认为欧化的形式是今天劳动人民不能接受的，一是新文艺的战斗传统，在内容上反映了人民的历史要求，为大众的要求而斗争，它就是大众化的。作者认为，“这两种意见，都同样犯了片面性的毛病，主要是对于文艺的人民性和大众化的关系与区别，没有正确的了解”①。林默涵对艺术人民性的理解依据于苏联顾尔希坦的人民性思想。顾尔希坦以列宁关于每个民族中都有两种民族文化的理论为基础，认为文艺里面的民主主义和社会主义成分就是艺术人民性。林默涵认为：“人民性并不就等于大众化。人民性的文艺，虽然有时以直接的人民形式表现出来，但也常常以间接的形式表现出来，所以具有人民性的作品，可能并不一定立刻为工农

① 默涵：《论文艺的人民性和大众化》，荃麟等：《论主观问题》，《大众文艺丛刊》1948年，第39页。

大众所直接接受。”林默涵接受顾尔希坦将人民性区分为“内容的人民性”和“形式的人民性”的观点，看到二者发展的不平衡关系：“实际上，内容的人民性，并不时常和形式的人民性相并行的。”林默涵还对直接和间接的艺术人民性做了探讨。他说，我们“今天所要求的大众化，必须实际的从大众的需要和愿望以及他们的接受能力出发，不是从我们的主观臆想出发。它首先应当具有丰富的人民性的内容，这是不消说得的，而且这人民性的内容不是像那些古典作家一样，往往只是不自觉的表现在他们的作品中，而是完全自觉的站在人民大众的立场，来表现人民大众的觉悟和斗争，这是由革命的意识所照明了的人民性，和过去一般作品中自然流露的人民性，有着质的不同。”[①]林默涵指出，直接的人民性是战争环境下迫切需要的。因此，林默涵参照列宁对托尔斯泰、赫尔岑等作家作品人民性“播种—收获”延时的理论，反对轻易否定欧化文艺。作者指出，“我们提出大众化的任务，也不是排斥或拒绝那种播种而在长期以后可以有所收获的工作，这工作是有它的重要意义的。但是，今天客观情形不容许我们专门去等待那‘一段长时间’以后的‘收获’”，他指出，在残酷的战争环境和民众普遍缺乏文化知识的情况下，“普及”肯定是第一位的，大众化肯定是第一位的。而大众化的文艺，“它不仅应该具有高度的人民性的内容，而且必须具有能为工农大众所直接接受的大众的形式”。林默涵认为，大众化不能受制于内容上的人民性这个要求。“我们不能把内容的‘人民性’的要求，看作就是大众化的要求，不能把前者单纯地去代替后者。”林默涵在大众化的形式上还区分了与民俗文学的形式（即旧形式）的关系问题，批判了“民间文学是民族形式创造的中心源泉”的民粹主义的错误和对旧形式深恶痛绝的机械主义的错误，赞同了毛泽东、鲁迅在这个问题上的立场。林默涵在文章中批判了在对待五四新文艺态度上“把

① 默涵：《论文艺的人民性和大众化》，荃麟等：《论主观问题》，《大众文艺丛刊》1948年第5辑，第42—43页。

人民性和大众化混淆起来”的错误，以辩证的方法分析了五四革命文艺的优缺点。但他的观点中又隐含着把大众化当作评论当下革命文艺的第一要求、把人民性当作评论过往优秀文艺（存在“播种—收获”时差的文艺）标准的倾向性。这个和后来“十七年”时期普遍以人民性标准来评价古典文学艺术、以阶级性（大众化）来评价当代文学艺术的倾向之间，可能存在着某种理论联系。

论文第二部分批判了小资产阶级的堂吉诃德式的“为大众去进行斗争”的大众化，阐述了毛泽东“文艺为人民大众”思想中“使得大众去进行斗争”的真正内涵，揭示了大众化这个概念本身就具有的启蒙和教育功能，并再一次强调了大众化要求进步思想和通俗形式两个方面的完美结合。论文第三部分批判了不管群众接受能力和觉悟程度，从自己主观上“觉得需要”出发的大众化。作者引用毛泽东的话指出：“如果群众在客观上虽有此种需要，但在他们的主观上尚无此种觉悟，则领导者与工作人员应该耐心地等待，直到经过自己的工作使群众有了觉悟，因而自愿实行之时，才去实行，决不应该强迫命令。凡是需要群众参加的工作，没有群众的自觉自愿，就只会流于形式主义而失败，一切工作都是如此，对于改造群众思想的文教工作，尤其是如此。”作者接下来还批评了一些理论家把觉悟提高和艺术提高混淆起来的观点，主张普及是为了觉悟的提高，而不是艺术的提高。论文第四部分讨论形式问题，反对国粹主义和全盘西化、欧化，鼓励在旧有形式和民族形式上“创造新文艺的民族形式”，而创造的标准就是新旧形式服从于新内容。《论文艺的人民性和大众化》第二、三、四部分实质是对毛泽东讲话“普及与提高”“动机和效果”“新旧形式”等观点的阐述，也一定程度上呼应了第一部分关于人民性和大众化的认识。这些阐释针对当时流行的错误观点，并且具有很高的理论水平，其深度是一般人从《讲话》字面上是读不出来的。这也可以看出，《讲话》后马克思主义艺术理论家对毛泽东艺术思想的阐释、宣传、传播是具有较高水平的。

《论文艺的人民性和大众化》虽然不是中国马克思主义文艺理论发展史

上第一篇专论人民性的文章（第一篇专论文章应该是1953年黄药眠的《论文学的人民性》），但它已经在学理上论述了人民性偏内容（社会主义和民主主义）的属性，人民性与大众化的区别和联系，人民性的存在形态（有直接的和间接的、内容的和形式的、自觉和非自觉的人民性之分），对人民性的运动特性（存在“播种—收获”延时效应）等，并且运用了人民性理论评价分析了五四新文艺和欧化文化等。和《怎样学习鲁迅先生》的“人民性”相比，《论文艺的人民性和大众化》中“人民性”概念的内涵和外延已经非常丰富和饱满了。可以说，林默涵人民性思想在20世纪40年代后期就已经很成熟了。也正是因为如此，林默涵在后来的人民性和党性关系问题上才有十分正确的认识。①

三、人民性和党性

人民性和党性的关系一直很复杂、纠结。20世纪40年代，“人民性”概念进入中国后不久，就与“党性”发生了遭遇战。当时国统区有人觉得重庆的《新华日报》党性色彩太浓，就把文学艺术领域的这个口号拿过来，给《新华日报》投信，将人民性和党性对立起来，呼吁《新华日报》加强人民性。很快，1947年1月11日重庆《新华日报》发表的编辑部文章《检讨与勉励》中明确指出：“由于中国共产党是一个人民的政党，它代表的是中国最广大人民的利益，它的一切政策是完全从人民的利益出发的，因此，新华日报也是完全站在人民的立场，从人民的利益出发。这就是说，新华日报是一张党报，也是一张人民的报；新华日报的党性，也就是它的人民性。”②这是中国共产党在

① 参见刘永明《论〈在延安文艺座谈会上的讲话〉后艺术人民性理论的建构与发展》，《美与时代》（下）2017年第10期。

② 胡乔木：《关于新闻工作的党性和“人民性”的问题》（1982年3月11日致胡绩伟信），《胡乔木谈新闻出版》（修订版），人民出版社2015年版，第317—318页。

政治文化理论层面“首次公开申明党性就是人民性”[1]。但这次遭遇战，让之前一直关注“人民性”和“党性”问题，强调二者统一的胡乔木，对“人民性”产生了一些“看法”，到了20世纪80年代初期，胡乔木和胡绩伟发生“人民性”和“党性”之争时，胡乔木做出了彻底否定“人民性”的说法。1982年3月11日胡乔木在给胡绩伟的信中说：“从来没有人把‘人民性’作为马克思主义理论体系中的一个基本概念”，并建议在人民性这一个词上要慎用：“……不要笼统地引用‘人民性’这个含糊不清的概念来作为解决这些复杂问题适当的药方。因此，我建议，目前最好不要再用这个提法。”[2]

胡乔木否定“人民性”的做法虽然有些简单化，但也有它的时代背景和原因。这是因为新时期开始没多久，企图摆脱党的领导、脱离社会主义道路的资产阶级自由化倾向就开始泛滥，这反映在艺术人民性这个问题上，就是有些人肆意歪曲人民性与党性的关系，散布人民性高于党性的谬论，通过抬高人民性的重要性和地位来否定党性原则，人为制造人民性和党性的对立。这尤其反映在新闻宣传出版和文学艺术等领域。

人民性高于党性、主张废除人民性的说法，在“十七年”时期都出现过，但其理论性质完全不同于新时期初期的这些说法。这是因为前者在当时主要指的是艺术人民性在解释艺术现象上的广度大于党性，这观点在性质上是完全不同于资产阶级自由化观点的；后者（包括“文革”时期）主要是把人民性理解成资产阶级性质的理论而加以否定的，这和胡乔木出于“工具理性”而否定人民性的思路也是不同的。

因此，对于“人民性高于党性”的错误观点，党性原则极强的林默涵自然非常敏感，与之进行了较长时期的斗争。

---

① 尹韵公：《一个经典观念的逻辑起点和历史起点——关于“党性和人民性从来都是一致的、统一的”》，《北京日报》2013年9月30日第17版。

② 胡乔木：《关于新闻工作的党性和“人民性”的问题》（1982年3月11日致胡绩伟信），《胡乔木谈新闻出版》（修订版），人民出版社2015年版，第318—319页。

1981年，林默涵在《文艺与党的关系及其他》讲话中，把人民性高于党性的观点视作文艺与党的关系的错误观点之一，做了批判。他说：“第三，表现在关于党性和人民的问题上。是党性高于人民性，还是人民性高于党性？真正的无产阶级的党性是代表人民利益的，因为无产阶级要消除一切剥削，不仅解放自己，而且要解放全人类，共产党的宗旨就是为人民利益奋斗，别无其他目的。无产阶级党性高于人民性，具有人民性的东西不一定达到党性的高度。”“但现在有一种观点，似乎人民性比党性更高。有些作家把人民同党对立起来，似乎他是代表人民的，而党是不代表人民的，文艺家有良心，政治家没有良心，他比党更高明，他是站在一切之上的救世主。”对此，林默涵指出：“抱着这种态度来从事文学创作，必然会同党对立，也就是根本上同人民的利益对立的。”[①]林默涵在肯定党性高于人民性、“人民性的东西不一定达到党性的高度”的同时，从党的利益和人民利益相一致的角度，间接肯定了党性和人民性的一致性、统一性。

而对于应该如何看待人民性、是否需要取消人民性，林默涵和胡乔木的态度则相反。同样是在这个讲话中，林默涵指出：“关于人民性这个问题，过去有过争议，‘文化大革命’前有人主张废除‘人民性’这个说法，认为这个说法太含混，什么叫人民性？不清楚。我觉得不能废除，废除了对许多文学现象就解释不了。例如优秀的文学遗产，大多是封建阶级或资产阶级中一些比较接近人民或同情人民的作者写的，它们往往表现了人民的疾苦和愿望，这类作品是对人民有利的，我们说它们具有人民性，应当加以继承。如果都用阶级性来划分，就会把它们都否定了。所以，人民性这个概念应当保留。”[②]从这里，我们能够看到林默涵《论文艺的人民性和大众化》“人民性”思想的延伸和发展。应该说，林默涵这些文章（讲话），对解放思想，对恢复

① 林默涵：《文艺与党的关系及其他》，《林默涵文论》，文化艺术出版社2016年版，第366页。

② 林默涵：《文艺与党的关系及其他》，《林默涵文论》，文化艺术出版社2016年版，第366页。

人民性在马克思主义文艺理论中的应有地位、学术价值和科学面目，无疑是起了很大作用的。

党性和人民性（最早也称为“群众性”，也有一些其他称法，比如在胡风以及“七月派”的理论中也称为“广大性”）一致的观点源自1945年毛泽东在中国共产党第七次全国代表大会上的政治报告《论联合政府》：“我们共产党人区别于其他任何政党的又一个显著的标志，就是和最广大的人民群众取得最密切的联系。全心全意地为人民服务，一刻也不脱离群众；一切从人民的利益出发，而不是从个人或小集团的利益出发；向人民负责和向党的领导机关负责的一致性；这些就是我们的出发点。”①新时期开始后，邓小平、胡耀邦等先后对此也有相关论述，但在我国当代的理论和实践中，党性和人民性的关系问题一直没有得到很好的解决。②

到了党的十八大以后，习近平多次并提“党性”和“人民性”，强调了党性和人民性的统一性和一致性。2013年8月19日，习近平在全国宣传思想工作会议上的讲话中强调：“党性和人民性从来都是一致的、统一的。”③这一论断“打破了我国新闻宣传领域30年来人为制造的一个禁区”④。一年后，习近平在《在文艺工作座谈会上的讲话》中又具体指出：“党的根本宗旨是全心全意为人民服务，文艺的根本宗旨也是为人民创作。把握了这个立足点，党和文艺的关系就能得到正确处理，就能准确把握党性和人民性的关系、政治立场和创作自由的关系。”⑤这是新时期40年以来，第一次在中国最高政治领

---

① 毛泽东：《论联合政府》，《毛泽东选集》第三卷，人民出版社1991年版，第1094—1095页。

② 参见陈力丹：《把人民放在心中最高位置——习近平总书记7.1讲话丰富了“党性和人民性相统一”思想》，《理论视野》2016年第8期。

③ http://china.cnr.cn/news/201308/t20130821_513374392.shtml。

④ 陈力丹：《把人民放在心中最高位置——习近平总书记7.1讲话丰富了“党性和人民性相统一”思想》，《理论视野》2016年第8期。

⑤ 习近平：《在文艺工作座谈会上的讲话》（2014年10月15日），《人民日报》2015年10月15日第02版。

导人关于文艺工作的文献中出现党性和人民性关系的论述。习近平提出党性和人民性“从来都是一致的、统一的”这一论断，既是习近平个人政治哲学智慧的表现，也包含了林默涵等在内中国几代马克思主义（文艺）理论家的贡献。

四、结语

林默涵是我国当代诸多重大文艺事件的领导者、参与者，对我国马克思主义文艺理论的发展做出了重要贡献。虽然林默涵为人为文，自称为“凭心而言，不遵矩矱”[①]，但林默涵理论的原则性极强，这也是他与晚年周扬在一些理论问题上存在分歧的原因所在，另在一些具体问题上（比如人民性和党性的关系），林默涵又非常熟悉和尊重艺术规律，实事求是，理论辩证性非常强。因此，文艺理论家、美学家李希凡评价他：“他是一位忠诚的共产主义战士，也是一位真正的马列主义、毛泽东思想的文艺理论家，坚持真理，忠贞不渝，即使不同意他观点的人，对他的人格、文品，也不能不竖起大拇指，说一句：‘那真是一条硬汉子！’这是我亲眼所见，亲耳所闻。”[②]文艺理论家、美学家涂途则称赞林默涵，具有“实事求是、联系实际，辩证思维、一分为二，坚持真理、修正错误，丹心铁骨、高风亮节的人格和文格”[③]。

本文只是简单地以人民性为例，以期一窥林默涵文艺理论的独特贡献和价值。但由于一些复杂的历史和社会心理原因，林默涵作为一位优秀的马克思主义文艺理论家和批评家，他的理论贡献没有得到人们的充分重视和挖掘，甚至没有得到基本的尊重。因此，直至最近，还有学者指出：“林默涵

① 林默涵：《林默涵文论》，文化艺术出版社2016年版，第274页。

② 李希凡：《追忆默涵同志》，《文艺理论与批评》2008年第2期。

③ 涂武生：《“凭心而言，不遵矩矱”——学习〈林默涵文论〉的文格》，《武陵学刊》2016年第4期。

的研究本身也较薄弱有待加强。”[①]我们相信，随着人们历史眼光的延长，林默涵文艺工作（尤其是文艺思想和文艺批评）的独特贡献将更多地被人们发现、重视和肯定。

〔原载《美与时代》（下）2020年第10期〕

① 黄海飞：《如何把关？——林默涵批校1981年版〈鲁迅全集〉第六卷清样初探》，《文艺争鸣》2019年第6期。

王朝闻论齐白石："人民画家"话语再观照

王朝闻先生（1909—2004）是我国当代卓越的美学家、文艺理论家、雕塑家、艺术教育家，是新中国马克思主义文艺理论和美学的开拓者与奠基人之一。他在长期的艺术生涯中，致力于中国马克思主义艺术理论的建设工作，在雕塑研究、美学研究、创作方法研究和艺术评论等领域出版了30多部著述，指导和影响了新中国几代文艺理论、美学研究和美术工作者，为建设具有中国特色的美学和文艺理论体系做出了卓越贡献。作为坚定的人民美学、人民艺术倡导者，他熟谙艺术创作规律，学术思想注重理论联系实际，艺术评论面向生活和人民大众，将艺术创造、欣赏和艺术规律探索融为一体，为人民群众和艺术工作者喜闻乐见。

中华人民共和国成立前后，基于文艺事业发展的客观需要和个人的学术兴趣，王朝闻的工作重心逐渐由雕塑创作转向文艺理论研究。作为这一转变的两个标志性事件：一是自1949年春开始，他连续10个月在《文艺报》和《人民日报》等报刊上发表美术评论文章52篇（后结集为《新艺术创作论》出版）；二是在20世纪50年代初期，从人民立场出发，提出了齐白石"人民画家"论，在齐白石研究领域产生了广泛的影响。近来，有学者从齐白石的个人话语出发，"以史鉴论"，对王朝闻的齐白石"人民画家"论提出质疑，认为这一论断是一种虚构，是阶级话语和"苏联模式"强制阐释的产物，是"以论带史”史学路径的一个典型学案。[①]这种认识存在着理论话语错位的问题。因为王朝闻提出的齐白石“人民画家”论，是在当时居主导地位的人民性话语体系中，立足民族艺术谱系，在充分论证齐白石艺术杰出性与人民群众关系的基础上，史论结合，得出的一个科学的艺术性结论。这与将其置于1957年之后才普遍出现的“苏联模式”和再度走强的阶级性话语体系中，视为一个“以论带史”式的强制阐释性结论，有着本质的不同。这种“话语错位”也引发了我们对如何评价艺术史人物和不同史学研究路径的思考。

一、《杰出的画家齐白石——祝贺齐白石的九十三岁寿辰》的版本问题

王朝闻的齐白石“人民画家”论主要出自《杰出的画家齐白石——祝贺齐白石的九十三岁寿辰》（以下简称《杰出》），其版本状况较为复杂，需要加以辨析说明。

其一，《杰出》一文普遍被认为系“1952年1月8日《人民日报》刊文”[②]，而这篇文章实际刊发于1953年1月8日，是《人民日报》报道文化部齐白石寿辰庆祝活动的系列内容之一。王朝闻生前出版的《王朝闻文艺论集》第一卷（上海文艺出版社1979年版）、《王朝闻集》第二卷（四川美术出版社1989年版）、《王朝闻学术论著自选集》（北京师范学院出版社1991年版）、《王朝闻集》第二卷（河北教育出版社1998年版）等著作中，均将此文发表时间标记为1952年1月8日。经笔者查找、核实，《人民日报》是日未刊载此文，次年（1953）同日第3版载有此文，而齐白石93岁寿辰庆祝活动即在前一日

---

① 参见夏中义：《评判齐白石的两条史学路径——聚焦于“人民画家”说的虚构及证伪》，《文艺理论研究》2019年第2期；夏中义：《史述齐白石“衰年变法”的两条路径》，《文艺理论研究》2021年第1期。

② 夏中义：《从“白石诗草”看齐白石“诗画同源”——兼谈艺术史的“百年公论”》，《文艺研究》2018年第12期。

（1953年1月7日）举行。王朝闻对此文发表时间的误记早在1954年出版论文集《面向生活》时就已经形成，以致以讹传讹，流布很广。[①]

其二，《杰出》一文报纸刊文和结集本刊文内容存在差异。《人民日报》刊文大概4000字，而结集本收录此文多为7000字左右，字数相差近一倍。《人民日报》版刊文论述存在内容断裂、跳跃等问题；而结集本刊文较为完整、全面地呈现了作者的观点。

其三，此文在不同结集本中内容也多有不同。比如《面向生活》和《齐白石研究》所录此文在开篇认为，齐白石是"人民画家"都是"因为他的精神劳动突出地表现了中国人民的艺术才能，因为他的创造性的精神劳动使人民的精神生活更丰富，因为他在艺术上的卓越成就对于美术工作者具有示范作用"[②]。其中，第三个"因为"在1979年后《王朝闻文艺论集》中改为"因为他在艺术上的卓越成就在许多方面值得美术工作者学习"[③]。为了尽可能地接近历史原貌展开研究，本文以力群编《齐白石研究》所录《杰出》一文为讨论对象。

二、王朝闻的齐白石"人民画家"论

齐白石被称为"人民艺术家"，与1953年中央人民政府文化部授予齐白石荣誉奖章和王朝闻发表《杰出》一文有关。与1951年12月北京市人民政府明确授予老舍"人民艺术家"称号不同，1953年1月，文化部授予齐白石荣誉

---

① 如《延安文艺档案》之"延安美术"第48册《延安美术家》（三）正文"王朝闻"部分又将《杰出的画家齐白石——祝贺齐白石的九十三岁寿辰》刊发时间记为"1951年12月"。参见王巨才主编：《延安文艺档案》第48册《延安美术·延安美术家》（三），太白文艺出版社2015年版，第1074页。

② 王朝闻：《杰出的画家齐白石——祝贺齐白石的九十三岁寿辰》，力群编：《齐白石研究》，上海人民美术出版社1959版，第11页。后文凡引自此书不再一一出注。

③ 王朝闻：《杰出的画家齐白石——祝贺齐白石的九十三岁寿辰》，《王朝闻文艺论集》第1集，上海文艺出版社1979年版，第157页。

奖章主要是祝贺寿辰的一种形式，这可以从奖状的内容看出端倪："齐白石先生是中国人民杰出的艺术家，在中国美术创造上有卓越的贡献。兹值先生九十三寿辰，特授予荣誉奖状。"[①]奖状肯定了中国人民对齐白石老人的尊敬和喜爱，肯定了他在中国美术史上的卓越贡献，同时也点明了为他祝寿的主要目的。[②]

王朝闻撰写《杰出》一文与此次祝寿活动相关。纲举目张，全文基本围绕着确证齐白石的艺术成就及其创作与人民群众的关系而展开。王朝闻认为，齐白石的艺术史意义在于"他生在形式主义绘画统治中国画坛的时代，他的绘画作风是反对形式主义的。既不使艺术成为自然现象的机械模仿，又能把当时信笔涂抹的'写意'画从似是而非的陷阱中拯救出来"。他的艺术成就主要表现在三个方面。

一是扩大了题材范围。相较于"前辈的'写意'画家的题材比较狭窄（如金冬心长于画梅，石涛之长于山水……）"，齐白石感兴趣的东西很多，曾有"为万虫写照，为百鸟传神"的说法。王朝闻认为，齐白石"描绘了各种各样的物象，扩大了题材的范围，小鸡、丝瓜、白菜、豆角，也成为作品的主角。由于他取材不受任何成见所限制，他的许多富于抒情味的作品，显出艺术形象的多样性，证明水墨画能够适应多种题材"。齐白石除了"在取材上突破了士大夫画家的套子""发展了水墨画的特长"之外，"他那浓丽的色彩的大胆运用，更接近中国民间美术在用色上那种明快和强烈的风格，也和强调色彩的轻淡的一般的文人画大不相同"。齐白石既在取材上不使用士大夫喜爱的梅、山水等题材而采用劳动人民熟悉的瓜果作为主角，在风格上又不同于文人画的轻淡而更接近中国民间美术的风格，这与他来自民间又长期劳作

① 郎绍君：《齐白石研究》，人民美术出版社2014年版，第353页。

② 参见刘永明：《荣誉称号里的艺术、政治与世俗：关于"人民艺术家"》，《汉语言文学研究》2021年第1期。

有着很大的关系。因此，王朝闻认为齐白石"用这特长来描写许多不被他们重视而符合人民趣味的事物，是他的优点之一"。

二是作品有趣味。王朝闻认为："齐白石的作品的优点之一，是有趣味。""有趣味"有两种内涵：其一是"使作品成为有趣的艺术"，取得"状物与抒情的一致"；其二是"表现了健康的人的趣味"。王朝闻强调，这种趣味与人民群众的精神生活有着密切联系。他说，齐白石的"题材多是花鸟虫鱼，可是，这些题材的描写，不产生引人出世、使情感颓废的坏作用，而是表现了健康的人的趣味的"。而这种健康趣味是一种客观效果上的呈现，"尽管现实生活不只向我们提供齐白石作品那样的题材，尽管人民不只要求齐白石式的绘画，而花鸟虫鱼这些题材是人民喜爱的，一经他用传神的笔墨加以描写，产生了使人感到生命的力量和生活美丽的积极作用。正是因为这样，这些花鸟虫鱼的描写才得到爱生活的人民的欢迎，也才能够丰富人民的精神生活"。

三是齐白石在民族艺术谱系上的创造性。王朝闻认为，齐白石艺术上的创造性表现在突破笔墨游戏和形式主义的滥调，注重真实的细节，造型上更精粹、更洗练、更具概括性，作品具有诗意特点，是自觉自由的创作等。王朝闻说齐白石"不仅扩大了取材范围，而且运用了各式各样的表现形式，使同一类的题材具有许多变化"，"他创造那些既真实又活泼的艺术形象，完全是自觉的，有明确目的的，而且很自由"。王朝闻用艺术辩证法分析认为，齐白石能够取得这样的杰出成就，就在于他一方面尊重前人的艺术成就和艺术的表现法则；另一方面又重视打破陈套，反对因袭，"反对因袭陈套，其实就是为了灵活运用法则。不机械服从法则，其实正是尊重法则"。王朝闻用相当大的篇幅（包括注释），重点介绍了齐白石对徐渭、朱耷、吴昌硕和石涛等人的尊敬（"我欲九原为走狗，三家门下转轮来"）和在他们基础之上的创新，强调齐白石在民族艺术发展谱系上的顺承关系和创造性价值。在此基础上，王朝闻进一步强调了齐白石对于美术工作者的意义："祝贺他的九十三岁寿，不仅表示对他的热爱和尊敬，而且将是美术工作者认真学习他在艺术上的成就的开端。学习他如何承继和发扬民族艺术的优良传统，学习存在于他的作品中的被承继和被发扬了的民族艺术的优良传统。”

据此可以看出，王朝闻的齐白石“人民画家”论是以齐白石作品突出的艺术特征、杰出的艺术成就和创获、艺术史意义及其与人民的关系、民族艺术的关系为立论基础的，这是《杰出》一文的学理所在，尤其是美术史、艺术史的视角体现出鲜明的学术性和专业性。王朝闻总结道：“齐白石，人民的画家。他不仅用作品丰富了人民的精神生活，而且用他的作品参加了保卫和平的神圣事业，因而更能引起人民对于他的尊敬。他在艺术创作上的方法和态度，他艺术上的卓越成就，他的灿烂的才华，早为人民美术工作者所热爱和尊敬。”

三、“人民画家”论的话语性质及其意义

王朝闻的齐白石“人民画家”论的话语性质是人民话语，代表了王朝闻个人艺术评论的较高成就，也在一定程度上代表了20世纪50年代初期我国艺术评论的较高水准，在中国当代艺术理论史和齐白石研究领域都具有重要意义。

首先，从20世纪中国马克思主义文艺理论话语体系发展历史来看，阶级性、人民性批评话语作为主流，交替出现、发展。与此同时，20世纪还贯穿着一条民族话语、国家话语脉络。阶级话语和民族话语曾经产生过很大的冲突，导致20世纪20年代末开始盛极一时的左翼文艺阶级话语，在20世纪30年代民族危机加剧的情况下逐渐向民族话语过渡。到了20世纪40年代初，人民话语逐渐超越阶级话语、民族话语、国家话语，成为重要的和首要的批评话语，其理论代表是毛泽东1942年5月《在延安文艺座谈会上的讲话》（以下简称《讲话》）中阐述的文艺为人民服务的思想。《讲话》要解决的核心问题是“一个为群众的问题和一个如何为群众的问题”，他强调，文艺“是为人民的”。[①]因此，1942

① 毛泽东：《在延安文艺座谈会上的讲话》，《毛泽东选集》第三卷，人民出版社1991年版，第853、855页。

年以后的延安文艺和共和国文艺一般被称为人民文艺。毛泽东文艺思想被概括为"人民文艺"和"人民文学"的概念范畴。"从此，人民文学和人民文艺这个概念一起，成为毛泽东延安《讲话》精神所倡导的文艺方向的一个重要理论范畴。"①在民主主义者方面，1945年5月，闻一多在纪念五四运动26周年时发表了一篇题为《人民的世纪——今天只有"人民至上"才是正确的口号》，论证"国家"和"人民"的关系，提出了"人民至上"这一口号，产生了很大影响。在这种时代和思想背景下，"人民""人民文艺""人民艺术家"逐渐成为一种最强势和最高荣誉的批评话语，在"人民至上"的口号下，"人民艺术家"也就成为当时"中国的革命的文学家艺术家，有出息的文学家艺术家"②的最高名号。

在理论建构方面，从1942年毛泽东发表《讲话》，到1949年7月周扬在中华全国文学艺术工作者代表大会上做关于解放区文艺运动的报告《新的人民的文艺》，人民文艺观和人民性话语体系基本构建完成。中华人民共和国成立后，王朝闻、张庚等学者进一步将人民话语向各个艺术门类推进，对人民性话语体系的形成做出贡献。

结合人民话语谱系的建构，观照《杰出》一文，我们会发现王朝闻是站在人民立场上评价齐白石艺术价值的，其话语性质是人民话语。当然，这里的人民话语不是对阶级话语的否定，恰恰相反，它是以无产阶级话语为领导权的。列宁曾经指出："马克思一向都是无情地反对那些认为'人民'是一致的、认为人民内部没有阶级斗争的小资产阶级幻想。马克思在使用'人民'一语时，并没有用它来抹煞各个阶级之间的差别，而是用它来概括那些能够把革命进行到底的一定的成分。"③因此我们需要辩证地看待人民话语和阶级

① 冯宪光：《人民文学论》，《当代文坛》2005年第6期。

② 毛泽东：《在延安文艺座谈会上的讲话》，《毛泽东选集》第三卷，人民出版社1991年版，第860页。

③ ［苏］列宁：《社会民主党在民主革命中的两种策略》，中共中央马克思恩格斯列宁斯大林著作编译局编译：《列宁全集》（第二版）第十一卷，人民出版社1987年版，第116—117页。

话语及其历史。

其次，1949年后一个时期，文艺批评领域人民话语的发展与对激进阶级话语的批评是共存的。1949年11月25日，《文艺报》刊登了一封北京中学生的来信，信中问：在今日一切都走向工农兵的时代，文艺当然也如此，并且要比其他学科还要显著一些，学习写作者与爱好文艺者，都要学习工农兵的文章以及为工农兵服务的文章，但是中国的旧文学像诗、词等，是否也可以学习呢？它们也有文学遗产的价值，并且文学技术方面也是很高超的。对于中学生的来信，同期有杜子劲、叶蠖生代表叶圣陶做了简单的答复：要尽可能多地接触具有现实性的新文学，对旧文学，只可做有选择、有批判、有目的、有指导的阅读，并说旧文学的技术并不见得高超，现在更已步入绝境了。[①]这一答复引发了一些讨论。来自延安的文艺理论家陈涌是较早发表文章主张发掘古代文学人民性传统的理论家之一，此后，他在《文艺报》上发表《对〈关于学习旧文学的话〉的意见》，认为简单否定过去诗词的遗产价值，"是有背（悖）于历史唯物主义的观点的。它反映了一部分新文化工作者至今还存在的轻视乃至否定中国的历史传统那样的思想残余"。陈涌指出，这样一种历史的教训，在延安整风以后就得到了理论上的解决，只是"真正有计划地去学习历史的优秀传统，实在还没有开始"，但是从事文学工作的人现在一定要明白："中国过去的文学也正如外国的和民间的文学一样，至少有两方面是可以学习的，这就是一切属于人民性的内容和属于现实主义的表现方法。"[②]从陈涌的评论中可以看到一个事实，延安文艺在经验和理论上解决了对待民间文艺、古典文艺、外国文艺的态度和认识问题，它也更能处理好和五四新文学传统、左翼文艺传统的关系，而且较好地解决了阶级话语问题。

---

① 参见杜子劲、叶蠖生：《关于学习旧文学的话》，《文艺报》1949年第5期。

② 陈涌：《对〈关于学习旧文学的话〉的意见》，《陈涌文学论集》（上），上海文艺出版社1984年版，第2—3页。

相比之下，来自国统区的艺术理论家反而更为强调阶级性。比如1950年上海北新书局出版了蒋祖怡《中国人民文学史》和赵景深《民间文艺概念》两部研究民间文学的著作，它们都非常重视民间文学的价值，努力探寻民间文艺中的人民性传统，都深受马克思主义唯物史观的影响，在写作指导思想上努力向《讲话》精神靠拢。但由于两部著作存在从民间文学形式、形态上（比如强调口语性）去挖掘民间文艺人民性倾向，只在形式上而不是实质上完成"民间文学"向"人民文学"的转换，因此很快引发批评，形成了中华人民共和国成立之初关于什么才是"人民文学"，怎样来看待民间文学的一场讨论。①

应该承认，来自解放区的人民文艺理论是自信的、包容的，人民性批评话语积极在维护无产阶级文化领导权和话语权与反对庸俗化阶级论之间维持着平衡。1953年，王朝闻的齐白石"人民画家"论是在人民话语理论体系最盛的时期提出来的，在一定程度上代表了20世纪50年代初期我国艺术评论的较高水准。

最后，从人民话语和阶级话语的辩证关系及王朝闻个人艺术评论的经历来看王朝闻的齐白石"人民画家"论。20世纪20年代初期的无产阶级革命文艺和左翼文艺理论是典型的阶级文艺论，这种文艺论有其革命性的一面，但也容易出现激进的功利主义、教条主义、宗派主义和关门主义等历史局限。20世纪40至50年代，在总结革命文艺经验教训的基础上，人民话语成为主流话语，但到了1957年之后，由于各种原因，激进的阶级话语突起，人民话语受到批判，阶级话语重回主导地位并一直延至"文化大革命"结束。1979年，邓小平发表《在中国文学艺术工作者第四次代表大会上的祝词》后，激进的阶级话语受到抑制和批评，人民话语重回历史前台并一直延续至今。《在中国文学艺术工作者第九次代表大会上的祝词》"为新时期中国文学的转

① 参见刘波：《试论"人民性"与民间文学的研究（1945—1952）》，《北京化工大学学报（社会科学版）》2006年第4期。

向提供了政策依据和思想基础。中国文学从过去的为政治服务转向了为人民服务，从反映阶级斗争转向了书写经济建设与人的命运”[①]。

受到主客观条件的限制，王朝闻在特定历史时期的一些理论研究和艺术评论中也存在着政治功利化、主观化等弊病，尤其是1957年“反右”扩大化和阶级话语再度兴起之后，这个特征比较明显。比如完成于“文革”后期，出版于1980年的《论凤姐》一书，就存在着泛用阶级分析、政治话语等现象。书中大量使用“阶级斗争”“阶级关系”“阶级意识”“阶级倾向”“阶级烙印”“阶级性”等概念和术语进行艺术分析。这和《杰出》一文中，王朝闻通篇未使用阶级批评话语，在分析齐白石艺术杰出性的基础上进行深刻的人民性话语分析形成鲜明对比。当然，阶级话语的过度使用有其政治和社会根源，王朝闻也不能完全避免。因此，当我们把王朝闻的齐白石“人民画家”论放回到20世纪50年代批评话语的延长线上去比较，自然会发现“人民画家”论代表了王朝闻艺术评论的较高成就。

四、“人民画家”论与“苏联模式”辩

不同于上述分析和评价，对《杰出》一文和“人民画家”论，有批评者提供了另外一种解读，认为“这篇七千字长文在围绕‘齐所以成为齐白石’时，通篇套用的是当年盛行的苏联理论模式之‘立场’‘方法’‘观点’，来穿凿其花鸟写意之‘为何画’‘怎么画’‘画什么’”[②]。齐白石“从世间所得到的，与其内心最憧憬的并不对称。不仅不对称，其实尺码相差甚远。症结在于，那套抬举齐为‘人民画家’的尺度，既不源自华夏文化传统，也无涉中

① 季水河：《论新中国70年马克思主义文艺理论研究话语模式的转换》，《中国人民大学学报》2019年第6期。

② 夏中义：《从“白石诗草”看齐白石“诗画同源”——兼谈艺术史的“百年公论”》，《文艺研究》2018年第12期。

国水墨艺术谱系，而纯属苏联模式的'强制阐释'，无怪齐有理由微词'其究何所取'，且几近直言那群自以为是的'知之者'对齐白石画未必'真知''"。"王朝闻遵命为齐筑一'人民画家'的光荣亭，他所树起的'农家身世''观察现实''民间趣味'这三柱子，无一不扎根于苏联模式的地基。"[①]笔者认为，这些解读不但不符合文本实际，而且以"苏联模式"来批评"人民画家"论也缺乏合理性。

首先，批评者认为《杰出》一文中存在着支撑王朝闻"人民画家"论的"'农家身世''观察现实''民间趣味'这三柱子"是值得商榷的。虽然《杰出》一文提到了齐白石的农家身世、注意物象细节的真实、有趣味，但它们（尤其是后两点）和"这三柱子"在内涵上相差甚远。其一，批评者将王朝闻对齐白石客观的生平介绍等同于"苏联模式"的唯阶级成分论，"苏联模式不是指令大凡肯定某历史人物，须看其'立场'是否革命或进步吗？那么，在激情燃烧的战士眼中，谁离革命挨得最近？谁最能跟上时代的进步呢？当是饥寒交迫的底层百姓。这是火红年代的第一人际要领：'讲成分'。于是'农家身世'，也就成了王朝闻为齐加冕为'人民画家'的第一理由"。为了证明这一认识，批评者从《杰出》一文中摘出的论据则是："他出生在湖南湘潭的一个农家"，"小时只读过半年书。在二十七岁之前，当过牧童，作过十五年木匠"；"这位劳动者出身的艺术家，一贯热爱自己的工作。除了不得已的原因，从来不间断自己的工作"；"木匠出身而能成为一个杰出的画家，决不是偶然的"，因为他早年是乡间画匠"掌握了工细的技术，可以逼真地画出从纱衣里透出来的袍上的花纹"。而这恰好可以看出，王朝闻认为齐白石之所以能够成为一个杰出画家的主要原因：一是勤奋，二是早年乡间画匠的技术基础。王朝闻对齐白石农家身世、早年生活经历的介绍是一种客观描述，并不

① 夏中义：《评判齐白石的两条史学路径——聚焦于"人民画家"说的虚构及证伪》，《文艺理论研究》2019年第2期。

是“讲成分”的阶级分析，王朝闻并没有认为它是齐白石成为杰出画家的根本原因。其二，批评者将齐白石对花鸟虫鱼的细致观察等同于“苏联模式”的唯物反映论，“苏联模式不是指令大凡肯定某历史人物，须看其‘方法’是否倾心唯物论反映论么？……王朝闻是左翼艺术评论的佼佼者，也是很早仰望克里姆林宫星光的弄潮儿。于是‘现实观察’，也就成了王朝闻为齐加冕为‘人民画家’的第二理由”。批评者从《杰出》一文中析出的论据是：“不论是作品，还是言论，都显示着老先生认真观察对象的主张”；“除了前面提到的青蛙、螃蟹之外，其他如透明的外硬内柔的虾体，欲跃的蚱蜢和蝈蝈的动态，正在振动着两翼的蜜蜂，饱和液汁、光泽耀目的樱桃，富于弹性的松针和挺拔坚实的松干，梅花那正侧向背的种种姿态和有变化的枝干的穿插……这种真实感的形成，不能不归功于他观察的精细和深入”。重视艺术细节的真实体现是王朝闻总结的反映齐白石艺术杰出性的一个方面，但显然，批评者将艺术家对表现对象的细致观察等同于唯物反映论，这在学理上无法成立，因为这里主要是对具体物象细节的观察，它和唯物反映论所强调的对社会关系的“现实观察”是有很大区别的。其三，王朝闻认为有趣味是齐白石作品的一个优点。他强调的“趣味”与人民群众的精神生活有着密切联系，并不是一般的“民间趣味”。但批评者则将这个优点等同于“苏联模式”的独尊现实主义论，甚至将“苏联模式”的现实主义论等同于民间论，“苏联模式不是指令大凡肯定历史人物，须看其‘观点’是否青睐现实主义么？左翼艺坛对现实主义一词的解读，很少能将它纳入十九世纪巴尔扎克为符号的叙事语境去反刍其本义，而更愿惯性地将它简化为‘写实技巧＋现世关怀’，即主张用写实笔法来‘接地气’，且由此衍生出‘民间’‘民粹’‘民俗’诸概念。王朝闻难免其俗。于是‘民间清趣’，也就成了王朝闻为齐加冕‘人民画家’的第三理由”。[①]由此可见二人对“趣味”有着不同理解。通过对比可以看出，批评

① 夏中义：《评判齐白石的两条史学路径——聚焦于“人民画家”说的虚构及证伪》，《文艺理论研究》2019年第2期。

者虚构了“‘农家身世’‘观察现实’‘民间趣味’这三柱子”的内涵，并刻意将“人民画家”论与阶级话语和“苏联模式”接驳，本身就是一种主观性的误读和“强制阐释”。

其次，批评者批评王朝闻时使用的所谓“苏联模式”一词内涵是值得商榷的。所谓的“苏联模式”，一般指的是以反映论、阶级性、意识形态化或政治化等理论为基础的，主要起源于苏俄及苏联的功利主义、教条主义（尤其是简单化）的文论体系。这种文论体系直接或者通过日本影响到我国。不同时期的“苏联模式”有不同的内涵，比如20世纪20至30年代影响左翼文论的“苏联模式”主要是“拉普”，但它显然不同于后来苏联“日丹诺夫”意义上的“苏联模式”。正如有学者指出的，“十七年的中国马克思主义文论从来就没有完全苏联化过。因为无论是在整个文艺理论界，还是高校文学理论课堂，中国化马克思主义文论的核心——毛泽东文艺思想始终指导着理论和教学。毛泽东思想是在汲取20世纪30年代以来‘什么都学习俄国，当成教条，结果是失败’的教训后形成和崛起的”[①]。笔者认为，作为文艺理论批评领域的所谓“苏联模式”应当限定于1957年之后的一个历史时期，且更多地应当限定在文艺理论教科书范围内。这主要是因为“苏联（教科书）模式”出现得很晚。1954年至1956年，教育部请来苏联专家毕达可夫在北京大学文艺理论研究生班讲授文艺理论课，为我国训练了一批文艺理论教师，这批学员毕业后便迅速充实到全国各地高校的文艺理论教师队伍中。培训讲稿《文艺学引论》（高等教育出版社1958年出版）产生了深远的影响。自此，反映论和阶级性（包括文艺理论内阶级斗争理论）深刻影响了我国的艺术理论，阶级性成为艺术的第一社会属性。阶级性决定思想性、思想性决定艺术性、世界观决定创作方法等分析模式在1957年至1962年之间被不断强化和固化，延续到“文

① 冯宪光：《中国化马克思主义文论百年发展道路——中国共产党组织领导下的文艺共同体理论探索》，《社会科学战线》2021年第1期。

革”结束后才被突破。而在1957年之前，我国艺术批评领域一要摆脱苏联文论影响，走民族化发展之路；二要摆脱如影随形的各种“左”的错误。两种努力一直客观存在，否则不会出现1956年的“双百”方针，不会在1957年上半年还出现大量后来被冠以所谓“修正主义”的文论。因此，如果有所谓“苏联模式”存在的话，它的完全确立应当是1957年“反右运动”之后。显然，批评者使用所谓“苏联模式”阐释“人民画家”论，不仅在理论内涵上存在差异，在时间节点上二者也并不同步。

因此，笔者认为，批评者将王朝闻1953年的齐白石“人民画家”论归结为一种虚构的结果和使用所谓“苏联模式”强制阐释的产物是存在诸多问题的，根本性的错误在于批评理论语境的错位，没有将王朝闻的“人民画家”论放在当时已经居主导地位的人民性批评话语体系之中，而是置于1957年之后才出现的所谓的“苏联模式”和再度走强的阶级性批评话语体系中，进行错位批评和强制阐释，这必然造成其论述失效，进而影响其证成目标的实现。

五、艺术史人物评价与史学路径选择

在批评王朝闻的齐白石“人民画家”论时，批评者认为：“王朝闻、娄师白、李可染、贺天健们将白石老人硬拗成‘人民画家’的所有说辞，皆属‘过度阐释’”，“因为只须翻阅1948年‘脱稿’的《白石老人自传》……能有效解构‘人民画家’说的史料俯拾皆是”，“‘以史鉴论’的非苏式路径真当感念《自传》，因为它酷似风月宝鉴，一下让‘人民画家’说露出马脚”。[①]笔者以为，批评者认为“人民画家”论是根据所谓“苏联模式”来评价艺术史人物，是一种“以论带史”的史学路径。这引发了关于艺术史人物如何评价、

① 夏中义：《评判齐白石的两条史学路径——聚焦于“人民画家”说的虚构及证伪》，《文艺理论研究》2019年第2期。

史学路径如何选择的两个艺术史论问题的思考。

首先，关于艺术史人物如何评价的问题。阶级分析方法是唯物史观指导下常用的方法。但对于一些作家、作品和艺术现象而言，阶级分析方法有时又确实不那么普遍、适用。因此，对于阶级分析方法的不足，艺术理论界在20世纪50年代开展了"中间人物"论、"带有中间性作品"论大讨论。所谓"中间人物""中间性作品"，主要指的是阶级性不强或者不明显甚至根本就没有的作家、作品。比如王维、孟浩然的山水诗。讨论的结果或者说讨论中形成的主要共识是：从人民的角度，承认中间性作家、作品的存在，并且积极肯定了中间性作品的人文、艺术价值和历史意义。①

"人民画家"论的批评者认为，齐白石"在生前为其画集所写的一段自序，却又流露了另番夙愿。有识者既可将它读作他写给艺术史的郑重遗嘱，至察者则可从中听出隐衷，即艺术史对齐白石未必不存亏欠，因为他一直在等历史对其终身成就有个经得起证伪、能真正知晓其诗画之底蕴、至少能让齐自己信服的'百年公论'，然'今将百岁矣'，他叹未等到"②。批评者忽视了齐白石自我期许的评价是偏于艺术水平的评价，王朝闻的"人民画家"论是一种总体评价，便揣度认为齐白石并不会认可王朝闻的"人民画家"论，继而以齐白石的个人话语来拒止对齐白石做客观评价、历史评价。这种以个人话语得出的结论肯定是经不起推敲的。因为如果按照这个逻辑，任何个人自述和艺术本体契合就是艺术家"垂范千秋之奥秘"，那么这种艺术家在历史上何其多也！但历史和人民又曾记住了几个这样的艺术家呢？

马克思曾在《路易·波拿巴的雾月十八日》中指出："正如在日常生活中应当把一个人对自己的想法和品评同他的实际人品和实际行动区别开来一

① 参见卢兴基：《关于"中间作品"问题和古代作品的社会意义问题的讨论》，卢兴基主编：《建国以来古代文学问题讨论举要》，齐鲁书社1987年版，第60页。

② 夏中义：《从"白石诗草"看齐白石"诗画同源"——兼谈艺术史的"百年公论"》，《文艺研究》2018年第12期。

样，在历史的斗争中更应该把各个党派的言辞和幻想同它们的本来面目和实际利益区别开来，把它们对自己的看法同它们的真实本质区别开来。”[①]虽然马克思是在批判的意义上论述历史人物的评价方法，但即便如此，我们也可以看出，完全或主要依据个人话语进行艺术史人物评价是不合理的。

2014年，习近平在《在文艺工作座谈会上的讲话》中提出“运用历史的、人民的、艺术的、美学的观点评判和鉴赏作品”[②]的批评方法，这对于评价艺术史人物的立场和方法也有重要指导意义。这既是对马克思、恩格斯“美学的和历史的”批评观的继承和发展，也是对我国艺术史论经验的新的总结，更是我们党的文艺路线方针不断调整、愈加科学、符合实际的体现。因此，关于如何评价艺术史人物，我们要注意两点：一是运用“历史的、人民的、艺术的、美学的”分析方法，科学客观地评价艺术史人物；二是像马克思一样辩证看待人物的自我评价或者自我期许。只有这样，我们才能正确评价艺术史人物并得出正确的结论。

其次，“以论带史”“以史鉴论”两种史学路径也值得思考。学术研究一般强调“史论结合”“逻辑和历史统一”的方法，应用到史学研究，被称为“史学路径”。“以论带史”“以史鉴论”是典型的、具有张力关系的两种史学路径。“以论带史”指以一定理论作为指引来处理历史现象或史料；“以史鉴论”指理论应该经得住史料和事实的检验。如果将“以史鉴论”作为“以论带史”或“以论代史”的对立面来理解，对于一些空泛的、人云亦云的学术研究确实构成一种批判，强调二者的张力关系有其特殊意义。但如果为了强调“以史鉴论”而刻意否定“以论带史”则没有必要，笔者认为，所谓“以论带史”不应该被完全否定。

---

① ［德］马克思著，中共中央马克思恩格斯列宁斯大林著作编译局编译：《路易·波拿巴的雾月十八日》，人民出版社2018年版，第38页。

② 习近平：《在文艺工作座谈会上的讲话》（2014年10月15日），《人民日报》2015年10月15日第02版。

在传统学术中，类似"以论带史""以史鉴论"的"六经注我""我注六经"的争论存在已久，但至今也没有见到某一方被完全否定。这主要是因为二者其实是一个事物的一体两面，是互补的。"以论带史"和"以史鉴论"的结合就是"史论结合""逻辑和历史的统一"。"以论带史"体现了普遍规律性和学术主体性。如果完全不承认"以论带史"，也就等于完全不承认有客观规律，不承认普遍性和一般性的存在，不承认有前人认识经验的积累，会陷于特殊性、差异性和个别性，在形而下的感性泥淖中丧失理论家的主体性。

"以论带史"的关键在于如何"带"。如果将其理解成一种"无条件性"的"带"，这种"带"就是"唯'论'是从，不在乎'史'之本真的"[①]，这种"带"我们肯定是要否定的（但批评者将其用于批评王朝闻的"人民画家"论无疑用错了对象）。如果"带"是一种处理材料（包括史实）的科学态度和方法，经得起"以史鉴论"的检验，那么这个"带"就是正确的方法。如果只是让材料单纯地去适应主观之论甚至是外来理论，或者反过来根据主观之论或者外来理论来选择史料甚至制造假史料，则无疑是错误的。同理，"以史鉴论"也存在选择什么"史"、如何"鉴"的问题，有许多规定性。因此说，"以论带史""以史鉴论"两种史学路径在艺术史论研究方面都具有学术价值，关键在于如何科学、正确地使用。

六、结语

学术研究贵在实事求是。人民话语、阶级话语、苏联模式、以论带史、以史鉴论，在"是其所是"的意义上，都有其历史和逻辑上的合理性，也都有其在实际上适用性的不足或局限，尤其是在被极端化和简单化对待的情况

---

① 夏中义：《评判齐白石的两条史学路径——聚焦于"人民画家"说的虚构及证伪》，《文艺理论研究》2019年第2期。

下。在学术研究中，我们不应预设某种理论话语、模式、方法绝对或必然优于另外一种话语、模式、方法。

回到王朝闻的齐白石“人民画家”论，探明其话语性质和理论意义，并不是为了贬低阶级话语、苏联模式或者以史鉴论的史学路径，单纯为人民话语辩护。应该承认，极端的阶级话语在王朝闻理论研究和艺术评论中确实有一定程度的客观存在，我们不必为尊者讳，做视而不见或听而不闻状。但毕竟瑕不掩瑜，也正是因为有这些问题的存在，我们才能更好地理解王朝闻的齐白石“人民画家”论在当代艺术理论史上的价值和意义，才能更好地理解当代艺术理论话语发展的轨迹及其背后的逻辑，才能更好地总结经验和教训，更好地发展和构建当代的艺术理论和民族的艺术理论史。

（原载《艺术学研究》2021年第4期）

荣誉称号里的艺术、政治与世俗：关于“人民艺术家”

2019年9月17日，随着第三十四号中华人民共和国主席令发布，第十三届全国人民代表大会常务委员会第十三次会议《关于授予国家勋章和国家荣誉称号的决定》（以下简称《决定》）正式生效；《决定》标志着我国国家勋章和国家荣誉称号制度的理论与实践探索基本完成；《决定》的重要内容之一是公布了王蒙、秦怡、郭兰英三位艺术家获得了《中华人民共和国国家勋章和国家荣誉称号法》（2016年1月1日实施，以下简称《称号法》）颁布以来的首次“人民艺术家”国家荣誉称号。

国家勋章和国家荣誉称号制度是我国宪法规定的国家最高荣誉制度。因此，从理论上来讲，作为《称号法》规定的9大类具体国家荣誉称号之一，“人民艺术家”已经成为一个专有政治名号，具有高度的政治合法性和权威性，体现了崇高性、代表性和价值性，在某种程度上也就具有专属性和排他性。

而这与马克思主义文艺理论话语体系中作为批评话语长期存在的“人民艺术家”在基本内涵和适用范围上存在着明显差异。这对于批评话语“人民艺术家”而言，是否就意味着“侯门一入深如海，从此萧郎是路人”呢？

这引发我们对“人民艺术家”在批评话语和身份政治之间如何两能问题的思考。

一、关于"人民艺术家"荣誉称号的一些史实

在世界范围内，国家功勋和荣誉制度是一种古老的政治文化制度，但早期这种制度主要涵盖事功、军功等方面，专门的文化艺术类国家级功勋和荣誉制度要到20世纪才广泛出现，如美国的国家艺术奖章（1984年）、日本的文化勋章（1937年）、韩国的世宗文化奖（1982年）、韩国大众文化艺术奖（2000年）、法国的文学艺术勋章（1957年）、新加坡文化奖（1991年）等，这些以政府为主导的国家级荣誉与奖项都出现得比较晚，而且大部分与"冷战"和"后冷战"时代国家间意识形态、文化软实力、文化领导权和话语权等领域的斗争有着很大的联系。至于各种世界级的专业文化艺术奖项（比如1901年首颁的诺贝尔文学奖）和西方一些古老学院开始的院士制度（比如1635年就开始成立的法兰西学院和1780年开始成立的美国人文与科学院，这类机构主要体现的是学术共同体性质），政治性和专业性时时交织在一起，十分繁复庞杂。虽然以上三者很大程度上也具有荣誉性质，但鉴于与本议题基本无关，此处不做过多涉及和讨论。

（一）"人民艺术家"称号源于苏联

根据材料，在文化艺术领域，世界上第一个国家级荣誉称号是"人民艺术家"。这一称号最早出现于20世纪20年代的俄苏时期。

1917年11月7日十月革命胜利后，俄罗斯建立了世界上第一个社会主义国家——俄罗斯苏维埃联邦社会主义共和国。1920年俄罗斯苏维埃首次颁发"共和国人民艺术家"（народный артист）荣誉，第一位获此称号的是女演员叶尔莫洛娃。叶尔莫洛娃（1853—1928），演员，具有表演悲剧角色的杰出才能，创造了一系列充满英雄主义激情的妇女形象，塑造的舞台形象有《大雷雨》中的卡捷林娜、《羊泉村》中的拉乌莲西雅、《名伶与捧角》中的聂金娜等；1920年庆祝她演剧活动50周年时，获"共和国人民艺术家"称号。第二位获此殊荣的是索比诺夫。中国人民比较熟悉的、与梅兰芳并称"二梅"的苏联著名戏剧家梅耶荷德（1940年被枪决）也曾于1923年获得这

一称号。

1922年苏联成立，1934年苏联作家协会成立。1936年9月6日苏联政府颁布了一个正式建立“苏联人民艺术家”称号的命令，同年授予斯坦尼斯拉夫斯基和涅米洛维奇—丹钦科（导演和演员）等人“苏联人民艺术家”称号。一些材料把这次颁授当作“人民艺术家”称号之始，是不正确的。“苏联人民艺术家”称号授予不受年龄和民族身份限制，主要考虑的是艺术家个人的艺术天才和能力，是终身的称号。苏联大量颁授“人民艺术家”称号是在1937—1949年之间。1937—1949年苏联每年都举办各民族的节目会演，即民族艺术节，这个称号在这一时期被大量授予，据统计，累计有130多名艺术家获此称号。①但这一时期这个称号有点像标签一样泛滥，有时一个演出成功之后就有数人同时获颁“人民艺术家”称号，这使得该称号的权威性受损。这种情况，在理论上和苏联文艺理论界为纠正20世纪20—30年代庸俗社会学以阶级性为唯一批评标准的错误、强调艺术人民性的理论趋势有很大关系。1950年以后至1991年苏联解体，苏联还以最高苏维埃主席团的名义继续颁布数量众多的“人民艺术家”称号。根据维基百科，1936—1991年间累计有1010人获此荣誉称号。苏联解体后，俄罗斯联邦继承了这一制度。

由于苏联人民艺术家称号主要颁授给表演艺术家、极少数视觉艺术家和建筑师，因此这些称号有些又直接结合艺术家的具体艺术门类，被翻译成“人民演员”等，比如斯坦尼斯拉夫斯基被称为“人民演员”的次数多于“人民艺术家”。另外许多汉语文献经常分不清“共和国人民艺术家、苏联人民艺术家、俄罗斯（联邦）人民艺术家”等的区别。这也是造成人们对原苏联和现俄罗斯联邦“人民艺术家”称号理解混乱的原因之一。

另外苏联还有一套“功勋艺术家”荣誉制度。从零散的材料来看，苏联这套荣誉制度大致在20世纪30年代成形，颁发情形有这样几种：一是由各加

① 参见［苏］伊凡诺娃：《谁能成为苏联人民艺术家？》，《戏剧报》1954年第10期。

盟共和国授予“功勋艺术家”称号，这个称号相比国家级“人民艺术家”低一层级；二是由国家级各种艺术专业机构授予的“功勋艺术家”称号；三是由艺术家获得过其他勋章（比如“列宁勋章”）比附过来的“功勋艺术家”称号；四是从“功勋艺术工作者”称号讹误而来的“功勋艺术家”称号。我国民间对于这两个荣誉称号的理解和使用也比较混乱，以至延续到对苏联解体之后原加盟共和国以及现在俄罗斯联邦这两个荣誉称号的理解和使用上，比如经常出现“功勋艺术家”高于“人民艺术家”的错误理解。①

由于苏联的影响力，到了20世纪50年代，中国之外，世界社会主义阵营国家普遍借鉴和实行了“人民艺术家”和“功勋艺术家”荣誉制度，比如朝鲜、阿尔巴尼亚、保加利亚、罗马尼亚、越南等。只不过各个国家实行“人民艺术家”和“功勋艺术家”荣誉制度的具体情形不一样，比如1959年阿尔巴尼亚颁布的“人民艺术家”和“功勋艺术家”都属于国家层级的荣誉制度，只是标准上有落差；而1952年朝鲜颁布的艺术家荣誉制度后来与艺术家职称制度紧密相关，二者有严格的正相关性，更像是一种职称制度，比如一级职称艺术家才有资格获颁为“人民艺术家”。但在朝鲜，“人民艺术家”并不是最高荣誉，朝鲜艺术家授勋等级依次是“金日成奖”（获奖者被称为“金日成奖桂冠人”）、“劳动英雄奖”、“人民艺术家”、“功勋艺术家”，②所以在朝鲜，一个艺术社可能同时有数十位获得“人民艺术家”“功勋艺术家”称号的艺术家。③

不过将“人民艺术家”和“功勋艺术家”二者职称化或者等级化似乎是一个趋势。当今俄罗斯联邦艺术家荣誉称号的授予政策是：“俄罗斯联邦人民艺术家”是艺术家（演艺界）最高荣誉称号，在本人被授予“俄罗斯联邦功勋艺术家”称号10年后（芭蕾演员年限减半）才有资格和机会获得；“俄

① 参见孙兆润：《俄罗斯艺术家称号下的思辨》，《神州学人》2011年第7期。

② 综合自崔成德主编《朝鲜文学艺术大辞典》（吉林教育出版社1992年版）有关条目。

③ 参见江亚平、程大雨、孙兆润、于为民：《各国“人民艺术家”是怎么选出来的》，《快乐老人报》2019年7月1日第1版。

罗斯联邦功勋艺术家”称号至少要在本人实际从业20年后（芭蕾演员年限减半）才有资格和机会获得。也就是说，最高荣誉“人民艺术家”称号要在实际从事本专业活动30年后（芭蕾演员年限减半）才有机会获得。[①]

这样看来，在一些国家，“人民艺术家”荣誉称号的颁授已经趋于技术化或者人事制度化了，这和我们理解的“人民艺术家”国家荣誉称号有很大的区别。

（二）中国的“人民艺术家”称号

1.中华人民共和国成立之前的“人民艺术家”称号

1944年10—11月，陕甘宁边区文教大会对整风运动以来的部分先进集体和个人进行了大规模的奖励，奖励包括模范家庭、模范村子以及模范文教工作者。在这次大会上，戏剧艺术家马健翎被陕甘宁边区政府授予个人特等奖，获得“人民群众的艺术家”荣誉称号和证书。证书名称“陕甘宁边区政府奖状”，前书“马健翎同志”，中书“人民群众的艺术家”，落款署：“主席林伯渠，副主席李鼎铭。中华民国三十三年十一月十六日。”证书原件现藏中国艺术研究院艺术与文献馆。虽然这个称号和“人民艺术家”称号在内涵上没有什么本质区别，但在意味上还是有很大不同。这不影响人们把马健翎称为中国第一位“人民艺术家”称号获得者，但研究者需要在史料上对二者加以区分。

同样在这次文教大会上，还有一位重要的戏剧艺术家受到表彰，那就是获得“甲等文教英雄”的王大化。王大化先是著名木刻艺术家，后成为著名戏剧艺术家。1939年秋，王大化到延安后从事戏剧活动，先是演员，在名剧《马门教授》里扮演老科学家马门洛克医生，以卓越演技轰动延安；1942年参加了延安文艺座谈会；1943年集体创作了秧歌剧《兄妹开荒》并扮演剧中哥哥一角，该剧轰动整个陕甘宁边区；1945年“鲁艺”集体创作大型歌剧《白毛女》，王大化是执行导演；1945年日本投降后，他随延安干部团到东北

① 参见孙兆润：《俄罗斯艺术家称号下的思辨》，《神州学人》 2011年第7期。

解放区开展工作，1946年12月底在齐齐哈尔采风时坠车遇难，年仅27岁。牺牲后，中共中央东北局决定并经毛泽东主席批准，授予他“人民艺术家”荣誉称号。王大化这种情况确实特殊，因此，2015年王大化家乡政协编《人民艺术家王大化》序言称：“王大化是毛主席亲自批准授予‘人民艺术家’的文艺工作者，获此殊荣者，全国仅此一人。”[①]

2.中华人民共和国成立之后的“人民艺术家”称号

中华人民共和国成立之后，“人民艺术家”及类似称号逐渐多起来，但这里需要区分授予称号的层级。

首先，国家级“人民艺术家”。除了2019年度获全国人大常委会授予称号的三位艺术家之外，中华人民共和国成立后获国家级“人民艺术家”称号的只有常香玉。2004年6月常香玉逝世，7月国务院追授常香玉“人民艺术家”荣誉称号（国发〔2004〕19号）。但特别需要提到的是，1994年10月28日国务院授予夏衍“国家有杰出贡献的电影艺术家”荣誉称号（国发〔1994〕61号，但经常误传为“人民电影艺术家”）、2003年11月18日国务院授予巴金“人民作家”荣誉称号（国发〔2003〕27号）。毫无疑问，这两个称号应该等同于国家级“人民艺术家”称号。

其次，省部级“人民艺术家”。1951年4月，天津曲艺艺术家、相声演员常宝堃和琴师程树棠在朝鲜战场牺牲，天津市人民政府在纪念活动中并称二位烈士为“人民艺术家”，但未见有正式称号颁授材料，如果有的话，常宝堃、程树棠就是中华人民共和国成立后首先由省级政府授予“人民艺术家”荣誉称号的艺术家。相比之下，老舍获颁称号则比较明确。1951年12月，北京市人民政府因为《龙须沟》的贡献，特授予老舍“人民艺术家”的荣誉奖状，奖状原文：“老舍先生的名著《龙须沟》生动地表现了市政建设为全体人民，

① 政协潍坊市奎文区委员会、潍坊市奎文区档案局编：《人民艺术家王大化》，中国文联出版社2015年版，第1页。

特别是劳动人民服务的方针和对劳动人民实际生活的深刻关系；对教育广大人民和政府干部，有光辉的贡献。特授予老舍先生以人民艺术家的荣誉奖状。”[①]因此，老舍常被称为中华人民共和国成立后第一位“人民艺术家”。其他有：1996年10月，辽宁省人民政府授予李默然“人民表演艺术家”荣誉称号；2008年4月，广西壮族自治区人民政府授予老艺术家、“漓江画派”开拓者阳太阳老人“人民艺术家”荣誉称号（桂政发〔2008〕15号）；1992年和2000年，山西省委省政府两批次授予马烽、冈夫、西戎、孙谦、束为、胡正、郑笃和张平等八位作家“人民作家”荣誉称号。

这里需要特别提到齐白石。1953年1月，中央人民政府文化部为齐白石颁发荣誉奖状。奖状内容是：“齐白石先生是中国人民杰出的艺术家 在中国美术创造上有卓越的贡献 兹值先生九三寿辰 特授予荣誉奖状”（原文无标点）。从字面意思来讲，将齐白石首先理解成“中国人民杰出的艺术家”而不是授予他“人民艺术家”荣誉称号，也许更为符合奖状内容实际。但无论是哪种理解，都不影响人们对于齐白石老人的尊敬和喜爱，也不影响人民以“人民艺术家”称呼老人。

另外需要辨析的是，省级人民政府是地方政府，部级机关是中央人民政府的职能部门。有些部委经过国务院批准授予的一些荣誉称号，比如1979年就开始颁授的“中国工艺美术大师”等，理论上也属于国家级荣誉称号，在这里将其和省级并为一类，主要考虑颁授主体同级这一原因。[②]

最后，其他“人民艺术家”或类似称号。2004年10月，著名杂技演员、

---

① 参见舒济、赫长海、吴怀斌编撰：《老舍年谱》，《老舍全集》第19卷，人民文学出版社2008年版，第607页。

② 官方消息：2005年，人事部（2008年改为“人力资源和社会保障部”）、国家广电总局决定，授予张瑞芳等50名艺术家“国家有突出贡献电影艺术家”荣誉称号；2007年，中国话剧诞生100周年之际，人事部、文化部授予于是之等30名艺术家“国家有突出贡献话剧艺术家”荣誉称号。这类荣誉称号没有纳入本文讨论范围。

“顶碗皇后”夏菊花被武汉市人民政府授予“人民艺术家”称号。[①]

3.世俗话语中的“人民艺术家”称号

新时期以来，中国民间领域日趋活跃。相比官方对颁发荣誉称号的克制，许多民间机构（甚至是非艺术类机构）将“人民艺术家”当作商品一样进行买卖，以致各种非官方的甚至商业化的“人民艺术家”称号一度泛滥，对这一称号的权威性、荣誉感和崇高感造成极大的损害。

著名文艺评论家陈履生曾经在《保卫“人民艺术家”称号》一文中对“人民艺术家”称号满天飞的不正常现象进行了批评。他文章中指出了几种情况：一是对“人民艺术家”称号的亵渎，许多人觉得“大师”“人民艺术家”这些称号还不够权威、响亮、气派，竟然生出“杰出人民艺术家”“优秀人民艺术家”等形形色色的称号（陈履生的文章中没提到的还有“世纪人民艺术家”“人民功勋艺术家”“十九大人民艺术家”等）；二是所谓发证机构混杂不堪，除了国家体制内一些层级较低的文化艺术机构为了利益打擦边球之外，还有许多民间机构、临时机构、乌有机构甚至是非法机构也参与其中颁发称号，甚至章、证齐全，更为可气的是，除了这种“他封”之外还有大量的“自封”现象，有人甚至借“国家科学技术大会”名义授予自己“人民艺术家”称号；三是数量泛滥，有的一个艺术展览就能评出113位“优秀人民艺术家”，有的省一次性在一个艺术门类就有六位艺术家获得“人民艺术家”称号！对这些为了利益公然僭越或者造假的行为，陈履生发出了保卫“人民艺术家”称号的号召。[②]

除了国内这种乱象，有的还延伸到国外，一些人顶着国外“授予”或“赠予”的“人民艺术家”的招牌，出口转内销，至于其中有什么真实成分

① 有报道，文化部曾命名施光南为“人民音乐家”，但未检索到这方面的档案或者档案说明材料。另2006年12月，著名曲艺艺术家马季逝世后，有消息报道中国曲艺家协会曾有意授予他“人民曲艺家”称号，但现有材料显示这一工作似乎没有最终完成。

② 参见陈履生：《保卫“人民艺术家”称号》，《文艺报》2006年3月21日第4版。

那就不得而知了。

当然，这里肯定不包括国外严肃的艺术批评家、艺术机构以“人民艺术家”名义称呼中国一些优秀艺术家的情形。比如抗战时期，苏联评论家就称呼我国著名画家吕凤子（1886—1959年，中国近现代著名画家、书法家、艺术教育家，“江苏画派”即“新金陵画派”的先驱和最重要缔造者之一）为“人民艺术家”。

总体而言，新时期以来，作为批评话语和身份政治的“人民艺术家”遭到世俗话语的不断侵蚀是个不争的事实。但也不能一概否定，国内一些艺术机构从“二为”方向出发，在“人民艺术家”名义下，在发现、表彰和指引艺术家践行文艺为人民服务、为社会主义服务方面，做了大量有意义的工作，比如除了评奖之外，有的还出作品集、召开研讨会等，这在客观上对社会主义文艺的发展做出了贡献，本意还是值得肯定的，只是在形式上可圈可点。

二、批评话语与“人民艺术家”

与原社会主义阵营国家的普遍做法不同，我国迟迟没有出现“人民艺术家”称号人事制度化的趋势，这与长时期以来“人民艺术家”在我国主要是作为批评话语有很大关系。

2003年国务院授予巴金“人民作家”荣誉称号时称：“巴金是人民的作家，为我国文学事业的发展作出了杰出贡献。为贯彻落实发展先进文化的时代要求，弘扬巴金的崇高精神，国务院决定授予巴金‘人民作家’荣誉称号。”2004年国务院追授常香玉“人民艺术家”荣誉称号时称：“常香玉同志是人民的艺术家，深受广大人民群众的尊敬和爱戴。……国务院决定追授常香玉同志‘人民艺术家’荣誉称号。”文件中既称巴金是“人民的作家”、常香玉是“人民的艺术家”，又分别授予他们“人民作家”“人民艺术家”的荣誉称号，正是因为二者的根本区别在于：在马克思主义文艺理论话语体系中，前者是一种批评话语，后者是一种身份政治，前者是后者合法性、权威性的基础，二者不是简单的同义重复。正因如此，1995年山西和陕西两省人民政府办公厅联合编辑出版了《人民艺术家郭兰英》摄影画集①，这与郭兰英后来获颁“人民艺术家”国家荣誉称号并不矛盾，也不是什么先见之明。

在批评话语中，“人民艺术家”既是“人民的艺术家”，也是创作“人民文艺”的作家艺术家。“人民”是个历史概念，历史上那些具有民主主义思想和作品的作家艺术家都可以称之为人民的艺术家，这种意义的“人民艺术家”是一种归属性质，它表示艺术家属于人民、为人民，这类作家艺术家的特性是人民性，它既包括作家思想情感的人民立场，也包括艺术作品在内容和形式上的大众化民族化等特性；而“人民文艺”是个艺术批评概念，有着特定的艺术史指称，主要用于区分传统文艺、通俗文艺、五四新文艺、左翼文艺（狭义）的差异。周扬1949年7月在中华全国文学艺术工作者代表大会上所做的关于解放区文艺运动的报告《新的人民的文艺》中，将延安文艺以来的文艺类型称之为“人民文艺”主要指的是后一种含义。另外，中华人民共和国成立后，对于旧社会艺人而言，“人民艺术家”还有新的职业身份的意义。1949年10月，周信芳在北京市曲艺界学习班上向四百艺人讲话，勉励他们做人民艺术家。②

“人民艺术家”成为批评话语有一个客观历史过程。中国历史进入20世纪30年代后，随着中华民族危机进一步加剧，民族救亡压倒一切，建立抗日民族统一战线成为时代主题。在这种历史条件下，左翼文艺运动逐渐消解，阶级话语逐渐被人民话语代替。因此，自20世纪30年代起，包括高尔基、梅耶荷德在内的大量苏联作家、艺术家被冠以“人民艺术家”的名义被介绍到中国来，③但其实高尔基本人并没有获得过这一称号（1927年10月22日，苏联科学院曾授予高尔基“无产阶级作家”称号）。到20世纪40年代初，人民话

---

① 参见李中：《〈人民艺术家郭兰英〉摄影画集出版》，《人民日报》1995年9月24日。

② 参见《周信芳向四百艺人讲话勉作人民艺术家》，《人民日报》1949年10月13日。

③ 参见《苏联的戏剧节：（上）人民艺术家梅耶荷德（照片）》（《新少年》1936年第2卷第8期）、《人民艺术家高尔基》（戈宝权著，《中苏文化杂志》1940年第6卷第5期）。

语逐渐成为重要的和首要的批评话语，其理论代表是毛泽东1942年5月《在延安文艺座谈会上的讲话》和1944年9月在张思德追悼会上所作的演讲《为人民服务》中阐述的为人民思想。《在延安文艺座谈会上的讲话》中，毛泽东说：“中国的革命的文学家艺术家，有出息的文学家艺术家，必须到群众中去，必须长期地无条件地全心全意地到工农兵群众中去，到火热的斗争中去，到唯一的最广大最丰富的源泉中去，观察、体验、研究、分析一切人，一切阶级，一切群众，一切生动的生活形式和斗争形式，一切文学和艺术的原始材料，然后才有可能进入创作过程。否则你的劳动就没有对象，你就只能做鲁迅在他的遗嘱里所谆谆嘱咐他的儿子万不可做的那种空头文学家，或空头艺术家。”①鲁迅对儿子讲的“空头”文学家、美术家，可能更多的是指“要有点真本事”的意思，而毛泽东讲的“空头”文学家、艺术家，指的是那种不为人民大众、不到人民大众中去、不会描写人民大众的艺术家，因此，要挂得“中国的革命的文学家艺术家，有出息的文学家艺术家”这一名头的艺术家就必须是人民艺术家，才是名副其实的艺术家。

“人民”成为至上荣誉，和20世纪40年代“人民”和“民主”成为世界性核心观念的思想背景有关。珍珠港事件（1941年12月7日）之后美国对日宣战，1942年5月美国副总统华莱士（H. Wallace）发表了“The Century of the Common Man”（“人民的世纪”）的演讲。其中“the Common Man”被我国民主人士和进步知识分子转译为“人民”的观念，从而“人民的世纪”观念在中国流行起来。到了1945年5月，闻一多在纪念五四运动26周年时发表了一篇《人民的世纪——今天只有“人民至上”才是正确的口号》，论证“国家”和“人民”的关系，提出了“人民至上”这一口号，产生了很大影响。②

① 毛泽东：《在延安文艺座谈会上的讲话》，《毛泽东选集》第三卷，人民出版社1991年版，第860—861页。

② 闻一多：《人民的世纪——今天只有“人民至上”才是正确的口号》，《最后一次演讲》，中国工人出版社2016年版，第50页。

因此，在这种思想和时代背景下，“人民”“人民文艺”“人民艺术家”逐渐成为一种最强势和最高荣誉的批评话语，在“人民至上”的口号下，人民艺术家也就必然成为当时“中国的革命的文学家艺术家，有出息的文学家艺术家”的最高名头。

在革命文艺和社会主义文艺史上，许多艺术家是无冕之王的“人民艺术家”。1945年，冼星海在莫斯科克里姆林宫医院去世，噩耗传到延安，毛泽东在纪念冼星海的挽幛上亲笔题词“为人民的音乐家冼星海同志致哀”；1954年，中共云南省委省政府决定重修聂耳墓地，郭沫若题写了“人民音乐家聂耳之墓”碑和墓志铭。由此“人民音乐家”成为党和人民对聂耳、冼星海的最高艺术评价和称号。这些艺术家被冠以“人民艺术家”称号，完全是因为他们的“人民艺术”成就。也正因为如此，茅盾、曹禺、赵树理、丁玲、贺敬之、柳青、周立波、赵丹、金山、李默然、李苦禅、施光南、贺绿汀、张曙、向隅、吕骥、王梓、克里木、王洛宾、骆玉笙、刘海粟、吴冠中、才旦卓玛、李雪健等众多优秀艺术家才名副其实地共名在“人民艺术家”的称号和荣誉之下。

2014年，习近平的《在文艺工作座谈会上的讲话》中非常明确地指出：“社会主义文艺，从本质上讲，就是人民的文艺”[①]，因此，凡属“以人民为创作中心”的作家艺术家就是“人民艺术家”。我们不会去纠缠于现在被冠以“人民艺术家”的艺术家是否真的有一个“人民艺术家”的证书，否则就是对真正优秀人民艺术家的羞辱。

三、身份政治与“人民艺术家”

作为一种制度理性，中华人民共和国成立后，我们党和国家一直非常重视国家勋章和国家荣誉称号制度的建设。

① 习近平：《在文艺工作座谈会上的讲话》（2014年10月15日），《人民日报》2015年10月15日第02版。

1949年9月27日，中国人民政治协商会议第一届全体会议通过《中华人民共和国中央人民政府组织法》，赋予中央人民政府委员会“制定并颁发国家的勋章、奖章，制定并授予国家的荣誉称号”的职权，第一次以法律的形式确立了国家功勋荣誉制度。1954年宪法规定，全国人大常委会有权规定和决定授予国家的勋章和荣誉称号；国家主席根据全国人大常委会的决定，授予国家的勋章和荣誉称号。此次规定首次明确了国家勋章和国家荣誉称号制度的宪法地位。根据这一规定，进行了相关授勋活动（主要针对战争有功人员和国际友好人士）。之后，1975年宪法取消了国家勋章荣誉制度。1978年宪法予以恢复并规定，由全国人大常委会规定和决定授予国家的荣誉称号，由全国人大常委会委员长授予（1978年宪法不设国家主席）。1981年5月16日，全国人大常委会通过“关于授予宋庆龄同志中华人民共和国名誉主席荣誉称号的决定”。1982年宪法根据实际情况，恢复了1954年宪法有关荣誉制度的规定。1986年开始，为落实宪法的规定，中央有关部门着手国家勋章和国家荣誉称号法的研究起草工作。党的十八大以后，国家勋章荣誉制度制定工作得到加速推进。2015年12月25日，中共中央印发《关于建立健全党和国家功勋荣誉表彰制度的意见》，作为整个党和国家功勋荣誉表彰工作的总纲。2015年12月27日，全国人大常委会通过《中华人民共和国国家勋章和国家荣誉称号法》（下称《称号法》），立法前后历时30年。2016年4月，党和国家功勋荣誉表彰工作委员会成立，负责统筹协调党和国家功勋荣誉表彰工作。2017年8月，《中国共产党党内功勋荣誉表彰条例》等七个条例或授予办法颁布实施。同时，为记载功勋荣誉获得者及其功绩，设立党、国家、军队功勋簿。至此，我国以“五章一簿”为主干的统一、规范、权威的功勋荣誉表彰体系正式确立。①

① 综合自陈国刚《〈国家勋章和国家荣誉称号法〉诞生记》（2018年）、黄宇菲《我国国家勋章和国家荣誉称号制度的创制性实践》（2019年），见《中国人大》杂志官方微信号“npcnews”。

作为国家勋章荣誉制度中重要的组成部分，文化艺术类功勋荣誉表彰制度一直受到党和国家的重视，也在社会上三度形成讨论热点。第一次是2007年，胡锦涛在党的十七大报告关于文化体制改革意见中提出“设立国家荣誉制度，表彰有杰出贡献的文化工作者”之后，形成了一次舆论关注、理论探讨、制度探索的高潮，谈论所及甚至延伸到省地层面。与此同时，也推动了相关的理论研究，2008年度国家社会科学基金艺术学项目即设立“国家艺术荣誉制度研究”课题指南。第二次是2011年，当年全国人民代表大会通过的《中华人民共和国国民经济和社会发展第十二个五年规划纲要》和政协委员王文章、人大代表李玉英等人的提案都高度关注国家文化艺术荣誉制度的建设问题，引起广泛关注。①同年底，党的十七届六中全会《中共中央关于深化文化体制改革、推动社会主义文化大发展大繁荣若干重大问题的决定》中提出“落实国家荣誉制度，抓紧设立国家级文化荣誉称号，表彰奖励成就卓著的文化工作者”。2012年莫言获得诺贝尔文学奖后，关于这一话题也引起广泛关注和讨论。第三次是2019年，首次国家文化艺术荣誉称号颁授，三位艺术家获“人民艺术家”、樊锦诗获“文物保护杰出贡献者”国家荣誉称号，国家文化艺术荣誉制度再度成为热点。

综合国内外情况和历史，应该看到，我国“人民艺术家”荣誉称号的颁发一直非常严谨和慎重，为保证称号的权威性和价值性做出了贡献。在《称号法》时代，我国在具体实践中还应注意完善“人民艺术家”国家荣誉称号颁授的一些细节。

首先，避免“人民艺术家”国家荣誉称号人事制度化。所谓国家荣誉称号人事制度化，一是“职称化”，这个我们在前面介绍国外“人民艺术家”荣誉称号时已经涉及这种情形。“职称化”使得“人民艺术家”成为作家艺术家职称进阶的一个层级，甚至需要制定其他艺术荣誉称号来配套使用，以致“人民艺术家”称号失去其作为身份政治话语的主体性和应有内涵。从目前

① 参见毛小雨：《建立国家文化艺术荣誉制度刻不容缓》，《中国文化报》2011年4月7日第6版。

来看，我国并没有走上这个方向。二是“因事找人”，从我们国家历史来看，颁授“人民艺术家”称号一直遵循着“因人设事”这个传统，人在制度之先，这样被授予称号的作家艺术家的价值性和权威性能够得到保证；如果制度在人之先，为了制度去找人，久而久之只会导致这一称号的价值性和权威性受损。所以说，国家荣誉称号人事制度化是一个错误方向。有些学者主张建立国家级的“艺术荣誉院”和艺术院士制度，这个建议可能在国家文化战略、文化软实力、意识形态和文化领导权斗争领域或层面有一定的合理性，但从整体来看，让制度来主宰这个事情、为了颁授艺术荣誉年复一年地去“找人”“安排人”，这种做法在某些程度上就是荣誉制度发生异化的一种表现，其最终结果只能是“喜剧”效果。

其次，控制“人民艺术家”国家荣誉称号颁授的频率和规模，确保权威性和代表性。权威性和代表性是一对矛盾范畴：如果授予范围过大、名额过多，则无法体现权威性；而如果授予范围过窄、名额过少，则无法涵盖艺术各方面，不能体现出其代表性。我国《称号法》规定：“国家在国庆日或者其他重大节日、纪念日，举行颁授国家勋章、国家荣誉称号的仪式；必要时，也可以在其他时间举行颁授国家勋章、国家荣誉称号的仪式。”从字义来理解，国家荣誉称号颁授的频率不会太低，这对于表彰“人民英雄”这类国家荣誉称号来讲是合适的，也是及时的，但对于作家艺术家来讲，过高的颁授频率、过大的颁授规模就需要慎重考虑，必须尊重艺术规律。除了时间跨度应大之外，为了减少争议，追授可能是比较合理的方式，虽然《称号法》在立法本意上并不优先考虑追授方式。从对象上来讲，很长一段时期内还是应该以中国艺术家为颁授对象为主。

再次，控制“人民艺术家”荣誉称号颁授的层级。2007年，党的十七大报告提出“设立国家荣誉制度，表彰有杰出贡献的文化工作者”之后，在省级层面也出现了热议颁授地方性文化艺术荣誉称号的现象。从一些艺术门类的地方性考虑，许多讨论是具有一定合理性的，对此我们不能一概否定。对省级甚至以下级层面如何设计地方性文化艺术荣誉称号的问题（包括各专业艺术家团体如何设计相应荣誉称号的问题）则需要专门的讨论，在这里不具体涉及。但就“人民艺术家”这一国家荣誉称号而言，必须是国家最高立法机构才有这个权限，地方政府和专业机构在设计文化艺术荣誉称号时应尽量避开使用这一称号。

最后，与各级各种文艺类奖项进行区分。许多学者经常将国家荣誉称号与各种文艺奖项放在一起进行讨论，归为同一类性质的事情，一方面是拔高了各种文艺奖项的性质，另一方面也没有体现国家荣誉称号“国之大器”的性质，混在一起谈，容易混淆或者消解国家荣誉称号的权威性和价值性。

四、结语

“人民艺术家”国家荣誉称号，是一种国家制度下的身份政治，它体现的是共名在“人民艺术家”名下，特定人民艺术家的贡献性和代表性，虽然具有一定的专属性和排他性，但在社会主义文艺范畴和马克思主义文艺理论话语体系中，它与批评话语中的“人民艺术家”二者是统一的、同性的，因为它们的本质和主体都是“人民”“人民文艺”。批评话语中的“人民艺术家”是身份政治话语中“人民艺术家”的基础和前提，是其合法性和权威性的来源。因此，国家荣誉称号“人民艺术家”的颁授，并不会影响“人民艺术家”作为批评话语的主体性与活力，后者仍将是马克思主义文艺理论话语体系中重要的批评概念。但价值理性的统一要建立在工具理性的统一上，因此，在“人民艺术家”颁授实践中，全力维护这一称号的合法性、权威性和崇高感是非常必要的。

（原载《汉语言文学研究》2021年第1期）